中 华 国 学 文 库

书目答问补正

〔清〕张之洞 编撰

范 希 曾　补 正

中 华 书 局

图书在版编目(CIP)数据

书目答问补正/(清)张之洞编撰;范希曾补正. —北京:中华书局,2018.11(2024.7 重印)
(中华国学文库)
ISBN 978-7-101-13473-5

Ⅰ.书… Ⅱ.①张…②范… Ⅲ.古籍-图书目录-中国
Ⅳ.Z838

中国版本图书馆 CIP 数据核字(2018)第 231309 号

书　　名　书目答问补正
编　撰　者　〔清〕张之洞
补　正　者　范希曾
丛　书　名　中华国学文库
责任编辑　朱立峰
责任印制　陈丽娜
出版发行　中华书局
　　　　　(北京市丰台区太平桥西里 38 号　100073)
　　　　　http://www.zhbc.com.cn
　　　　　E-mail:zhbc@zhbc.com.cn
印　　刷　河北新华第一印刷有限责任公司
版　　次　2018 年 11 月第 1 版
　　　　　2024 年 7 月第 3 次印刷
规　　格　开本/880×1230 毫米　1/32
　　　　　印张 11¼　插页 2　字数 240 千字
印　　数　8001-8600 册
国际书号　ISBN 978-7-101-13473-5
定　　价　48.00 元

中华国学文库出版缘起

《中华国学文库》的出版缘起，要从九十年前说起。

1920 年，中华书局在创办人陆费伯鸿先生的主持下，开始编纂《四部备要》。这套汇集三百三十六种典籍的大型丛书，精选经史子集的"最要之书"，校订成"通行善本"，以精雅的仿宋体铅字排印。一经推出，《四部备要》即以其选目实用、文字准确、品相精美、价格低廉的鲜明特点，最大限度地满足了国人研治学问、阅读典籍的需要，广受欢迎。丛书中的许多品种，至今仍为常用之书。

中华人民共和国成立之后，党和国家倡导系统整理中国传统文献典籍。六十馀年来，在新的学术理念和新的整理方法的指导下，数千种古籍得到了系统整理，并涌现出许多精校精注整理本，已成为超越前代的新善本，为学界所必备。

同时，随着中华民族以前所未有的自信快速发展，全社会对中国固有的学术文化——国学，也表现出前所未有的关注和重视。让中华文化的优秀成果得到继承和创新，并在世界范围内进行传播和弘扬，普惠全人类，已经成为中华民族的历史使命。当此之时，推出符合当代国民阅读需要的权威的国学经典读本，实为当务之急。于是，《中华国学文库》应运而生。

《中华国学文库》是我们追慕前贤、服务当代的产物，因此，它自当具备以下三个基本特点：

一、《文库》所选均为中国学术文化的"最要之书"。举凡哲学、历史、文学、宗教、科学、艺术等各类基本典籍，只要是公认的国学经典，皆在此列。

二、《文库》所选均为代表当代学术水平的"最善之本"，即经过精校精注的整理本。其中既有传统旧注本的点校整理本，如朱熹《四书章句集注》，也有获得学界定评的新校新注本，如余嘉锡《世说新语笺疏》。总之，不以新旧为别，惟以善本是求。

三、《文库》所选均以新式标点、简体横排刊印。中国古籍向以繁体竖排为标准样式。时至当代，繁体竖排的标准古籍整理方式仍通行于学术界，但绝大多数国人早已习惯于现代通行的简体横排的图书样式。《文库》作为服务当代公众的国学读本，标准简体字横排本自当是恰当的选择。

中华书局自 1912 年成立，至今已近百岁。我们将《中华国学文库》当作向中华书局百年诞辰敬献的一份贺礼，更是向致力于中华民族和平崛起、实现复兴大业的全国人民敬献的一份厚礼。我们自当努力，让《中华国学文库》当得起这份重任，这份荣誉。

中华书局编辑部
2010 年 12 月

目 录

附 录

书目答问补正

出版说明

　　《书目答问》是晚清重臣张之洞(1837—1909)针对学子读书不知要领而编撰的一部指示治学门径的目录书。全书五卷，收书两千两百多种，按照经、史、子、集、丛书五类编排，大类之下再设小类，每类中依据时代先后顺序，著录书名、作者姓名、版本等;版本以当世习见为主;重要图书还撰有按语，指明阅读方法;书后附《别录》和《国朝著述诸家姓名略》。本书于清光绪二年(1876)一经刊行后，深受欢迎，重印再刻数十次，流传极广，成为清代继《四库全书总目》之后一部影响最大的目录学著作。

　　不过，《书目答问》在取得重大创获的同时，也存在着收录繁简失当、分类未尽合理、版本舛讹缺略等不足。因此，在本书重印再刻流传中，学人多有校正，甚至还出现了改编本，但除了范希曾(1899—1930)的《书目答问补正》，大多数都没有产生较大影响。

　　范希曾在保持《书目答问》体例的基础上，纠正了原书中作者、书名、版本方面的一些错误，补充了1874年以后各书的新版本，增加了1930年前出版的与原书所收性质相近的图书一千二百余种。1931年，也就是范希曾英年早逝的第二年，在他的老师柳诒徵的主持下,《书目答问补正》由南京国学图书馆排印出版,蒙文通为经部部分加了若干案语,以订原稿之失。《补正》出版后,受到学术界的普遍重视,《书目答问》的流传跨进了新阶段。补正内容成为阅读《书目答问》时不可分割的一部分,《书目答问补正》开始在各种版本中占据主流地位。

当然,《补正》也存在一个明显的不足,那就是,补正时没有汇集《书目答问》众本加以校勘,尤其是没有参考公认较好的、张之洞门生王秉恩校勘的光绪五年(1879)贵阳刻本。《补正》1931年由南京国学图书馆刊行后,曾被影印传播。1963年,中华书局根据影印本重印再版。该次重印,除了把《书目答问》原有而被《补正》删掉的各小类末尾的分类符号"」"(钩乙)悉数补加外,还根据柴德赓先生的校勘成果,把王秉恩贵阳本改正原刻、《补正》未改的地方一一订正。

我们这次整理,就以1963年中华书局影印本为底本,参校了1983年上海古籍出版社出版的瞿凤起先生校点本。另外,张之洞的一个学生江人度,曾于光绪三十年(1904)刊行过一本《书目答问笺补》,其中,该书在各小类末尾的钩乙符号"」"下都加了文字说明。这被视为该书独具、他书所无的一个优点。瞿凤起先生校点本首次把江人度的说明文字酌情吸收到《书目答问补正》中。我们也仿照这个思路,并核对来新夏、韦力、李国庆《书目答问汇补》(中华书局2011年版)的文字,把江人度的说明文字有选择性地补录进去。为避免琐碎,整理本不再一一出校说明,江人度的说明文字则一概用〔〕括出。同时,为方便读者了解、使用《书目答问》,我们把张之洞的三篇文字收作附录,这三篇文字和底本分别是:(1)《𬨎轩语·语学第二》,以光绪二十一年(1895)陕西学署刻本《增订𬨎轩语》为底本;(2)《四川省城尊经书院记》,以光绪十九年(1893)尹琳基刻本为底本;(3)《劝学篇·内篇·守约第八》,以上海古籍出版社2002年版《续修四库全书》影印之光绪二十四年(1898)长夏中江书院重刊本为底本。

书中不当之处,在所难免,请读者批评指正。

中华书局编辑部

2018年9月

序

淮阴三范,俱以抗志绩学闻于南雍。伯冠东,治周秦诸子;仲绍曾,攻物理化学;叔希曾,为归方散体文。既先后卒业为中等学校师。希曾慨然谓空文无用,玷教席,发愤闭户,覃研流略,欲洞究学术根极支裔,竟古今之经变,而自跻于通儒。家贫不能多得书,广匄公私书目,时时札记于《书目答问》上下方,朱墨狼藉,盖以之为问学之基,非欲名撰述也。

丁卯夏,余馆盋山,要希曾助编馆目,希曾大喜,谓藉是读未见书,假以岁月,学其有成。居山馆阅三稔,日孜孜勘藏书,体羸善病,不懈益勤。馆书逾四十万卷,希曾创意厘析,为目若干卷,分别部居多独到。长日饭罢,坐陶风楼下啜茗,或休沐,徙倚乌龙潭,联襼登清凉山,纵谈平生蕲向及编摩所得,翠然有刘子政、曾子固之遗风,不屑屑与近世人较铢黍,余恒幸山馆之与希曾交难得也。

希曾植鹄既伟远,所业未易竟,出旧所治《南献遗征》及《书目答问》实馆刊,世咸重其赅洽,希曾雅不以是自画。一夕风雪中语余,来岁将归淮阴,约守数书,植古谊,积雅诂,颛力为文,庶以垂世行远,徒斷断于刊本传目,若贾胡儥宝,无当也。余慰勉之曰:"博约并事,以子之年,夫何难。"然自是希曾日蕉萃，患干咳，日晡寒热间作，羸然不胜衣，经春涉夏，病益甚。所居薛庐，距馆数十武，晨夕往返，至不能支。冠东来视之，将护以归，且过别余，余期其善摄卫，秋爽仍南来，希曾黯然无一语。归未几，遂不起。冠东、绍曾恸其弟年之不永，撰述不能充其志，为重印《南献遗征笺》于邗上。余亦检其遗箧，斥馆金印《书目答问补正》之全稿，忽忽迄今夏，距别时垂一期矣。每循山楼，抚书椟，音尘犹若接视听，诚不意其英年玉貌而止于斯也。

文襄之书，故缪艺风师代撰，叶郋园氏亟称之。第其书断自乙亥，阅五十余年，宏编新著，影刻丛钞，晚出珍本，概未获载，故在光绪初足为学人之津逮者，至晚近则病其漏略矣。郋园批校增辑之三四本未印行，江氏笺补亦不广，希曾所辑最后而较备，虽亦有限于见闻，或浏览虽及而未暇胪写者，要已可备俭学之检阅，艺风之传，倘赖以益广乎。校印既竣，为述其缘起，庶阅者哀希曾之志事，而闵余之不能护持斯人使康强耆老，乃仅与其两兄累欷于此附庸先哲之书也。

辛未夏五月柳诒徵。

书目答问略例

此编为告语生童而设，非是著述，海内通人见者，幸补正之。

诸生好学者来问应读何书，书以何本为善。偏举既嫌絓漏，志趣学业亦各不同，因录此以告初学。

读书不知要领，劳而无功。知某书宜读而不得精校精注本，事倍功半。此编所录，其原书为修四库书时所未有者十之三四。四库虽有其书，而校本、注本晚出者十之七八。今为分别条流，慎择约举，视其性之所近，各就其部求之。又于其中详分子目，以便类求。一类之中，复以义例相近者使相比附。再叙时代，令其门径秩然，缓急易见。凡所著录，并是要典雅记，各适其用。皆前辈通人考求论定者。总期令初学者易买易读，不致迷罔眩惑而已。弇陋者当思扩其见闻，泛滥者当知学有流别。

书目答问略例

凡无用者、空疏者、偏僻者、淆杂者不录，古书为今书所包括者不录，注释浅陋者、妄人删改者、编刻讹谬者不录，古人书已无传本、今人书尚未刊行者不录，旧椠旧钞偶一有之、无从购求者不录。若今人著述有关经史要义，确知已成书者，间附录其书名，以备物色，且冀好事为刊行之。

经部举学有家法、实事求是者，史部举义例雅饬、考证详核者，子部举近古及有实用者，集部举最著者。每一类之后，低一格者为次录。

多传本者举善本，未见精本者举通行本，未见近刻者举今日见存明本。子史小种多在通行诸丛书内，若别无精本及尤要而希见者，始偶一举之。有他善本，即不言通行本。凡云又某本者，有异同。

近人撰述，成而未刊、刊而未见者尚多，要其最著者约略在是。至旧籍习闻者，此录未及，其书可缓。京师藏书，未在行箧，蜀中无从借书，订补俟诸他日。

兹乃随手记录，欲使初学便于翻检，非若藏书家编次目录，故不尽用前人书目体例。学海堂本即《皇清经解》，津逮本即《津逮秘书》，问经堂本即《问经堂丛书》，皆取便省，他丛书仿此。官书据提要称臣工编辑者，止注敕编，以别于御撰。

《汉书·艺文志》有互见例，今于两类相关者，间亦互见，注其下。

凡不书时代者，皆国朝人。此为求书计，故生存人著述亦有录者，用《经世文编》例，录其书，阙其名。

所举二千余部，疑于浩繁，然分类以求，亦尚易尽，较之泛滥无归者则为少矣。诸生当知其约，勿骇其多。

光绪元年九月日，提督四川学政侍读衔翰林院编修张之洞记。

书目答问补正卷一　经部

经学、小学书,以国朝人为极,于前代著作,撷长弃短,皆已包括其中,故于宋、元、明人从略。

正经正注第一　此为诵读定本,程试功令,说经根柢。

注疏本与明监本《五经》,功令并重。

《十三经注疏》　共四百一十六卷。乾隆四年武英殿刻附考证本,同治十年广州书局覆刻殿本,阮文达公元刻附校勘记本,明北监本,明毛晋汲古阁本。目列后。阮本最于学者有益,凡有关校勘处,旁有一圈,依圈检之,精妙全在于此。四川书坊翻刻阮本,讹谬太多,不可读,且削去其圈,尤谬。明监、汲古本不善。【补】阮刻注疏有南昌局补印原刻本,湖南翻刻本,上海坊间石印本。
《周易正义》十卷,魏王弼、晋韩康伯注,唐孔颖达等正义　【补】吴兴刘承幹嘉业堂重刻宋单疏本《周易正义》十四卷,附校记二卷。　《尚书正义》二十卷,旧题汉孔安国传,唐孔颖达正义　【补】日本大阪每日新闻社影印宋刻本二十卷。吴兴张钧衡《择是居丛书》覆宋刻本二十卷,附校记一卷,刘氏嘉业堂重刻宋单疏本《尚书正义》二十卷,附校记二卷。　《毛诗正义》七十卷,汉毛亨传,郑玄笺,唐孔颖达正义　【补】刘氏嘉业堂刻单疏残本《毛诗正义》三十卷。【蒙文通案】(以下简称蒙案)何绍基校刻《毛诗正义注疏》大字本,淮南书局印行,《注疏》三十卷,《诗谱》一卷。 《周礼注疏》四十二卷,汉郑玄注,唐贾公彦疏 【补】贵池刘世珩玉海堂覆宋刻巾箱本《周礼注疏》十二卷。 《仪礼注疏》五十卷,汉郑玄注,唐贾公彦疏【补】刘氏嘉业堂覆张敦仁刻本。 《礼记正义》六十三卷,汉郑玄注,唐孔颖达正义 【补】刘氏嘉业堂刻单疏残本《礼记正义》二十卷,附校记一卷。 《春秋左传正义》六十卷,晋杜预集解,唐孔颖达正义 【补】刘氏嘉业堂刻单疏残本《春秋正义》十二卷,附校记二卷。 《春秋公羊传注疏》二十八卷,汉何休解诂,唐徐彦疏 《春秋穀梁传注疏》二十卷,晋范宁集解,唐杨士勋疏 【补】刘氏嘉业堂刻单疏残本《穀梁传》七卷,附校记二卷。 《孝经注疏》九卷,唐玄宗御注,宋邢昺疏 《论语注疏》二十卷,魏何晏等集解,宋邢昺疏 【补】刘氏玉海堂覆元元贞刻本《论语注疏》十卷,附札记一卷。 《孟子注疏》十四卷,汉赵岐注,旧题宋孙奭疏 《尔雅注疏》十卷,晋郭璞注,宋邢昺疏 《毛诗》、《仪礼》,皆依疏本子卷计数,《孝经》亦依疏分卷。【补】归安陆心源十万卷楼覆宋刻单疏本,上海涵芬楼《续古逸丛书》影印宋咸平刻本。

相台岳氏本《古注五经》 宋岳珂校刻。明翻刻宋本。武英殿翻刻本附考证,江南翻刻本,贵阳翻刻本,广州翻刻本,成都翻刻本。【补】南昌熊氏影印殿本。

《易》九卷,王、韩注,附《略例》一卷 《书》十三卷,孔传 《诗》二十卷,毛传,郑笺 《春秋左氏传》三十卷,杜集解 《礼记》二十卷,郑注 便文可称相台五经。

永怀堂《古注十三经》 明金蟠、葛鼐同刻本,今江宁书局补足印行。又杭州局刻本。诸经注,即明李元阳刻注疏本。《孝经》题汉郑氏注,实是唐玄宗御注。

《易》九卷,附《略例》一卷 【补】《四部丛刊》影印宋刻本。【蒙案】日本影刻北宋本《周易》九卷。 《书》二十卷 【补】《四部丛刊》影印宋刻本十三卷。 《诗》二十卷 【补】《四部丛刊》影印宋刻巾箱本。 《仪礼》十七卷 【补】《四部丛刊》影印明徐氏覆宋刻本。 《周礼》四十二卷 【补】《四部丛刊》影印明覆宋岳氏刻本十二卷。【蒙案】四川刻相台本《周礼》十二卷。 《礼记》四十九卷 【补】《四部丛刊》影印宋刻本《纂图互注礼记》二十卷。 《春秋左传》三十卷 【补】贵池刘世珩玉海堂覆宋蜀刻大字本。《四部丛刊》影印宋刻巾箱本,附阙名《春秋二十国年表》一卷。 《公羊传》二十八卷 【补】《四部丛刊》影印南宋建安余氏刻本十二卷。 《穀梁传》二十卷 【补】遵义黎庶昌《古逸丛书》覆宋建安余氏刻本,丛书板今在苏州局。《四部丛刊》影印宋建安余氏刻本。 《论语》二十卷 【补】黎氏《古逸丛书》覆日本正平刻本十卷,《四部丛刊》影印日本正平本。 《孟子》十四卷 【补】涵芬楼《续古逸丛书》影印宋刻大字本,《四部丛刊》影印宋刻大字本,上虞罗振玉《吉石盦丛书》影印日本覆宋刻本。 《孝经》九卷 【补】《四部丛刊》影印昆山徐氏影钞宋相台岳氏本一卷。【蒙案】贵阳陈氏影印日本藏北宋刻《孝经》小字本,扬州书局覆刻相台本《孝经》一卷。 《尔雅》十卷 【补】黎氏《古逸丛书》覆宋蜀大字本三卷,《四部丛刊》影印宋刻本三卷。【蒙案】顾广圻覆刻吴元恭本《尔雅》三卷,曾燠覆宋音图本《尔雅》三卷。

3

稽古楼单注巾箱本《十三经》 星子干氏刻本。皆古注,《论语》并刻朱注,《毛诗》间采孔疏。

明监本宋元人注《五经》 明经厂本,扬州鲍氏刻本,南昌万氏刻本,又江宁局本,又崇道堂本,又武昌局本。通行杜氏巾箱《六经》单注本,尚不谬。坊本音注,皆不可据。【补】又杭州局本。《易》,宋朱子《本义》四卷,宋程子《传》四卷 江宁本《本义》,依朱子原本十二卷,兼刻程《传》,他本无。【补】黎氏《古逸丛书》覆元至正刻本《易程传》六卷。 《书》,宋蔡沈《集传》六卷 《诗》,朱子《集传》八卷 武昌局本附序。 《春秋》,旧用宋胡安国《传》,乾隆间废,改用《左传》杜注三十卷 江宁本《左传》有姚培谦补注,鲍本合刻三传,附《春秋传说汇纂》。【补】杭州局亦刻姚补注。 《礼记》,元陈澔《集说》十卷 崇道堂本兼录御案。新刻《五经》,江宁本最善。

明洪武定制,试士经义,用注疏及此数本。《春秋》兼用左、公、榖、胡、张洽五传。永乐《五经大全》成书后,即专用此本。国子监雕版因至今沿称"监本"。今明监本希见,姑以旧名统摄之。

《四书章句集注》十九卷 明经厂大字本,扬州鲍刻本,南昌万刻本,武昌局本,皆合五经刻。【补】江宁局本。

以上正经、正注合刻本

《毛郑诗》三十卷,《诗谱》一卷,《毛诗音义》三卷,附《毛诗校字记》一卷 嘉庆甲子木渎周氏校刻本,同治壬申淮安重刻周本,【蒙案】木渎周氏刻本,《毛诗传笺》,惠栋校定;《诗谱》,戴震校;《音义》,卢文弨校。板毁,坊间有翻刻扬州五云仙馆丁□□

4

重校精刻本,无《诗谱》、《音义》。

重刻嘉靖本《周礼郑注》十二卷,附《札记》一卷 顾广圻校。
黄丕烈刻《士礼居丛书》本。明嘉靖徐氏有翻刻相台岳氏三礼单
注本,今偶一见,不录。【补】《四部丛刊·周礼》、《仪礼》,皆据
明嘉靖本影印。【蒙案】《四部丛刊·周礼》用明翻相台本。

福礼堂《周礼注》十二卷 周氏刻本,张青选清芬阁重刻本。郑
注,附释文。

影宋严州单注本《仪礼》十七卷,附《校录》一卷 士礼居校本,
武昌局翻黄本。郑注。

影宋景德本《仪礼疏》五十卷 苏州汪氏校刻本。【补】又泾县
洪氏公善堂覆宋刻本。

影宋抚州单注本《礼记》二十卷,附《考异》二卷 张敦仁校刻
本,武昌局翻张本。郑注。附《释文》四卷。【补】《学海堂经解》
刻张氏《考异》二卷。

惠校本《礼记注疏》六十三卷 惠栋依宋本校。和氏刻本。

影宋单注本《公羊传》十二卷 汪喜孙刻本。何注。【蒙案】杭
州书局重刻汪氏问礼堂本。

校宋本《孟子》赵注十四卷,孙奭《音义》二卷 孔继涵刻《微波
榭遗书》本,韩岱云本。【补】又上虞罗氏《吉石盦丛书》影印日
本覆宋本《音注孟子》十四卷,影印覆宋蜀大字本《音义》二卷。

附释文《尔雅》单注本三卷 清芬阁校。郭注。

**武昌局刻《周礼》、《仪礼》、《公羊》、《榖梁》、《孝经》、《尔雅》
单注大字本** 皆古注。卷数仍旧。」

〔以上古注〕

仿宋本《周易本义》十二卷 曹寅扬州诗局刻本,武英殿重刻宋
大字本。【补】巴陵方功惠重刻殿本,贵池刘世珩玉海堂覆宋大

字本。

重刻宋本《周易本义》十二卷，附吕氏《音训》　宝应刘氏校刻
　　本。宋吕祖谦《音训》。《音训》别有《金华丛书》本。

《周易传义音训》八卷，附《易学启蒙》　程《传》、朱《本义》，宋董
　　楷合编。吕氏《音训》新附。高均儒校。盱眙吴氏望三益斋刻本。

《书传音释》六卷，附《书序》　蔡《传》，宋邹季友《音释》。高均
　　儒校。吴氏望三益斋本。

翻刻宋淳祐大字本《四书集注》二十六卷　国朝刻本。

璜川吴氏仿宋本《四书集注》二十六卷，附考四卷　吴志忠校。
　　嘉庆辛未刻本。【补】是书一名《朱子定本四书集注》。吴氏校
　　订精审，极有功于朱注。」

　　　　　　〔以上宋儒注〕

　　　以上正经、正注分刻本注疏乃钦定颁发学官者，宋元注乃沿
　　　　明制通行者，四书文必用朱注，五经文及经解，古注仍可采
　　　　用，不知古注者，不得为经学。

古香斋袖珍《五经四书》　康熙间内府刻。无注。《春秋》无传。

秦氏巾箱本《九经》　秦镤刻。有音无注。《易》三卷，《书》四卷，
　　《诗》四卷，《礼记》六卷，《周礼》六卷，《春秋左传》十七卷，《孝
　　经》一卷，《论语》二卷，《孟子》七卷。【补】民国十五年武进陶湘
　　涉园玻璃版影印宋刻巾箱本《九经》，白文不分卷，内阙《春秋左
　　传》一种。

计树园《十一经读本》　全文无注，直音。嘉庆元年万廷兰刻。无
　　《论语》、《孟子》，经文皆依殿本注疏，胜于旁训，惟《公》、《榖》无
　　传之经文未录。【补】光绪五年成都重刻本。

《春秋四传》合刻本三十八卷　《左》、《公》、《榖》、《胡》，元失名

人编。通行本。」

　　〔以上合刻本〕

《周礼读本》十二卷　袁樾校。刻本。

得斋校本《周官礼注》六卷　殷盘校刻本。郑注,间采贾《疏》及宋人说。

《周官精义》十二卷　连斗山。通行本。不能得单注本者,初学止可读此。

《仪礼章句》十七卷　吴廷华。乾隆丁丑、嘉庆丙辰两刻本。阮元编录《皇清经解》,学海堂刻本,极善。【补】苏州局本。

《仪礼易读》十七卷　马之骕。通行本。便于初学,惟字太小。

《左传读本》三十卷　道光间敕撰。殿本,贵阳官本,清河官本。」

　　〔以上分刻本〕

　　以上诸经读本附

　　右正经正注

列朝经注经说经本考证第二　空言臆说、学无家
　　法者不录。

《郑氏易注》十卷　汉郑玄。卢见曾刻《雅雨堂丛书》辑本,又广州刻《古经解汇函》本三卷,附《补遗》一卷。孙堂本。【蒙案】卢本从惠栋辑本。

《周易郑注》十二卷　丁杰辑补。陈春刻《湖海楼丛书》本。【蒙案】丁本为张惠言订补。

《马王易义》一卷　问经堂辑本。【补】孙冯翼辑。

《陆氏周易述》一卷　吴陆绩。《古经解汇函》重刻孙堂辑本,又

马国翰《玉函山房辑佚书》本三卷。

《子夏易传》一卷　孙冯翼刻《问经堂丛书》辑本，又张澍《二酉堂丛书》辑本，又玉函山房辑本。此唐以前人依托，今通志堂、《汉魏丛书》所收十一卷本，乃宋以后人伪作。【补】又黄奭汉学堂辑本。吴骞《子夏易传释存》二卷，最精审，未刊。此书晁以道称唐张弧伪作。

《周易集解》十七卷　唐李鼎祚。雅雨堂本，《古经解汇函》重刻卢本，明毛晋刻《津逮秘书》本，张海鹏照旷阁刻《学津讨原》本，又明木渎周氏刻本，仁和叶氏刻周本，卢本附《释文》。【补】成都薛氏崇礼堂本。木渎周氏刻本即嘉庆戊寅吴县周孝垓刻本，此云明刻，误。

《李氏易解賸义》三卷　李富孙。顾修刻《读画斋丛书》本。【补】光绪间吴县朱记荣刻《槐庐丛书》本三卷，南海黄任恒编《翠琅玕馆丛书》本三卷。

《周易口诀义》六卷　唐史徵。孙星衍刻《岱南阁丛书》本，《古经解汇函》重刻孙本。【补】武英殿聚珍本，闽覆本，道光己酉江西刻《逊敏斋丛书》本。

《汉魏二十一家易注》□卷　孙堂辑。刻本。【补】子夏、孟喜、京房、马融、荀爽、郑玄、刘表、宋衷、陆绩、董遇、虞翻、王肃、姚信、王廙、张璠、向秀、干宝、蜀才、翟玄、九家集注、刘瓛。此书共三十三卷。又黄奭《汉学堂丛书》、马国翰《玉函山房辑佚书》中，于汉魏人《易》注，并有辑本。

孙氏《周易集解》十卷　孙星衍。岱南阁别行巾箱本，伍崇曜刻《粤雅堂丛书》本。【补】续李鼎祚。

《周易虞氏义》九卷，《虞氏消息》二卷，《虞氏易礼》二卷，《虞氏易事》□卷，《易言》二卷，《易候》一卷　张惠言。《茗柯全集》本。学海堂本无《易事》、《易言》、《易候》。刘逢禄《虞氏易言补》、《易虞氏五述》，李锐《周易虞氏略例》，未见传本。【补】《易事》一种，未注卷数，书实二卷。张氏《易事》、《易言》、《易候》及李氏《略例》一卷，皆刻入王先谦所纂《皇清经解续编》中。刘世珩《聚学轩丛书》亦刻李氏《略例》。会稽赵之谦《仰视千七百二十九鹤斋丛书》单刻张氏《易事》二卷。四明张寿荣《花雨楼丛钞》单刻张氏《易礼》二卷。秀水胡祥麟《虞氏易消息图说》一卷，潘祖荫刻《滂喜斋丛书》本，《续经解》本。南海曾钊《周易虞氏义笺》九卷，面城楼刻本。

《周易郑氏义》二卷　同上。【补】学海堂本。【蒙案】赵坦《周易郑注引义》，未见传本。

《周易荀氏九家义》一卷　同上。【补】学海堂本。

《易义别录》十四卷　同上。孟喜、姚信、翟子玄、蜀才、京房、陆绩、干宝、马融、宋衷、刘表、王肃、董遇、王廙、刘瓛、子夏。【补】学海堂本。」

〔以上所录皆国朝人所辑古注，或唐人所采古义，惟关、郎、郭、京虽在唐以前，然实伪书，不录。见下自注。余多录国朝人所著，所谓于宋元明人从略也。〕

《周易姚氏学》八卷，《周易通论月令》二卷　姚配中。汪守成刻本。【补】武昌局刻《周易姚氏学》十六卷，《续经解》本亦十六卷，张氏《花雨楼丛钞》刻姚配中《易学阐玄》一卷。

《卦气解》一卷　宋翔凤。自著《浮溪精舍丛书》本。【补】《书目答问》原刻后印本本行下增印"《卦本图考》一卷，胡秉虔，吴县潘氏刻《滂喜斋丛书》本"二十字。胡书，《续经解》本。庄存与《卦气解》一卷，德化李氏刻《木犀轩丛书》本，《续经解》本。

《周易补疏》二卷　焦循。《焦氏丛书》本，学海堂本。」

〔以上正录〕

《易纬》十二卷　八种。武英殿聚珍版本,杭州、福州重刻本,《古
　　经解汇函》本。目列后。凡言聚珍版本者,福州皆有重刻本,杭
　　州亦重刻第一单三十九种小字本。【补】南昌局重刻聚珍版
　　本。　《乾坤凿度》二卷　伪。　《乾凿度》二卷　《艺海珠
　　尘》亦刻。【补】雅雨堂亦刻。　《稽览图》二卷　珠尘亦刻。

　　　《辨终备》一卷　《通卦验》二卷　《乾元序制记》一卷
　　伪。　《是类谋》一卷　珠尘亦刻。　《坤灵图》一卷　纬与
　　谶异,皆古经说,纯驳不一,宜分别观之。【补】参阅瑞安孙诒让
　　《札迻》卷一《易纬》条校。

《易纬略义》三卷　张惠言。《茗柯全集》本。钱塘《易纬稽览考
　　正》一卷,未刊。【补】张书广州局本。钱稿尚存,未刊。

《乾凿度郑注》二卷　丁杰辑补。雅雨堂本。

《读易别录》三卷　全祖望。鲍廷博刻《知不足斋丛书》本。」
　　　　　〔以上《易纬》之属〕

《周易义海撮要》十二卷　宋李衡。纳兰性德编刻《通志堂经解》
　　本,广州书局重刻《通志堂经解》本。

《易小帖》五卷　毛奇龄。《西河集》本。

《易例》二卷　惠栋。周永年、李文藻刻《贷园丛书》本,张海鹏刻
　　《借月山房汇钞》本,钱熙祚刻《指海》本。【补】《续经解》本。庞
　　大堃《易例辑略》一卷,《南菁书院丛书》本。

《易笺》八卷　陈法。京师贵州馆刻本。」
　　　　　〔以上余录〕

《易图明辨》十卷　胡渭。钱熙祚刻《守山阁丛书》本,粤雅堂本。
　　【补】《续经解》本。

《易图条辨》一卷　张惠言。《茗柯全集》本。【补】《续经

解》本。」

〔以上二书皆驳图书之说。应有钩乙，分书本无〕

《春秋占筮书》三卷　毛奇龄。《西河集》本。【补】石门马俊良刻
《龙威秘书》本止一卷。金榜《周易考占》一卷，光绪间南陵徐乃
昌刻《积学斋丛书》本。」

〔此占筮，故自为类〕

《易音》三卷　顾炎武。顾氏《音学五书》本，学海堂本。」

〔此小学〕

《京氏易传》三卷　汉京房。《津逮秘书》本，《学津讨原》本。
此书多言占候，故《四库》列术数类，唯汉学家多与相涉，未便
歧出，姑附于此。【补】《四部丛刊》影印明天一阁本。

《易汉学》八卷　惠栋。单行本，毕沅刻《经训堂丛书》本。孟、
虞、京、干、郑、荀。王保训辑《京氏易》八卷，严可均校补，未
刊。【补】惠书《昭代丛书》本，《续经解》本。王辑、严补之《京
氏易》，刻入德化李氏《木犀轩丛书》中。

《易象钩解》四卷　明陈士元。守山阁本。

《仲氏易》三十卷　毛奇龄。《西河集》本，学海堂本。

《易说》六卷　惠士奇。家刻本，学海堂本，璜川吴氏《经学丛
书》本。

《周易述》十九卷，《易微言》二卷　惠栋。卢氏刻本。《周易
述补》四卷　江藩。自刻本。三书皆有学海堂本。【补】学海
堂本不全。李林松《周易述补》五卷，《续经解》本。

《易确》二十卷　许桂林。自刻本。

《易话》二卷，《易广记》三卷　焦循。《焦氏丛书》本。【补】
焦循《易章句》十二卷，《易通释》十二卷，《易图略》八卷，合称
《雕菰楼易学三书》。《焦氏丛书》本，学海堂本。」

〔以上占候、象数之属〕

《太极图说遗议》一卷　毛奇龄。《西河集》本。

《河图洛书原舛编》一卷　同上。

《周易本义辨证》五卷　惠栋。常熟蒋光弼《省吾堂汇刻书》本。【补】日本《昌平丛书》本。惠栋《易大义》一卷，海山仙馆本。宋翔凤《周易考异》一卷，李富孙《易经异文释》六卷，刘毓崧《周易旧疏考证》一卷，陈寿熊《读易汉学私记》一卷，俞樾《周易互体征》一卷，成蓉镜《周易释爻例》一卷，并《续经解》本。黄式三《易释》四卷，广州局本，杭州局本。吴翊寅《易汉学考》二卷，附《师承表》，广州刊《吴氏遗书》本。最近治易诸家喜言费氏，其成书者，如阳朔柳逢良《费氏易考》□卷，新城王树枏《费氏易订文》十二卷，桐城马其昶《周易费氏学》十八卷，《叙录》一卷，皆有刊本。【蒙案】仪征方申诸家《易象别录》□卷、《虞氏易象汇编》□卷、《周易卦象集证》□卷、《周易互体详述》□卷、《周易卦变举要》□卷，统称《方氏易学五书》。方氏为一大家，仪征刘氏称之。丹徒庄忠械《周易通义》十六卷，丹徒戴棠《郑氏爻辰补》六卷，山阳丁晏《周易解故》□卷，湘潭王闿运《周易笺》□卷。马书有新旧两刻本，原刻十二卷，《彖》、《象》不合经，后刻《彖》、《象》合经，书不善。王书亦不善。黄氏《易释》亦不善。李道平《周易集解纂疏》十卷，崇文本。」

〔以上皆排击之书。毛氏二书攻图书之谬，惠书议朱子〕

以上《易》之属杂道家言者不录。魏关朗《易传》，唐郭京《周易举正》，皆伪书，不录。

《尚书大传定本》八卷　汉伏胜。陈寿祺校注。广州原刻本，《古

经解汇函》重刻陈本,又雅雨堂本三卷。【补】陈氏书本五卷,又
《叙录》一卷,共六卷,此云八卷,误。《古经解汇函》重刻陈本,
改并为三卷,《续经解》本亦然。《四部丛刊》影印原刻本六卷。
雅雨堂本卢见曾辑,书实四卷,附《补遗》一卷、《考异》一卷、《续
补遗》一卷,此云三卷,亦误。《补遗》,卢见曾撰,《考异》、《续补
遗》则卢文弨就孙之骠所辑本校其异同而录之者。光绪间仪征
张丙炎刻卢辑本作三卷,附《补遗》一卷、《续补遗》一卷,在《榕
园丛书》中。孔丛伯亦有辑本。诸家所辑,陈氏最善。善化皮锡
瑞《尚书大传疏证》七卷,所辑又略增于陈氏,疏释亦有家法,光
绪间长沙思贤书局刻本。湘潭王闿运《尚书大传补注》七卷,自
刻《湘绮楼全书》本,元和江标刻《灵鹣阁丛书》本。【蒙案】王补
注《尚书大传》,成都刻本。陈书本附《五行》、《传》、《志》三卷,
故八卷。

《尚书马郑注》十卷 孙星衍辑。岱南阁别行本。龚自珍《尚书
序大义》、《尚书马氏家法》,未见传本。【补】孙书成都存古书局
本。【蒙案】马、郑注,四川有刻本,近未见,非存古书局本。

《古文尚书疏证》八卷 阎若璩。家刻本,吴氏天津刻本。【补】
偃师武亿刊本,杭州局本,《续经解》本。

《尚书今古文注疏》三十卷 孙星衍。平津馆本,学海堂本。孙
胜于王。【补】冶城山馆刻本。【蒙案】孙别有《尚书今古文注》
三十卷,成都存古书局刻本,湘绮手写本。

《尚书后案》三十卷 王鸣盛。原刻单行本,学海堂本。周用锡
《尚书证义》,未见传本。臧琳《尚书集解》一百二十卷,臧镛堂
补,未刊。【补】臧氏稿藏缪炎之家。」

　　　　〔以上正录〕

《尚书释天》六卷 盛百二。学海堂本。【补】宝应成蓉镜《尚书

历谱》一卷,《续经解》本。

《尚书地理今释》一卷　蒋廷锡。借月山房本,《指海》本,学海
堂本。

《禹贡锥指》二十卷,图一卷　胡渭。原刻本,学海堂本。程瑶田
《禹贡三江考》,在《通艺录》内,又学海堂本。【补】番禺陈澧《胡
氏禹贡图考正》一卷,《续经解》本。

《禹贡郑注释》二卷　焦循。《焦氏丛书》本。【补】《续经解》本。
成蓉镜《禹贡班义述》三卷,以班书证禹域,考订精核,泾县洪氏
刻本,广州局本,《续经解》本。

《禹贡集释》三卷,附《锥指正误》一卷　丁晏。六艺堂自刻本。
【补】《续经解》刻《锥指正误》一卷。」

〔以上释天、释地理〕

《尚书补疏》二卷　焦循。《焦氏丛书》本,学海堂本。」

〔此书疑合下三书为类,此钩乙赘也〕

《尚书说》一卷　宋翔凤。浮溪精舍本。【补】《续经解》刻宋氏
《尚书略说》二卷,《尚书谱》一卷。

《尚书余论》一卷　丁晏。自著《六艺堂诗礼七编》本。【补】光绪
间吴县朱记荣刻《槐庐丛书》本。

《太誓答问》一卷　龚自珍。吴县潘氏滂喜斋刻本。【补】《续经
解》本。」

〔以上余录〕

14

《古文尚书撰异》三十三卷　段玉裁。自著《经韵楼丛书》本,学
海堂本。」

〔此论小学〕

《尚书中候郑注》五卷　学津辑本。【补】皮锡瑞《尚书中候疏
证》一卷,长沙思贤书局刻本。」

〔此纬书〕

《禹贡会笺》十二卷　徐文靖。徐氏六种书。【补】何秋涛《禹贡郑注略例》一卷，倪文蔚《禹贡说》一卷，并《续经解》本。杨守敬《禹贡本义》一卷，观海堂自刻本。

《古文尚书考》二卷　惠栋。省吾堂本，学海堂本。明梅鷟《古文尚书考异》，已括阎、惠、王诸家书内。【补】惠书《昭代丛书》本。梅书六卷，杭州局本。程廷祚《晚书订疑》三卷，刘世珩《聚学轩丛书》本，《续经解》本。阎、惠、程三家书皆为考订《伪古文尚书》而作。

《尚书集注音疏》十二卷，《尚书经师系表》一卷　江声。原刻篆书、真书两本，学海堂本。」

〔惠、江二书皆纠伪孔传者〕

《尚书王氏注》二卷　魏王肃。马国翰辑《玉函山房辑佚书》之一。止标列近古尤要及辑本独详者数种，余具总义类原书中。【补】刘逢禄《书序述闻》一卷，《尚书今古文集解》三十卷，陈乔枞《今文尚书经说考》三十二卷，《尚书欧阳夏侯遗说考》一卷，刘毓崧《尚书旧疏考正》一卷，并《续经解》本。胡秉虔《尚书序录》一卷，潘氏滂喜斋刻本。戴震《尚书义考》二卷，刘氏《聚学轩丛书》本。皮锡瑞《今文尚书考证》三十卷，《史记引尚书考》一卷，光绪廿二年师伏堂自刻本。黄式三《尚书启幪》五卷，光绪间家刻本，今版在杭州局。长沙王先谦《尚书孔传参证》三十六卷，光绪三十年虚受堂自刻本。瑞安孙诒让《尚书骈枝》一卷，民国十八年瑞安陈准排印本。海宁王国维《周书顾命征》一卷、《后考》一卷、《洛诰笺》一卷，并上海哈同花园排印《广仓学宭丛书》本。【蒙案】黄书不善。简朝亮《尚书集注述疏》三十五卷，后附《读书堂答问》，家刻本。

以上《书》之属不知今古文之别者不录。

《毛诗传疏》三十卷　　陈奂。单行本,丛书本。【补】《续经
　　解》本。

《毛诗传笺通释》三十二卷　　马瑞辰。道光十五年刻本。【补】
　　《续经解》本,广州局本。【蒙案】阮元有《毛诗补笺》,不知刻否,
　　《揅经室集》中全刊《十月之交》数篇。王闿运《毛诗补笺》二
　　十卷。

《毛诗后笺》□卷　　胡承珙。《墨庄遗书》本。许桂林《毛诗后笺》
　　八卷,未刊。【补】胡书三十卷,广州局本,《续经解》本。【蒙案】
　　胡书后□卷未成,为陈奂所补。

《毛诗稽古编》三十卷　　陈启源。单行本,学海堂本。钱大昭《诗
　　古训》十二卷,未刊。【补】陈书光绪间上海同文书局有影印家刻
　　本。钱稿旧藏嘉兴沈瓠庐处。

〔以上正录。应有钩乙,分书本无〕

《诗经小学》四卷　　段玉裁。经韵楼本,学海堂本。【补】臧氏拜
　　经堂刻本。段氏《毛诗故训传》三十卷,经韵楼本,学海堂本。
　　【蒙案】段书附《小笺》。张远览亦有《毛诗小笺》,偶见钞本,不
　　善。

《毛郑诗考正》四卷　　戴震。《戴氏遗书》本,学海堂本。【补】《昭
　　代丛书》本,《指海》本。

《毛郑诗释》四卷　　丁晏。六艺堂本。

《诗广诂》三十卷　　徐璈。刻本。

《毛诗补疏》五卷　　焦循。《焦氏丛书》本,学海堂本。

《毛诗礼征》十卷　　包世荣。家刻本。【补】德化李氏刻《木犀轩
　　丛书》本。」

〔以上余录〕

《校正陆玑毛诗草木鸟兽虫鱼疏》二卷　丁晏校。六艺堂本，
《古经解汇函》重刻丁本，又津逮本。【补】又《说郛》本二卷。津
逮本明毛晋《广要》四卷。又仁和赵佑校正本二卷，乾隆间刻《清
献堂全编》本，贵池刘氏刻聚学轩本。又上虞罗振玉校正本二
卷，排印本。

《陆玑疏考证》一卷　焦循。【补】光绪间王先谦刻《南菁书院丛
书》本。

《诗经稗疏》四卷　王夫之。《船山遗书》本。【补】《续经解》本。

《续诗传鸟名》三卷　毛奇龄。《西河集》本。【补】《龙威秘书》
本，《续经解》本。

《诗地理考》六卷　宋王应麟。《玉海》附刻本，津逮本，学津本。

《毛诗地理释》四卷　焦循。【补】此书未详。朱右曾《诗地理征》
七卷，《续经解》本。南清河程大镛《毛诗地理证今》十卷，
未刊。

《诗氏族考》六卷　李超孙。别下斋本。【补】《翠琅玕馆丛
书》本。

《毛诗识小》三十卷　林伯桐。《修本堂遗书》本。【补】《岭南遗
书》本。」

〔以上考证名物、地理〕

《诗本音》十卷　顾炎武。《音学五书》本，学海堂本。

《毛诗韵订》十卷　苗夔。自刻本。【补】歙县江有诰《诗经韵读》
四卷，嘉庆甲戌刻本，咸丰壬子重刻本，民国十七年上海中国书
店影印原刻本。

《毛诗证读》□卷　翟灏。刻本。【补】此书不分卷，嘉庆十年刻。
戚学标撰，非翟灏撰。

《诗音表》一卷　钱坫。《钱氏四种》本。

《诗经廿二部古音表集说》□卷　夏炘。自著《景紫堂全书》本。【补】此书二卷。

《诗声类》十二卷，《分例》一卷　孔广森。《顨轩所著书》本。【补】《续经解》本，四川刻本。」

〔以上音韵〕

《毛诗王氏注》四卷，《义驳》一卷，《奏事》一卷，《问难》一卷　魏王肃。玉函山房辑本。【补】又汉学堂辑本。

《毛诗异同评》三卷　晋孙毓。　《难孙氏毛诗评》一卷　陈统。玉函山房辑本。【补】孙书又汉学堂辑本。

《毛诗指说》一卷　唐成伯玙。通志堂本。

《毛诗通考》三十卷，《郑氏诗谱考正》一卷　林伯桐。修本堂本。【补】《毛诗通考》三十卷，林伯桐撰，有《岭南遗书》重刻本。《郑氏诗谱考正》一卷，非林所撰，乃丁晏撰，有《续经解》本，杭州局邵武《徐氏丛书》本。【蒙案】戴震考正《诗谱》，木渎周氏刻。胡元仪《毛诗谱》，《续经解》本，最善。

《毛诗重言》一卷，《毛诗双声叠韵说》一卷　王筠。《鄂宰四种》本。」

〔以上《毛诗》之属〕

《鲁诗故》三卷　玉函山房辑本。【补】申培《鲁诗传》，辕固《齐诗传》，汉学堂亦皆有辑本。【蒙案】陶方琦《鲁诗故训纂》未见传本。

《齐诗传》二卷　玉函山房辑本。近人别有《齐诗翼奉学》一卷。【补】此云近人，当即吴江迮鹤寿所辑《齐诗翼氏学》，刻入《续经解》中，书实二卷。陈乔枞《齐诗翼氏学疏证》二卷，自刻本，《续经解》本。

《韩诗故》二卷，《韩诗内传》一卷，《韩诗说》一卷　汉韩婴。
　　玉函山房辑本。邵晋涵《韩诗内传考》一卷，有刻本，未见。

《韩诗薛君章句》二卷　汉薛汉。玉函山房辑本。

《韩诗内传征》四卷　宋緜初。刻本。严可均辑《韩诗》二十一
　　卷，附《鲁诗》、《齐诗》、《汉人诗说》，未刊。【补】宋书成都薛氏
　　崇礼堂刻本，南陵徐乃昌积学斋刻本。

《韩诗外传》十卷　汉韩婴。赵怀玉校本，周廷寀校注本，吴氏
　　望三益斋刻周、赵合校本，《古经解汇函》本，又津逮、学津、通
　　津草堂三本，皆逊。陈璟《韩诗外传疏证》十卷，未见传本。
　　【补】光绪间定州王氏谦德堂重刻周、赵合校本，入《畿辅丛书》
　　中；又武昌局重刻明薛氏本；又《四部丛刊》影印明沈氏野竹斋
　　刻本。

《三家诗考》一卷　宋王应麟。《玉海》附刻本，津逮本，学津本。
　　【补】阮元《三家诗补遗》三卷，光绪间湘潭叶德辉观古堂刻本。
　　仪征李氏刻本。

《诗考补注》二卷，《补遗》一卷　林伯桐。修本堂本。【补】《修
　　本堂丛书》中无此二种，此乃丁晏所撰，属之林氏者误也。有丁
　　氏家刻《颐志斋丛书》本。四明张氏刻《花雨楼丛钞》本。

《诗考异字笺余》十四卷　周邵莲。嘉庆元年刻本。【补】德化李
　　氏刻《木犀斋丛书》本。

《三家诗异文疏证》六卷，《补遗》三卷　冯登府。道光十年自刻
　　本。又学海堂续刻《经解》本二卷。别有《三家诗异义遗说》二
　　十卷，未刻。

《三家诗遗说考》十五卷　陈寿祺。家刻本。【补】其子乔枞续有
　　增辑，光绪壬午家刻《小琅嬛馆丛书》本五十一卷，又《续经解》本
　　十八卷。淮安顾震福《三家诗遗说续考》六卷，光绪壬辰自刻本。

长沙王先谦《诗三家义集疏》二十八卷,民国四年家刻本。」

〔以上《鲁》、《齐》、《韩》诗之属。应有钩乙,分书本无〕

《四家诗异文考》五卷 陈乔枞。自刻本。【补】《续经解》本。长汀江瀚《诗经四家异文考》一卷,宣统间番禺沈宗畸刻《晨风阁丛书》本。」

〔此兼考四家〕

《吕氏家塾读诗记》三十二卷 宋吕祖谦。钱仪吉编刻《经苑》本。明嘉靖陆钺刻本。【补】金壶本。

《诗缉》三十六卷 宋严粲。明刻本。【补】广州局本。

《诗说》三卷,《附录》一卷 惠周惕。家刻本,借月山房本,《指海》本,学海堂本。【补】潢川吴氏刻本。

《某溪诗经补注》二卷 戴震。《戴氏遗书》本,学海堂本。

《虞东学诗》十二卷 顾镇。自刻本。

《诗古微》□卷 魏源。自刻本。魏所著有《书古微》、《公羊古微》,未见传本。【补】《诗古微》十九卷,宜都杨守敬刊本,又《续经解》本。《书古微》十二卷,江宁局本,《续经解》本。《公羊古微》,未刊,稿藏魏氏。」

〔以上汉宋兼采〕

《三家诗拾遗》十卷 范家相。守山阁本。【补】家刻本。《岭南遗书》本。」

〔此考三家诗。以右列例之,当载《毛诗名物图说》之后〕

《毛诗写官记》四卷,《札记》二卷 毛奇龄。《西河集》本。

《毛诗绅义》二十四卷 李黼平。广州原刻本,学海堂本。

《毛诗古音考》六卷 明陈第。学津本。【补】此书实四卷,学津本附刊《读诗拙言》一卷、《附录》一卷,故漫题六卷。长沙余肇钧编刻《明辨斋丛书》本四卷,武昌张氏校刻本四卷。

《毛诗名物图说》九卷　徐鼎。乾隆三十六年刻本。【补】德清
　　俞樾《诗名物证古》一卷，《续经解》本。陈奂《释毛诗音》四
　　卷、《毛诗说》一卷、《毛诗传义类》一卷、《郑氏笺考征》一卷，
　　皆《续经解》本。《毛诗九谷释义》一卷，上海神州国光社排印
　　《古学汇刊》本。毛奇龄《白鹭洲主客说诗》一卷，庄述祖《毛
　　诗考证》四卷、《周颂口义》二卷，李遇孙《诗经异文释》十五
　　卷，陈乔枞《毛诗郑笺改字说》四卷，胡元仪《毛诗谱》一卷，并
　　《续经解》本。洪亮吉《毛诗天文考》一卷，广州局本。臧庸
　　《韩诗遗说》一卷、《订讹》一卷，元和江标刻《灵鹣阁丛书》本，
　　会稽赵之谦刻《仰视千七百二十九鹤斋丛书》本。曾钊《诗毛
　　郑异同辨》二卷，刻本。罗振玉《毛郑诗校议》□卷，排印本。
　　南清河程大镛《读诗考字》二卷，家刻本。盐城陈玉树《毛诗
　　异文笺》十卷，《南菁书院丛书》本。淮安顾震福《毛诗别字》
　　六卷，自刻本。日照丁以此《毛诗正韵》四卷，民国十三年排印
　　本。仪征刘师培《毛诗词例》、《毛诗札记》，未刊。【蒙案】富
　　顺张芋圃《诗经异文释补》□卷，自刻本，补李书。臧庸书略，
　　此书例不取，移附《韩诗故》下，无妨。曾氏《异同辨》，学海堂
　　《经义丛钞》中。陈乔枞《诗纬集证》四卷。」

　　　　〔以上《毛诗》〕

以上《诗》之属《诗》家与四家《诗》皆不合者不录。子贡《诗
　　传》、申培《诗说》，皆伪书，不录。

《礼说》十四卷　惠士奇。原刻本，上海彭氏重刻本，即《璜川丛
　　书》本，学海堂本。

《周礼疑义举要》七卷　江永。原刻本，守山阁本，学海堂本。

《周礼汉读考》六卷　段玉裁。经韵楼本，学海堂本。徐养原《周

官故书考》,沈梦兰《周官学》,未见传本。【补】徐书四卷,《续经解》本,归安陆心源刻《湖州丛书》本。又南陵徐氏积学斋刻程际盛《周礼故书考》一卷。沈书未刊。

《周礼故书疏证》□卷　宋世荦。《台州丛书》本。【补】此书六卷。

《周官礼郑氏注笺》十卷　庄绶甲。马宗梿《周礼郑注疏证》,未见传本。【补】马书有刊本。

《周礼释注》二卷　丁晏。六艺堂本。」

〔以上正录〕

《周官禄田考》三卷　沈彤。《果堂集》本,学海堂本。

《周礼军赋说》四卷　王鸣盛。学海堂本。【补】嘉定秦鉴汗筠斋刻本。

《考工记图》二卷　戴震。《戴氏遗书》本,学海堂本。【补】《昭代丛书》本,四明张氏刻《花雨楼丛钞》本。

《考工创物小记》一卷,《磬折古义》一卷,《沟洫疆理小记》一卷,《九谷考》一卷　程瑶田。在《通艺录》内,学海堂本。【补】《通艺录》内《考工创物小记》八卷,学海堂本作四卷,此云一卷,非。

《车制图考》一卷　阮元。揅经室本,学海堂本。较钱坫《车制考》尤核。朱鸿《考工记车制参解》,未刻。【补】阮书原名《考工记车制图解》,分上下二卷,此云一卷,误。《七录书阁》刻本,《昭代丛书补编》本。钱书一卷,德化李氏刻《木犀轩丛书》本,《续经解》本。

《考工轮舆私笺》二卷　郑珍。　附《图》一卷　今人。同治戊辰莫氏刻本。【补】广州局本,《续经解》本,巴陵方功惠刻《碧琳琅馆丛书》本。附图,珍子郑知同撰。

《肆献裸馈食礼纂》三卷　任启运。《钓台遗书》本。互见。
【补】《续经解》本，杭州局本。海宁王国维《裸礼榷》一卷，上海哈同花园排印《广仓学宭丛书》本。」

〔以上礼制、考工之属〕

《周官记》五卷，《周官说》五卷　庄存与。《味经斋遗书》本。
【补】《续经解》本。王聘珍《周礼学》二卷，曾钊《周礼注疏小笺》四卷，王宗涑《考工记考辨》八卷，并《续经解》本。胡匡衷《周礼畿内授田考实》，光绪乙酉仪征吴氏《蛰园丛刻》本。瑞安孙诒让《周礼正义》八十六卷，光绪乙巳孙氏排印本。清儒治《周礼》，至孙氏集其大成。右列诸书胜义，多为所采，自有此书，他注可毋备。孙诒让辑《周礼三家佚注》一卷，光绪二十年家刻本。刘师培《周礼古注集疏》二十卷，未刊，清稿存蕲春黄侃处。又《西汉周官师说考》二卷，已刊。

以上《周礼》之属疑经者不录。

《仪礼郑注句读》十七卷，附《监本正误》一卷，《石经正误》一卷　张尔岐。通行本。吴廷华《仪礼章句》，已入读本。【补】张书乾隆癸亥和衷堂原刊本，江宁局本。此书简明便读。

《仪礼图》六卷　张惠言。阮刻单行本，武昌局刻缩本。远胜宋杨复图。【补】《续经解》本。

《仪礼释例》一卷　江永。张海鹏刻《墨海金壶》本，守山阁本。《墨海金壶》印行不多，所刻书皆在《守山阁丛书》中。【补】《续经解》本。

《礼经释例》十三卷　凌廷堪。仪征阮氏《文选楼丛书》本。学海堂本。

《仪礼正义》四十卷　胡培翚。沔阳陆氏苏州刻本，内有十二卷，杨大堉补。【补】《续经解》本。

《仪礼汉读考》一卷　段玉裁。经韵楼本，学海堂本。」

〔以上正录〕

《仪礼古今文疏义》□□卷　胡承珙。《墨庄遗书》本，《湖北新刻丛书》本。徐养原《仪礼古今文疏证》，有刻本，未见。【补】胡书十七卷，武昌局本，《续经解》本。徐书一名《仪礼古今文异同》，凡五卷，广州局本，《续经解》本，《湖州丛书》本。

《仪礼古今文疏证》□卷　宋世荦。《台州丛书》本。【补】此书二卷。

《仪礼注疏详校》十七卷　卢文弨。抱经堂本。

《仪礼经注疏正讹》十七卷　金曰追。刻本。【补】乾隆五十三年刻。《续经解》本。

《仪礼石经校勘记》四卷　阮元。粤雅堂本。【补】文选楼本。光绪间华阳王秉恩刻《石经汇函》本。」

〔以上校勘之属〕

《仪礼释官》九卷　胡匡衷。家刻本，学海堂本，胡肇智重刻本。【蒙案】智疑当作昕，《仪礼正义》中胡肇昕说多，或即其人。

《释宫增注》一卷　江永。《指海》本。【补】扫叶山房刻本，《续经解》本。

《礼经宫室答问》二卷　洪颐煊。自著《传经堂丛书》本，学海堂本。胡培翚《仪礼宫室定制考》，未见传本。

《弁服释例》八卷　任大椿。王氏刻本，学海堂本。【补】江都焦廷琥《冕服考》四卷，南陵徐乃昌积学斋刻本。

《丧服传马王注》一卷　问经堂辑本。【补】孙冯翼辑。

《丧服文足征记》十卷　程瑶田。《通艺录》本，学海堂本。【补】华亭张锡恭《丧服郑氏学》十六卷，吴兴刘承幹刻《求恕斋丛书》本。

《丧服会通》□卷　吴嘉宾。自刻本。【补】此书四卷,《续经解》本。」

〔以上宫室、服制之属〕

《仪礼管见》四卷　褚寅亮。家刻本。【补】《续经解》本,粤雅堂本。

《仪礼小疏》八卷　沈彤。《果堂集》本,学海堂本。【补】原刻不分卷。

《仪礼释注》二卷　丁晏。六艺堂本。

《仪礼私笺》八卷　郑珍。遵义唐氏刻本,江宁重刻本。【补】广州局本,《续经解》本。

《仪礼集编》四十卷　盛世佐。刻本。【补】此书《四库全书》著录作四十卷,嘉庆辛酉冯集梧贮云居刻本作十七卷,仅分卷有别,书内并无同异,刻本且有《附录》,为《四库》本所无。」

〔以上余录〕

《读礼通考》一百二十卷　徐乾学。原刻通行本。【补】苏州局本。

《仪礼识误》三卷　宋张淳。聚珍本,杭本,福本,《经苑》本,荣誉刻《得月簃丛书》本。【补】南昌局重刻聚珍本。

《仪礼集释》三十卷,《仪礼释宫》一卷　宋李如圭。聚珍本,福本,《经苑》本。《释宫》有守山阁本,金壶本。二书虽善,已为今书该括。

《仪礼析疑》十七卷　方苞。《望溪全集》本。」

〔前二书自注已明,方书乃不专主汉儒者〕

《仪礼逸经传》二卷　元吴澄。《吴文正公集》本,通志堂本,学津本。【蒙案】山阳丁晏《佚礼扶微》五卷,元和曹元忠《礼经校释》二十二卷,苏州局刻本,专校胡疏。

《飨礼补亡》一卷　诸锦。吴省兰刻《艺海珠尘》本。宋刘敞《补士相见义》、《公食大夫义》,在《公是集》中。【补】胡匡衷《郑氏仪礼目录校证》一卷,张惠言《读仪礼记》二卷,王聘珍《仪礼学》一卷,并《续经解》本。名山吴之英《仪礼奭固》十七卷、《礼器图》十七卷,民国九年四川刻《寿栎庐丛书》本。刘师培《礼经旧说考略》、《逸礼考》,未刊。」

〔以上二书补《仪礼》之逸〕

以上《仪礼》之属有意攻驳古注者,不录。

《礼记集说》一百六十卷　宋卫湜。通志堂本。【补】高丽刻本。

《续卫氏礼记集说》一百卷　杭世骏。活字版本。【补】杭州局本。

《礼记陈氏集说补正》三十八卷　陆元辅代纳兰性德撰。通志堂本。

《礼记训纂》四十九卷　朱彬。咸丰元年刻本。

《礼记偶笺》三卷　万斯大。万氏《经学五书》本,续刻《得月簃丛书》本。钱坫《内则注》三卷,未刊。【补】万书《续经解》本。

《礼记训义择言》八卷　江永。原刻本,守山阁本,金壶本。【补】《续经解》本。

《礼记补疏》三卷　焦循。《焦氏丛书》本,学海堂本。许桂林《礼记长义》四卷,未见传本。

《礼记集解》六十一卷　孙希旦。苏州新刻本。张敦仁抚本《礼记郑注考异》二卷,附仿宋抚本《礼记》后。【补】孙书,瑞安孙衣言编刻《永嘉丛书》本。张氏《考异》亦刻《学海堂经解》内。丁晏《礼记释注》四卷,光绪间四明张寿荣刻《花雨楼丛钞续集》本。

陈乔枞《礼记郑读考》六卷,自刻《左海续集》本,《续经解》本。俞
樾《礼记郑读考》一卷,自刻《春在堂丛书》本,《续经解》本。」

〔以上正录〕

《蔡邕月令章句》二卷　蔡云辑。道光四年王氏刻本,又马瑞辰
辑注本。【补】蔡书《南菁书院丛书》本。

《深衣考误》一卷　江永。单行本,学海堂本。

《深衣释例》三卷　任大椿。《燕禧堂五种》本。【补】《续经
解》本。

《燕寝考》三卷　胡培翚。刻本,学海堂本。【补】《指海》本。

《明堂大道录》八卷　惠栋。经训堂本。【补】《续经解》本。

《禘说》上下卷　同上。同上。【补】《续经解》本。」

〔以上礼制之属〕

《大戴礼记》卢辩注十三卷　雅雨堂校本,聚珍本,福本。【补】
《四部丛刊》影印明嘉靖癸巳袁裻嘉趣堂翻宋本,贵池刘氏玉海
堂影元至正本。

《大戴礼记补注》十三卷,《叙录》一卷　孔广森。《㪺轩所著
书》本;扬州局本;学海堂本,无《叙录》。【补】光绪间定州王灏
编刻《畿辅丛书》本。

《大戴礼记解诂》十三卷,《叙录》一卷　王聘珍。自刻本。
【补】广州局本,盱江书院刻本。

《大戴礼记正误》一卷　汪中。学海堂本。【补】家刻本,上海中
国书店编江都《汪氏丛书》影印本。汪照《大戴礼记补注》十三
卷,《续经解》本。孙诒让《大戴礼记斠补》,家刊本。【蒙案】新
城王树枏《大戴礼记补注》十三卷。

《夏小正传》二卷　汉戴德传。孙星衍校。岱南阁别刻巾箱本。
【补】巴陵方氏翠琅玕馆重刻孙校本。

《夏小正考注》一卷　毕沅校。经训堂本。

《夏小正疏义》四卷,附《释音异字记》　洪震煊。传经堂本,学
海堂本。【补】极善。

《夏小正》四卷,《校录》一卷,《集解》四卷　顾凤藻。士礼居
本。王筠《夏小正正义》□卷,《鄂宰四种》本。【补】顾书扫叶山
房影印士礼居本。王书一卷,光绪癸未福山王懿荣编刻《天壤阁
丛书》本。黄模《夏小正分笺》四卷、《夏小正异义》二卷,《续经
解》本。

《曾子注释》四卷　阮元。文选楼本,学海堂本。即《大戴礼》之
十篇。

《孔子三朝记》七卷,《目录》一卷　洪颐煊。传经堂本。【蒙案】
《三朝记》洪氏有注,学海堂《经义丛钞》中本。」

〔以上皆《礼记》之类,故附此〕

以上《礼记》之属

《白虎通义》四卷　汉班固。抱经堂校本,聚珍本,福本。此书皆
言礼制,故入此类。【补】此书四十四篇,《四库全书》著录作四
卷,宋陈氏《解题》作十卷。南陵徐乃昌影元大德本十卷,《四部
丛刊》影印元大德本十卷。陈立《白虎通义疏证》十二卷,江宁局
本,《续经解》本。庄述祖《白虎通义考》一卷,刻本。刘师培《白
虎通义》定本三卷,《白虎通义校补》二卷,附《白虎通义阙文补
订》一卷,排印本。【蒙案】《白虎通义》以十卷终嫁娶本为善,今
惟北宋小字本(或谓亦是元本)为终嫁娶,而书合为上下二卷,但
十卷之次可寻。元大德本十卷,终于崩薨,已非宋人之旧。明人
合此十卷本为二卷,再分二卷本为四卷。今因范君之注,故附记
如此。

28

《礼论钞》三卷　宋庾蔚之。玉函山房辑本。

《三礼义宗》三卷　梁崔灵恩。玉函山房辑本。」

〔以上汉至六朝旧说〕

《礼笺》三卷　金榜。单行本,学海堂本。原书十卷,未全刻。

《礼学卮言》六卷　孔广森。《顨轩所著书》本,学海堂本。

《三礼义证》□□卷　武亿。道光癸卯聊城杨氏刻本。【补】家刻本。此书十二卷。

《礼说》四卷　凌曙。学海堂本。本名《礼论》。

《礼说》□□卷　金鹗。沔阳陆氏刻本。【补】书名《求古录礼说》,凡十六卷。家刻本,黄岩王氏刻本,《续经解》本。【蒙案】《礼说》广释经义,非独说《礼》之作。

《求古录礼说补遗》一卷　金鹗。潘氏滂喜斋编刻本。【补】《续经解》本,家刻本,黄岩王氏刻本附《校记》三卷。

《礼说》一卷　陈乔枞。家刻本。【补】《续经解》。惠士奇《礼说》十四卷,学海堂本。黄以周《礼说》,南菁书院刻《儆季杂著》本六卷、《续经解》本三卷。」

〔以上国朝人说〕

《郊社禘祫问》一卷　毛奇龄。《西河集》本,《艺海珠尘》本。【补】《续经解》本。胡培翚《禘祫答问》一卷,《续经解》本。

《大小宗通绎》一卷　同上。同上。同上。【补】《续经解》本。

《宗法小记》一卷　程瑶田。《通艺录》本,学海堂本。【补】秀水万光泰《五宗图说》一卷,民国五年上海广仓学宭排印本。德清俞樾《九族考》一卷,《续经解》本。

《钓台遗书》四卷　任启运。彭氏刻本。」

〔以上礼制之属〕

《五礼通考》二百六十二卷　秦蕙田。原刻本。最有用。宋陈祥道《礼书》，朱子《仪礼经传通解》，江永《礼书纲目》，皆括其中。【补】秦书苏州局本。陈书一百五十卷，嘉庆甲子闽郭氏刻本。朱书二十三卷，《续编》二十九卷，吕留良宝诰堂刻本，日本仿宋大字本。江书八十五卷，嘉庆庚午留真堂刻本，广州局本。黄以周《礼书通故》一百卷，光绪间刻本，精博。【蒙案】徐乾学《五礼备考》□百□卷，稿本，存浙江图书馆。林乔荫《三礼陈数求义》三十卷，梁□《三礼通释》，皆通礼中要著。」

〔此通礼虽综括三礼为言，而兼考历代之制，故自为类〕

《质疑》二卷　杭世骏。读画斋本，学海堂本。

《读礼志疑》六卷　陆陇其。单行本，《正谊堂全书》本，同治戊辰浙江新刻全集本。

《参读礼志疑》二卷　汪绂。单行本。

《三礼图集注》二十卷　宋聂崇义。通志堂本，日本翻刻本，通行翻刻本。是书多讹谬，以古书存目备考。孙星衍、严可均同撰《三礼图》三卷，未刊。」

〔以上不专主汉儒者，后一书自注已明〕

《三礼图说》二卷　元韩信同。嘉庆六年福州王氏刻本。间补聂氏所未备，然亦不甚精详。

以上三礼总义之属三礼家不考礼制、空言礼意者不录。【补】海宁王国维《殷周制度论》一卷，民国五年上海哈同花园排印《广仓学宭丛书》本，亦载《观堂集林》内。此书兼论史事，不尽关经学，于古礼制推阐特精，有前人未及言者，故附此。

30

《乐律全书》四十二卷　明朱载堉。明刻本，十种。【补】此书《四库全书》著录作四十二卷十一种。明郑府刻本四十八卷，凡十二种，附三种。

《御纂律吕正义》五卷　康熙五十二年殿本。

《律吕新论》二卷　江永。守山阁本。钱塘《律吕古义》六卷，亦名
　　《律吕考文》，未见传本。【补】武昌局《正觉楼丛书》刻江永《律
　　吕新义》四卷。钱书《南菁书院丛书》本。

《律吕阐微》十卷　江永。

《竟山乐录》四卷　毛奇龄。《西河集》本。

《乐县考》二卷　江藩。粤雅堂本。」

　　　〔以上正录〕

《燕乐考原》六卷　凌廷堪。《凌次仲集》本，粤雅堂本。【补】《指
　　海》本。

《声律通考》□卷　今人。广州刻本，陈氏自著丛书四种刻本。
　　【补】此书十卷，番禺陈澧撰，广州局刻《东塾遗书》中。」

　　　〔以上余录〕

《琴操》二卷　汉蔡邕。平津馆本，读画斋本。他部无可隶，附
　　此。【补】杭州局《邵武徐氏丛书》本。刘师培《琴操补释》，载
　　《国粹学报》中。

《瑟谱》六卷　元熊朋来。粤雅堂本，《指海》本。内有唐《开元十
　　二诗谱》。【补】金壶本。【蒙案】此所载《十二诗谱》与《仪礼经
　　传通解》所载有出入。

以上乐之属

《春秋释例》十五卷　晋杜预。岱南阁校本，聚珍本，福本，又席
　　氏扫叶山房本，《古经解汇函》本。

《春秋土地名》一卷，《长历》一卷　晋杜预。微波榭校本，扫叶
　　山房本。」

　　　〔以上杜注〕

《左传贾服注辑述》二十卷　李贻德。同治丙寅余姚朱氏刻本。马宗梿先有辑本刊行,李书为详,且有发挥。【补】李书苏州局本,《续经解》本,马书原刊本。

《春秋左氏古义》□卷　臧寿恭。刻本。钱塘《春秋左传古义》六卷,未刊。【补】臧书六卷,潘氏滂喜斋刻本,《续经解》本。【蒙案】廖平《春秋左氏古经说》十二卷,成都存古书局本。

《左传诂》二十卷　洪亮吉。集外续刻本,光绪丁丑授经堂重刊本。【补】此书二十卷。武昌局《洪北江全集》本,《续经解》本。」

〔以上三书专采古义。应有钩乙,分书本无〕

《春秋左传补注》十卷　元赵汸。通志堂本,龚翔麟《玉玲珑阁丛刻》本。

《左传杜解补正》三卷　顾炎武。《亭林遗书》本,学海堂本,借月山房本,《指海》本,《璜川丛书》本。【补】丁晏《左传杜解集正》八卷,吴兴张钧衡编刻《适园丛书》本。【蒙案】廖平《左传杜解辨正》八卷,成都排印本。

《左传补注》六卷　惠栋。《贷园丛书》本,守山阁本,金壶本,学海堂本。

《左传补注》三卷　马宗梿。原刻本,学海堂本。

《左传补注》一卷　姚鼐。《惜抱轩集》本。沈钦韩《左传补注》十二卷、《考异》十卷,未见传本。【补】姚书,《南菁书院丛书》本。沈《补注》,吴县潘祖荫编刻《功顺堂丛书》本,《续经解》本。

《左通补释》三十二卷　梁履绳。家刻本,湖北新刻本。原书共六种,统名《左通》,尚有《驳证》、《考异》、《广传》、《古音》、《臆说》五种,未刊。【补】《补释》,《续经解》本。钱塘汪氏振绮堂亦刻《补释》,其版今归杭州局。

《左传小疏》一卷　沈彤。《果堂集》本,学海堂本。

《左传补疏》五卷　焦循。《焦氏丛书》本,学海堂本。

《左传旧疏考证》八卷　刘文淇。道光十八年刻本。原书十二
　　卷。【补】武昌局本,《续经解》本,皆八卷。文淇子毓崧、孙寿
　　曾,三世治左氏,相继草撰《左传旧注疏证》,皆未及成而没。《长
　　编》已具,凡八十卷,定本止襄公,藏于家,未刊。文淇曾孙师培,
　　别撰《春秋左氏传古例诠微》、《左氏传例略》、《左氏传答问》、
　　《左氏传时月日古例考》,诸书中《例略》有刊本。

《刘炫规杜持平》六卷　邵瑛。原刻本。【补】《南菁书院丛书》
　　本,民国间排印本。【蒙案】陈熙晋《春秋规过考信》九卷,陈熙
　　晋《春秋述谊拾遗》八卷,《广雅丛书》本。

《左传事纬》十二卷,《附录》八卷　马骕。自刻本,汉阳朝宗书
　　室活字版本无《附录》。【补】许元淮刻本,苏州潘氏敏德堂刻
　　本,又《函海》中别本四卷。」

　　　　〔以上皆补杜注之遗,或与之相出入者。末一书乃取《左
　　　　传》事迹类分,即比事之书也〕

《补春秋长历》十卷　陈厚耀。刻本。今人乌程汪氏《补春秋长
　　历》,未刊。【补】陈书,《续经解》本。汪氏《春秋长历》,在所著
　　《历代长术》内,其书未刊,稿藏吴兴蒋氏密韵楼。汪氏名曰桢。

《春秋经传朔闰表》二卷　姚文田。在《邃雅堂学古录》内,家刻
　　本。邹伯奇《春秋经传日月考》,乃《学计一得》之一篇,在《邹徵
　　君遗书》内。【补】邹《考》,有光绪二十七年两湖书院重刻单
　　行本。

《春秋经传朔闰表发覆》四卷　施彦士。附刻范景福《春秋上律
　　表》四篇,《求己堂八种》本。孔继涵《春秋闰例日食例》,未见传
　　本。【补】罗士琳《春秋朔闰异同》一卷,会稽赵之谦刻本,《续经
　　解》本。

《春秋地名考略》十四卷　徐善代高士奇撰。《高文恪四部稿》本。

《春秋地理考实》四卷　江永。学海堂本。【补】沈钦韩《左传地名补注》十二卷，《续经解》本，吴县潘氏功顺堂刻本，长洲蒋氏心矩斋刻本。

《春秋世族谱》一卷　陈厚耀。与李淇《春秋世纪编》合刻本，道光十九年汤刻本。【补】乾隆壬子刻本，杭州局《邵武徐氏丛书》本。宝应成蓉镜《春秋世族谱拾遗》一卷，《南菁书院丛书》本。吴伟业《春秋氏族志》不分卷，未刊，太仓县立图书馆有旧钞本，十六册。

《春秋名字解诂》二卷　王引之。自刻本，附《经义述闻》后，学海堂本同。【补】俞樾《春秋名字解诂补义》一卷，胡元玉《春秋名字解诂驳》一卷，并《续经解》本。王萱龄《周秦名字解诂补》一卷，《畿辅丛书》本，贵池刘氏聚学轩刻本，附此。

《左传姓名同异考》四卷　高士奇。《高文恪四部稿》本。【补】蜀冯继光《春秋名号归一图》二卷，通志堂本。

《春秋识小录》九卷：《职官考略》三卷，《地名辨异》三卷，《左传人名辨异》三卷　程廷祚。《绵庄遗书》本，珠尘本。林伯桐《春秋左传风俗》二十卷，未刊。【补】汪中《春秋列国官名异同考》，光绪乙酉仪征吴丙湘《蛰园丛刻》本，江都《汪氏遗书》本。丁晏《左传杜解集正》八卷，《适园丛书》本。李富孙《左传异文释》十卷，《续经解》本。陈鹏《春秋国都爵姓考》，附曾钊《考补》，粤雅堂本。【蒙案】丁书重出，应删。」

　　〔以上朔闰、地名、人名之属〕

　　以上《春秋左传》之属

《春秋繁露》十七卷　汉董仲舒。戴震、卢文弨校。聚珍本，福本,抱经堂本。【补】杭州局重刻抱经堂本,《四部丛刊》影印聚珍本。

《春秋繁露注》十七卷　凌曙注。《古经解汇函》本。【补】凌氏蜚云阁自刻本,潮州郑氏编刻《龙溪精舍丛书》本,《续经解》本,《畿辅丛书》本附张驹贤《校记》。平江苏舆《春秋繁露义证》七卷,宣统二年长沙刻本。刘师培《春秋繁露校补》二卷、《繁露佚文辑补》一卷。【蒙案】董金鉴《春秋繁露集注》,长沙有刻本。

《春秋公羊通义》十一卷,《叙》一卷　孔广森。《㨁轩所著书》本,学海堂本。

《春秋正辞》十三卷　庄存与。味经斋本,学海堂本。龚自珍《春秋决事比》,未见传本。【补】龚书一卷,《续经解》本。【蒙案】赵汸《春秋属辞》十五卷,通志堂本,庄书继赵而作。

《公羊何氏释例》十卷　刘逢禄。学海堂本。褚寅亮《公羊释例》三十卷,未刊。【补】曲阜孔广铭《公羊释例》三十卷,未刊。

《公羊何氏解诂笺》一卷　同上。同上。【补】刘书皆有太清楼原刻本。」

〔以上正录〕

《论语述何》二卷　同上。同上。

《公羊礼说》一卷　凌曙。学海堂本。别有《公羊礼疏》十一卷、《公羊问答》二卷,未见传本。【补】《公羊礼疏》,凌氏蜚云阁原刻本,归安姚觐元编刻《咫进斋丛书》本,《续经解》本。《公羊问答》,咫进斋本,《续经解》本。

《公羊逸礼考征》一卷　陈奂。潘氏滂喜斋刻本。【补】《续经解》本,吴县朱记荣刻《槐庐丛书》本。

《公羊补注》一卷　马宗梿。刻本。

《公羊补注》一卷　姚鼐。《惜抱轩集》本。【补】《南菁书院丛书》本。」

〔以上余录〕

《发墨守评》一卷,《箴膏肓评》一卷,《穀梁废疾申何》二卷

刘逢禄。学海堂本。【补】句容陈立《春秋公羊义疏》七十六卷,原刻本,《续经解》本。番禺何若瑶《公羊注疏质疑》二卷,广州局本。李富孙《公羊异文释》一卷,包慎言《公羊历谱》一卷,并《续经解》本。王闿运《春秋公羊传笺》十一卷,湘绮楼自刻本,四川存古书局本。王代丰《春秋例表》,长沙刻本,存古书局本。井研廖平《大统春秋公羊补证》十一卷,附《大统春秋条例表》、《何氏公羊解诂三十论》,存古书局刻《六译馆丛书》本。康有为《春秋董氏学》八卷,自刻本。魏源《董子春秋发微》七卷,未见传本。

以上《春秋公羊传》之属

《春秋经解》十五卷　宋孙觉。聚珍本,福本。

《穀梁经传补注》□卷　今人。自刻本。

《穀梁释例》四卷　许桂林。粤雅堂本题一卷,实四卷。【补】《续经解》本四卷。

《穀梁礼证》二卷　侯康。伍元薇刻《岭南遗书》本。马宗梿《穀梁传疏证》,未见传本。【补】侯书《续经解》本。

《穀梁补注》一卷　姚鼐。《惜抱轩集》本。【补】《南菁书院丛书》本。

《穀梁大义述》□卷　柳兴恩。有刻本,未见。邵晋涵《穀梁古注》、洪亮吉《公穀古义》,未刊。【补】柳书原刻不分卷,《续经解》本三十卷。锺文烝《穀梁补注》二十四卷,家刻本,《续经解》本。李富孙《穀梁异文释》一卷,《续经解》本。石城江慎中《春

秋穀梁条指》二卷,载《国粹学报》中。侯康《穀梁礼征》二卷,
《岭南遗书》本。胶县柯劭忞《春秋穀梁传注》十五卷,民国十六
年排印本。【蒙案】江慎中《穀梁条例》十卷,未刊。《穀梁笺
释》,成书数卷。梅植之《穀梁注疏》,成书一卷。康有为《穀梁
刘氏学》□卷。王闿运《穀梁申义》,刊本。廖平《穀梁古义疏》
十一卷。廖平《释范》一卷,四川存古书局刻本。

　　以上《春秋穀梁传》之属

《箴膏肓》一卷,《起废疾》一卷,《发墨守》一卷　汉郑玄。问经
　　堂辑本,珠尘本,亦在黄奭辑《高密遗书》内。【补】仪征张氏榕
　　园重刻珠尘本。【蒙案】皮锡瑞《箴膏肓疏证》□卷、《起废疾疏
　　证》□卷、《发墨守疏证》□卷,廖平《起起废疾解》一卷,存古书
　　局刻本。

《春秋古经说》二卷　侯康。《岭南遗书》本。【补】《续经
　　解》本。」

　　　〔以上古说〕

《春秋大事表》五十卷,《舆图》一卷,《附录》一卷　顾栋高。
　　原刻本,学海堂本太少。【补】《续经解》本,全。味经书局本。

《春秋十论》一卷　洪亮吉。《卷施阁集》续刻本。

《半农春秋说》十五卷　惠士奇。家刻本。【补】学海堂本,璜川
　　吴氏刻本。

《春秋属辞比事记》四卷　毛奇龄。《西河集》本,学海堂本。
　　【补】《龙威秘书》本。

《春秋经传比事》二十二卷　林春溥。《竹柏山房十一种》本。」

　　　〔以上皆比事之属,应有钩乙,分书本无〕

《春秋三传异文笺》十三卷　赵坦。学海堂本。

37

《春秋三传异文释》十三卷　李富孙。蒋光煦刻《别下斋丛书》
　　本。钱塘《春秋三传释疑》十卷,未刊。【补】朱骏声《春秋三家异
　　文核》一卷,贵池刘氏聚学轩本。」

　　　　〔以上二书考三传异文。应有钩乙分,书本无〕

《春王正月考》一卷　明张以宁。《指海》本,通志堂本。

《春秋日食质疑》一卷　吴守一。《指海》本,借月山房本。【补】
　　崇明施彦士《推春秋日食法》一卷,修梅山馆刻本。湘潭谭沄《春
　　秋日月考》四卷、《古今冬至表》四卷,光绪五年自刻本。」

　　　　〔以上考正月、考日食〕

《春秋毛氏传》三十六卷　毛奇龄。《西河集》本。【补】学海
　　堂本。

《春秋属辞辨例编》六十卷　张应昌。苏州局本。」

　　　　〔以上辨例〕

《春秋胡氏传辨疑》二卷　明陆粲。《指海》本。

《春秋胡传考误》一卷　明袁仁。学津本。」

　　　　〔以上攻胡传之失〕

　《春秋集传纂例》十卷　唐陆淳。玉玲珑阁本,钱仪吉刻《经
　　苑》本,《古经解汇函》重刻钱本。

　《春秋微旨》三卷　同上。同上,同上,同上。学津本。

　《春秋集传辨疑》十卷　同上。玉玲珑阁本,《古经解汇函》重
　　刻龚本。

　《春秋金锁匙》一卷　元赵汸。微波榭本,学津本。

　《春秋集传》十五卷　同上。通志堂本。

　《春秋说略》十二卷　郝懿行。《郝氏遗书》本。【补】郝懿行
　　《春秋比》一卷,《遗书》本,成都存古书局本。【蒙案】廖平《春
　　秋三传折衷》不分卷,存古书局本。

以上《春秋》总义之属《春秋》家与三传皆不合者不录。陆氏
　　三种,于三传皆加攻驳,因唐以前书,举以备考。

《论语郑注》二卷　宋翔凤辑。浮溪精舍本。郑珍辑《论语三十
　　七家注》四卷,未刊。
《论语义疏》十卷　梁皇侃。殿本,知不足斋本,《古经解汇函》重
　　刻鲍本。
《论语正义》二十卷　刘宝楠。江宁刻本。徐养原《论语鲁读
　　考》、包慎言《论语温故录》,未见传本。【补】刘书二十四卷,《续
　　经解》本。徐书一卷,《续经解》本,《湖州丛书》本。包书未刊。
　　【蒙案】十八卷以下刘恭冕补。」
　　　　〔以上正录〕
《论语稽求篇》七卷　毛奇龄。《西河集》本,学海堂本。【补】
　　《龙威秘书》本。
《鲁论说》三卷　程廷祚。《绵庄遗书》本。
《论语竢质》三卷　江声。胡珽编《琳琅秘室丛书》活字本。
《论语骈枝》一卷　刘台拱。《刘氏遗书》本,学海堂本。【补】所说
　　不多而条条精确。俞樾《续论语骈枝》一卷,《续经解》本。
《论语后录》五卷　钱坫。《钱氏四种》本。
《论语补疏》三卷　焦循。《焦氏丛书》本,学海堂本。【补】此书
　　二卷。
《论语偶记》一卷　方观旭。学海堂本。【补】成都存古书局本。
《论语说义》十卷　宋翔凤。浮溪精舍本。【补】《续经解》本。」
　　　　〔以上余录〕
《乡党图考》十卷　江永。通行本,学海堂本。
《论语类考》二十卷　明陈士元。湖海楼本,《归云别集》本。

【补】武昌局《湖北丛书》本。

《论语后案》二十卷　黄式三。道光甲辰活字版本。【补】杭州局
　　本。潘维城《论语古注集笺》,《续经解》本,杭州局本。陈鳣《论
　　语古训》十卷,嘉庆元年刻本,杭州局本。梁廷枏《论语古解》十
　　卷,自著《藤花亭十种》本。冯登府《论语异文考证》十卷,藏修
　　堂刻本。俞樾《论语郑义》一卷,《续经解》本。沈涛《论语孔注
　　辨伪》二卷,《续经解》本。潘祖荫、赵之谦、朱记荣皆刻沈书。戴
　　望《论语注》二十卷,用公羊义解说《论语》,《南菁书院丛书》本。
　　【蒙案】王闿运《论语训》二卷。

　　　　以上《论语》之属《论语》、《孟子》,北宋以前之名;《四书》,
　　　　南宋以后之名。若统于《四书》,则无从足十三经之数,故视
　　　　注解家之分合别列之。韩愈、李翱《论语笔解》,伪书,
　　　　不录。

《孟子音义》二卷　宋孙奭。士礼居影宋蜀大字本,抱经堂本,微
　　波榭本,韩岱云本,成都局本,又通志堂本。此真孙奭作,疏乃伪
　　托。【补】光绪壬辰荣成孙氏山渊阁刻,日照许氏校影宋本。罗
　　振玉影印覆宋蜀大字本。蒋仁荣《孟子音义考证》二卷,《续经
　　解》本。

《孟子赵注补正》六卷　宋翔凤。浮溪精舍本。【补】广州局本,
　　《续经解》本。

《孟子刘熙注》一卷　宋翔凤辑。浮溪精舍本。【补】广州局本。
　　叶德辉辑《孟子刘熙注》一卷,光绪间观古堂自刻本。顾震福《孟
　　子刘注辑述》七卷,光绪间自刻本。

《孟子正义》三十卷　焦循。《焦氏丛书》本,学海堂本。钱东垣
　　《孟子解谊》十四卷、钱侗《孟子正义》十四卷,未刊。【补】焦氏

疏释赵注，采摭颇广，而本之程瑶田《论学小记》、戴震《孟子字义疏证》者为多，清儒注《孟子》，焦书最完善。戴震《孟子字义疏证》三卷，《戴氏遗书》本，《指海》本，抉摘宋明理学之蔽，卓然自成一家言，其意不在专释《孟子》。别有《绪言》三卷，即此书初稿，刻《粤雅堂丛书》中。今二书皆有通行排印本。

《孟子四考》四卷　周广业。乾隆乙卯刻本。【补】《续经解》本。

《孟子杂记》四卷　明陈士元。湖海楼本。【补】武昌局本。

《孟子生卒年月考》一卷　阎若璩。学海堂本。

《孟子时事略》一卷　任兆麟。《心斋十种》本。【补】朱记荣刻《槐庐丛书》本。甘泉张宗泰《孟子七篇诸国年表》二卷，南陵徐乃昌编刻《积学斋丛书》本。

　　以上《孟子》之属

《四书释地》一卷，《续》一卷，《又续》二卷，《三续》二卷　阎若璩。通行本，学海堂本。【蒙案】王鎏《四书地理考》十二卷。

《四书释地辨证》二卷　宋翔凤。浮溪精舍本，学海堂本。

《四书賸言》四卷，《补》二卷　毛奇龄。《西河集》本。【补】学海堂本。

《四书考异》七十二卷　翟灏。原刻本，《总考》、《条考》各半；学海堂本，止《条考》三十六卷。

《四书典故辨正》二十卷　周炳中。刻本。凌曙《四书典故核》六卷、许桂林《四书因论》二卷，未刊。【补】凌书嘉庆间蠧云阁原刻本。许书有新刻本。

《四书摭余说》七卷　曹之升。通行本。

《四书拾遗》五卷　林春溥。《竹柏山房十一种》本。」

　　〔以上解《四书》〕

《大学证文》四卷　毛奇龄。《西河集》本。

《大学古义说》二卷　宋翔凤。浮溪精舍本。【补】戴震《大学补注》一卷,未刊。《中庸补注》一卷,载《国粹学报》中,亦无刻本。顾震福《学庸古义会笺》,光绪间自刻本。」

〔以上解《大学》〕

《四书经注集证》十九卷　吴昌宗。通行本。此书括元詹道传《四书纂笺》在内。【补】詹书二十八卷,通志堂本。王夫之《四书稗疏》三卷,《船山遗书》本,《续经解》本。刘宝楠《论孟集注》,附《考》二卷,载《国粹学报》中。

以上《四书》之属

《孝经郑氏解辑》一卷　臧庸辑。知不足斋本。

《孝经郑氏注》一卷　严可均辑。自著《四录堂类集》本。【补】光绪间归安姚觐元咫进斋重刻本,光绪癸卯大关唐氏重刻本。善化皮锡瑞《孝经郑注疏》二卷,光绪间长沙思贤书局刻本。【蒙案】成都唐氏刻本,稍有增辑。

《孝经义疏补》九卷　阮福。文选楼本,学海堂本一卷。【补】云南督署本。

《孝经精义》一卷,《后录》一卷,《或问》一卷,《余论》一卷　张叙。乾隆二年刻本。

42　《孝经外传》一卷　周春。珠尘本。

《孝经述注》一卷　丁晏。六艺堂本。周中孚《孝经汇解》,未见传本。【补】丁晏别有《孝经征文》一卷,刻《学海堂经解》中。周书未刊。

《中文孝经》一卷　周春。珠尘本。【补】《周松霭遗书》本。

《孝经汇纂》三卷　孙念劬。嘉庆四年刻本。

以上《孝经》之属变改原书篇次者不录。《知不足斋丛书》有
《古文孝经孔传》一卷、《今文孝经郑氏注》一卷,皆伪书,
不录。

《尔雅汉注》三卷　臧庸辑。《问经堂丛书》本。【补】光绪间吴县
朱氏槐庐重刻本。

《尔雅古义》十二卷　黄奭辑。黄奭刻《汉学堂丛书》本。严可均
辑《尔雅一切注音》十卷,未刊。【补】光绪间仪征张丙炎榕园重
刻黄辑本。严书光绪间德化李氏刻入《木犀轩丛书》。严可均辑
郭璞《尔雅图赞》一卷,光绪间湘潭叶德辉观古堂刻本。

《尔雅义疏》二十卷　郝懿行。孙郝联薇校刻足本、沔阳陆氏刻
本、学海堂本皆未足。郝胜于邵。【补】四川刻足本,武昌局本。
王念孙《尔雅郝注刊误》一卷,民国十七年上虞罗振玉石印《殷礼
在斯堂丛书》本。

《尔雅正义》二十卷　邵晋涵。原刻、重刻通行本,学海堂本。」

〔以上正录〕

《尔雅补郭》二卷　翟灏。自刻本。戴蓥《尔雅郭注补正》□卷,
未见传本。【补】翟书姚氏咫进斋刻本,华阳傅世洵编刻《益雅堂
丛书》本,《续经解》本,德化李氏木犀轩刻本,施诹刻巾箱本。戴
书九卷,光绪间海阳韩氏刻本。

《尔雅释义》十卷,《释地以下四篇注》四卷　钱坫。《钱氏四
种》本。钱大昭《尔雅释文补》三卷、钱绎《尔雅疏证》十九卷,未
刊。【补】《续经解》刻钱坫《尔雅古义》二卷、《释地四篇注》一
卷。严元照《尔雅匡名》二十卷,嘉庆间仁和劳氏刻本,广州局
本,《湖州丛书》本,《续经解》本。胡承珙《尔雅古义》二卷,载
《国粹学报》中。原刊本刻成,旋毁,传本罕见。周春《尔雅补

注》四卷,光绪间叶氏观古堂刻本。张宗泰《尔雅注疏正误》五卷,广州局本,南陵徐乃昌积学斋刻本。刘玉麐《尔雅补注》一卷,广州局本,此书未全。陈玉澍《尔雅释例》五卷,近排印本。

《释宫小记》一卷,《释草小记》一卷,《释虫小记》一卷　程瑶田。《通艺录》内,学海堂本。互见。」

〔以上余录〕

《释祀》一卷　董蠡舟。

《释服》□卷　宋翔凤。浮溪精舍本。【补】一卷。

《释骨》一卷　沈彤。《果堂集》本。【补】《昭代丛书补编》本,汉阳叶志诜刻本。

《释缯》一卷　任大椿。燕禧堂本,学海堂本。

《释舟》一卷　洪亮吉。《卷施阁集》本。【补】刘宝楠《释谷》四卷,广州局本,《续经解》本。海宁王国维《尔雅草木虫鱼释例》一卷,民国五年上海哈同花园排印《广仓学窘丛书》本,民国十六年王氏排印《观堂遗书》本。郑珍《亲属记》二卷,广州局本。

以上《尔雅》之属讲《尔雅》不通小学者不录。

《御纂七经》　殿本,杭州局本,武昌局本,成都书局本不精。目列后,此当敬遵,与正注同。

《周易折中》二十二卷　康熙五十四年依古本经传分编。又乾隆二十年钦定《周易述义》十卷,殿本。

《书经传说汇纂》二十一卷　康熙末至雍正八年。

《诗经传说汇纂》二十一卷　康熙末年。又乾隆二十年钦定《诗义折中》二十卷,多宗毛、郑,殿本。

《春秋传说汇纂》三十八卷　康熙三十八年。

《周官义疏》四十八卷　乾隆十三年。

《仪礼义疏》四十八卷　同上。

《礼记义疏》八十二卷　同上。

《古微书》三十六卷　明孙毂。章刻本，陈刻本，活字版本，守山阁本，金壶本。孙书本有《焚微》、《线微》、《阙微》、《删微》四种，总名《微书》，此其《删微》一种。【补】守山阁本注出处。

《七纬》三十八卷　赵在翰辑。福州小积石山房刻本。

《玉函山房辑佚书·经编》三百五十二种　马国翰辑。济南新刻本。经史子集四编皆刊行，此编皆周秦至唐经说经注。【补】长沙思贤书局重刻小字本，长沙重刻大字本不善。

《汉魏遗书钞》一百八种　王谟辑。原刻本。分四册，无卷数，经史子集四类。此百八种，止《经翼》一门，皆汉魏至隋经注经说。

《古经解钩沉》三十卷　余萧客辑。原刻本，鲁氏重刻本。

《五经异义》　汉许慎。并《驳义》　汉郑玄。　一卷，《补遗》一卷　王复辑。问经堂本，珠尘本。【补】仪征张氏榕园重刻珠尘本，黄辑《高密遗书》本，《许郑遗书》本，孔辑《通德遗书》本，袁辑《郑氏佚书》本。

《五经异义疏证》三卷　陈寿祺。家刻本，学海堂本。【蒙案】皮锡瑞《五经异义疏证》□卷，长沙刻本。

《郑志》三卷，《附录》一卷　钱东垣等校。秦鉴刻《汗筠斋丛书》本，粤雅堂重刻秦本，又聚珍本，福本，问经堂本，《古经解汇函》重刻孙本，汉学堂本。【补】南昌局重刻聚珍本，武亿校刻本，马氏玉函山房本，袁编《郑氏佚书》本。《郑志》，魏郑小同编述，皆其祖玄与门人问答之词，原书十一卷，久佚，此辑本也。宝应成蓉镜《郑志考证》一卷，《南菁书院丛书》本。善化皮锡瑞《郑志疏证》八卷、《郑记考证》一卷，光绪间长沙思贤书局刻本。

《六艺论》一卷　陈鳣辑。别下斋刻本。【补】又玉函山房本，汉
　　学堂本，洪颐煊辑《经典集林》本，臧庸辑本，问经堂刻本，南陵徐
　　乃昌鄦斋刻本，孔辑《通德遗书》本，袁辑《郑氏佚书》本。善化
　　皮锡瑞《六艺论疏证》一卷，光绪间长沙思贤书局刻本。

《圣证论》一卷　马国翰辑。玉函山房本。互见。【补】又《汉魏
　　遗书钞》本。【蒙案】皮锡瑞《圣证论补评》二卷，思贤书局
　　刻本。

《高密遗书》十四种　黄奭辑刻汉学堂本。《六艺论》、《易注》、
　　《尚书注》、《尚书大传注》、《毛诗谱》、《箴膏肓》、《释废疾》、《发
　　墨守》、《丧服变除》、《驳五经异义》、《答临孝存周礼难》、《三礼
　　目录》、《鲁禘祫义》、《论语注》、《郑志》、《郑记》。【补】汉郑玄
　　遗著，自黄氏外，辑者尚有数家。曲阜孔广林辑《通德遗书》十七
　　种，分《箴膏肓》、《起废疾》、《发墨守》为三种，增《尚书中候注》、
　　《论语弟子篇》二种，而无《郑志》、《郑记》，余目同黄辑，光绪庚
　　寅济南书局刻本。鄞县袁钧辑《郑氏佚书》二十一种，增《尚书五
　　行传注》、《尚书略说注》二种，有《郑志》、《郑记》，余目同黄辑，
　　外附郑君《纪年》，光绪戊子杭州局刻本。王复、武亿同辑《郑氏
　　遗书》五种，《驳五经异义》、《箴膏肓》、《起废疾》、《发墨守》、
　　《郑志》，嘉庆间原刻本，常熟鲍氏重刻本，此五种《问经堂丛书》
　　亦刻。《许郑遗书》六种，增《鲁禘祫义》一种，余目同上，道光间
　　浙东陈锡熊刻于云南五华书院。

《经稗》六卷　郑方坤。以上十二书，皆辑古义。」

　　　〔以上皆辑古说，见原注〕

《九经古义》十六卷　惠栋。《贷园丛书》本，省吾堂本，学海堂
　　本。马应潮《九经古义注》，未刊。【补】惠书《昭代丛书补编》
　　本，吴县朱记荣刻《槐庐丛书》本，益都李文藻刻本。马氏《左传

古义注》稿本,旧藏武进费氏处,余未详。

《诗书古训》六卷　阮元。粤雅堂本。【补】《续经解》本。」

〔以上二书,亦辑古说,而参以证据〕

《助字辨略》五卷　刘淇。康熙五十年刻本,聊城杨氏刻本。
【补】康熙本卢承琰刻,杨氏本咸丰五年杨以增刻。乾隆四十四
年国泰重刻本,民国十二年长沙杨氏重刻本。

《经传释词》十卷　王引之。家刻本,守山阁本,学海堂本。冯登
府《十四经诂答问》十卷,未刊。【补】王书泾县洪氏刻本。冯氏
《十三经诂》六卷,朱氏槐庐刻本,《续经解》本。」

〔以上二书,皆释虚字〕

《经义杂记》三十卷,《叙录》一卷　臧琳。家刻本,学海堂本。
【补】学海堂本十卷。

《经问》十八卷,《经问补》三卷　毛奇龄。《西河集》本。【补】
学海堂本十五卷。

《群经补义》五卷　江永。单行本,学海堂本。【补】璜川吴氏刻
《经学丛书》本。

《经咫》一卷　陈祖范。家刻本。【补】光绪十七年广州局刻本。

《经学卮言》六卷　孔广森。《𢁉轩所著书》本,学海堂本。

《经传小记》一卷　刘台拱。《刘氏遗书》本。【补】《续经解》本。

《经义知新记》一卷　汪中。学海堂本。其《述学内篇》二卷入集
部。【补】《经义知新记》,江都《汪氏丛书》影印本。《述学内外
篇》六卷,俱入集部,考订家集,其《外篇》,互见骈文家集。此但
云《内篇》入集部者,误。《学海堂经解》刻《述学摘本》二卷。

《群经识小》八卷　李惇。学海堂本。

《五经小学述》二卷　庄述祖。《珍艺宧遗书》本。【补】成都存古
书局本,《续经解》本。

《考信录》三十六卷　崔述。《东壁遗书》本。《考信录提要》、《上古》、《唐虞》、《夏》、《商》、《丰镐》、《洙泗》、《丰镐别录》、《洙泗余录》、《孟子事实录》、《续说》、《附录》。【补】《考信录》子目提要，《唐虞》间尚有补《上古》一种，共十二种，三十六卷。光绪间定州王灏文刻《畿辅丛书》本。

《经义述闻》三十二卷　王引之。自刻本，江西刻本，学海堂本只二十八卷。【补】道光七年京师重刻本，扬州覆刻本。

《五经要义》一卷，《五经通义》一卷　宋翔凤。浮溪精舍本。

《左海经辨》二卷　陈寿祺。家刻本，学海堂本。【补】《学海堂经解》又摘刻《左海文集》二卷。」

〔以上余录〕

《通艺录》四十三卷　程瑶田。自刻本。【补】学海堂本三十卷，少数种。

《群经宫室图》二卷　焦循。《焦氏丛书》本。近人有《经义图说》，巾箱本，虽为程试而作，然胜于宋明人《六经图》。【补】焦书《续经解》本，无锡朱氏刻本。清康熙间桐城江为龙、叶涵云同编《六经图》十六卷，江西刻本。」

〔以上考工之属〕

《六经天文编》二卷　宋王应麟。学津本，《玉海》附刻本。

《经书算学天文考》一卷　陈懋龄。学海堂本。【补】光绪间四明张寿荣刻《花雨楼丛钞》本。

《观象授时》十四卷　秦蕙田，方观承。学海堂摘本。此《五礼通考》之一门，阮《经解》摘出，于学者亦便。

《邃雅堂学古录》七卷　姚文田。家刻本。

《学计一得》二卷　邹伯奇。《邹徵君遗书》本。互见子部算法。」

〔以上天文、算法〕

《九经说》十七卷　姚鼐。江宁朱刻本，《惜抱轩集》本。钱大昭《经说》十卷，未刊。【补】姚书嘉庆丙辰旌德刻本十二卷，未足。

《九经集解》九卷　雷学淇。自刻本。

《经义未详说》五十四卷　徐卓。自刻本。

《群经平议》十卷　今人。《俞氏丛书》本。【补】此初刻本，未足。苏州刻《春在堂丛书》本，《续经解》本，俱三十五卷。德清俞樾撰。

《十三经客难》五十五卷　龚元玠。江西刻本。」

〔以上总录〕

《隶经文》四卷　江藩。粤雅堂本。【补】家刻《节甫老人杂著》本，《续经解》本。

《说学斋经说》一卷　叶凤毛。珠尘本。

《巢经巢经说》一卷　郑珍。家刻本。【补】《续经解》本。

《句溪杂著》五卷　陈立。自刻本。

《经义丛钞》三十卷　学海堂本。体例未协，中有精粹。【补】此书余杭严杰编。《续经解》刻武亿《群经义证》八卷，洪颐煊《读书丛录》一卷，徐养原《顽石庐经说》十卷，朱大韶《实事求是斋经说》二卷，俞正燮《癸巳类稿》六卷，《癸巳存稿》四卷，陈澧《东塾读书记》十卷，朱绪曾《开有益斋经说》五卷，陈乔枞《礼堂经说》二卷，邹汉勋《读书偶识》十一卷，刘书年《贵阳经说》一卷，俞樾《达斋丛说》一卷，黄以周《经说略》二卷，陶方琦《汉孳室文钞》二卷，林兆丰《隶经賸义》一卷，林颐山《经述》二卷，诸书中间系摘本。戴震《经考》五卷，光绪间南陵徐乃昌鄦斋刻本。萧山王绍兰《周人经说》四卷，王氏《经说》六卷,光绪间吴县潘祖荫刻《功顺堂丛书》本。」

〔以上余录。按此类低格者多汉宋兼采之学〕

以上诸经总义之属

《经义考》三百卷　朱彝尊。扬州马氏刻本,重刻通行本。【补】
乾隆乙亥卢氏雅雨堂刻本,杭州局本不善。

《经义考补正》十二卷　翁方纲。自著《苏斋丛书》本。钱东垣
《补经义考》四十卷、《续经义考》二十卷,未刊。【补】翁书粤雅
堂本。

《通志堂经解目录》一卷　翁方纲注。《苏斋丛书》本,粤雅堂本。

《十三经注疏姓氏》一卷　翁方纲。《苏斋丛书》本。

《授经图》四卷　明朱睦㮮。黄虞稷、龚翔麟同编。玉玲珑阁本。
毕沅、洪亮吉《传经表》一卷、《通经表》一卷,未见传本。【补】朱
书二十卷,其自序称四卷,《提要》疑其误,道光十九年三原李锡
龄刻《惜阴轩丛书》本二十卷。《传经表》、《通经表》,光绪五年
亮吉曾孙用勤重刻《洪北江遗书》本,光绪九年四明张寿荣刻《花
雨楼丛钞》本,光绪十二年会稽章寿康刻《式训堂丛书》本,光绪
三十年吴县朱记荣刻《校经山房丛书》本。名山吴之英《汉师传
经表》一卷,民国九年四川刻《寿栎庐丛书》本。

《国朝汉学师承记》八卷,附《经师经义目录》一卷　江藩。
原刻本,粤雅堂本。【补】华阳傅世洵刻《益雅堂丛书》巾箱本。
【蒙案】江书有陈寿祺眉注本,偶见传钞。赵之谦《续国朝汉学师
承记》,未见传本。

《西京博士考》二卷　胡秉虔。钱氏刻《艺海珠尘续编》本。【补】
常熟张金吾《两汉五经博士考》三卷,常熟鲍廷爵编刻《后知不足
斋丛书》本,光绪间四明张氏花雨楼刻本。海宁王国维《汉魏博

士考》三卷,民国五年上海广仓学宭排印本,此书善,并订正胡、张二氏之误。」

〔以上目录。按此不入史部谱录类之目录,较便寻检〕

《五经文字》一卷,附《五经文字疑》一卷　唐张参。微波榭本,马曰璐《小玲珑山馆丛书》本三卷,无附卷,广州刻《小学汇函》即马本,西安石本。【补】日本缩刻石本,常熟鲍氏后知不足斋本。

《九经字样》一卷,附《九经字样疑》一卷　唐唐元度。微波榭本,小玲珑山馆本,无附卷,《小学汇函》刻马本,西安石本。二书道光己酉虞山顾氏《玲珑山馆丛刻》六种,以马版印行。【补】日本缩刻石本。

《刊正九经三传沿革例》一卷　宋岳珂。任大椿刻本,知不足斋本,粤雅堂本,海宁陈氏刻本,又丛书大字本,《湖北新刻丛书》本。【补】仪征汪氏藤花榭刻本,吴县吴志忠刻本,成都存古书局本。

《九经误字》一卷　顾炎武。《亭林遗书》本,《指海》本,借月山房本。钱大昕《经典文字考异》三卷,未刊。【补】顾书《续经解》本。钱书神州国光社编《古学汇刊》本。

《七经孟子考文补遗》一百九十九卷　山井鼎《考文》,物观《补遗》,日本刻本,阮刻巾箱本。《易》、《书》、《诗》、《左》、《礼记》、《论语》、《孝经》、《孟子》。【补】内《尚书古文考》一卷,单刻入《函海》。山井鼎、物观皆清康熙间日本国人。

《经典文字辨证》五卷　毕沅。经训堂本。

《注疏考证》六卷　齐召南。学海堂本,原附殿本《注疏》后。《书》、《礼记》、《左》、《公》、《穀》。

《十三经注疏校勘记》二百四十三卷　阮元。原刻单行本,学海

51

堂本,又散附阮刻注疏各卷之后,较略。【补】罗振玉《敦煌古写本周易王注校勘记》,排印本。今人刘世珩、刘承幹、张钧衡等重雕宋元本诸经注疏,亦各附《校勘记》,已见前,中有阮校所未及者。阮氏《校勘记》,实以卢文弨所校《十三经注疏》为蓝本,卢校尤完备,未刊,旧藏阮氏,今不知存否。方东树有临本,已毁于火。」

〔以上文字〕

《经典释文》三十卷,《考证》三十卷　唐陆德明《释文》,卢文弨《考证》。抱经堂本,武昌局翻本,成都局翻本,附《孟子音义》,通志堂本未善。【补】广州局刻本尤草率,《四部丛刊》影印通志堂本,附录诸家校。

《蜀大字本三经音义》四卷　《论语》一卷,《孝经》一卷,《孟子》上下卷。岱南阁本,士礼居刻别行本。

《汉魏音》四卷　洪亮吉。卷施阁本,光绪戊寅授经堂重刊全集本。

《九经补韵附考证》一卷　宋杨伯岩。钱侗《考证》。汗筠斋本,粤雅堂本,学津本。【补】常熟鲍廷爵编刻《后知不足斋丛书》本。

《经读考异》八卷,《补》二卷,《叙述》二卷　武亿。原刻本,学海堂本只八卷。钱绎《十三经断句说》十三卷、钱侗《群经古音钩沉》四卷,未刊。

《十三经音略》十二卷　周春。粤雅堂本。

《经籍籑诂》二百一十六卷,附《补遗》　阮元。扬州原刻本。以经为主,故列此。【补】江宁局本。」

〔以上音义〕

《十经文字通正书》十四卷　钱坫。原刻本,间有误处。

《群经音辨》七卷　宋贾昌朝。张士俊刻《泽存堂五种》本,粤

雅堂本,道光庚子三韩杨氏重刻张本。【补】《畿辅丛书》本,
长沙余肇钧编刻《明辨斋丛书》本,长洲蒋氏铁华馆仿宋刊本。
王念孙《群经字类》,上虞罗振玉排印本。歙县江有诰《群经
韵读》一卷,嘉庆间自刻《音学十书》本,咸丰壬子重刻本,民
国十七年上海中国书店影印原刻本。歙县吴承仕《经籍旧音
辨证》七卷,民国间北京排印本。

以上诸经目录文字音义之属

《汉石经》　残字六百七十五字,熹平四年。翁方纲重摹南昌府学
　　石本,绍兴府学再摹石本。录此以见汉刻体势,若遗文则《隶
　　释》、《隶续》为详。【补】道光间江宁陈宗彝重刻汉熹平石经残
　　字本,上虞罗振玉玻璃版影印宋拓本。《汉熹平石经残字集录》
　　一卷,《补遗》一卷,民国十七年罗振玉石印双钩本。民国十一年
　　洛阳汉太学遗址有汉熹平石经原石出见,存《论语·尧曰篇》残
　　字十字又半,今存开封图书馆,有拓本。

《唐石经》　开成二年。西安府学石本,乾符修改,后梁补刻,明王
　　尧惠补缺。十三经无《孟子》,明人补刻。【补】日本缩刻本。
　　《孟子》七卷为清初陕西巡抚贾汉复所刻,非明人。【蒙案】张宗
　　昌有覆刻本,凡阙文均双钩补足。

《国朝石经》　乾隆五十八年敕刊,嘉庆八年敕改定。国子监石
　　本。十三经皆备,文字多依古本,与通行本多异,极精核。

《石经考》一卷　顾炎武。《亭林遗书》本,借月山房本,《指海》
　　本。汉、唐、蜀石经,亦详《金石萃编》中。【补】光绪间华阳王秉
　　恩刻《石经汇函》本。

《石经考》一卷　万斯同。省吾堂本。【补】光绪十三年山阴宋泽
　　元编刻《忏花盦丛书》本,顾沅编刻《砚堂丛书》本。

53

《石经考异》二卷　杭世骏。《杭氏七种》本。【补】《石经汇函》本。瞿中溶《汉石经考异补正》二卷，吴兴张钧衡编刻《适园丛书》本。

《汉石经残字考》　翁方纲。《复初斋集》。【补】常熟鲍廷爵后知不足斋本，《石经汇函》本。

《魏三体石经残字考》二卷　孙星衍。平津馆本。【补】《石经汇函》本，此书止一卷。魏三体石经原石久亡，光绪间忽出见于洛阳，为《尚书·君奭》残篇，其石旋归黄县丁氏，今有拓本及上虞罗氏吉石盦玻璃版影印本。民国十一年洛阳又有魏三体石经原石出见，为《尚书·多士》、《君奭》、《无逸》及《春秋·僖公经》、《文公经》诸残篇，为《隶续》所不载，盖宋以来所未睹也。罗振玉、王国维、章炳麟、叶德辉诸人多为之考证，其石今存开封图书馆，有拓本及玻璃版影印本。

《唐石经校文》十卷　严可均。四录堂类集本。王朝榘《唐石经考正》一卷，附《十三经拾遗》后。钱大昕《唐石经考异》一卷，未刊。【补】严书《石经汇函》本。王《考正》，新建陶福履编《豫章丛书》本，光绪十六年泾县朱氏刻。钱书刊入《涵芬楼秘笈》第六集。

《蜀石经残字》一卷　王昶。摹刻版本，学海堂收《经义丛钞》内。【补】《石经汇函》本，此为《毛诗》残本。又原拓蜀石经《春秋榖梁传》残，民国六年上虞罗氏吉石盦玻璃版影印本。又庐江刘体乾藏原拓蜀石经《周礼三传》，都一百七十五叶，附乾隆以来诸家题跋、校记，民国十六年上海中国书店有玻璃版影印本。吴骞《蜀石经毛诗残本考异》一卷，刻本。缪荃孙《蜀石经校记》一卷，民国二年上海神州国光社排印《古学汇刊》本。

《北宋汴学篆隶二体石经记》一卷　丁晏。六艺堂自刻本。

【补】《石经汇函》本。原拓北宋嘉祐石经《周礼》、《礼记》残,民国六年上虞罗氏吉石盫玻璃版影印本。

《石经考文提要》十三卷　彭元瑞。刻本。阮元《仪礼石经校勘记》,已入《仪礼》。【补】彭书德清许宗彦刻本,《石经汇函》本。

《石经补考》十二卷　冯登府。自刻本,《学海堂经解》续刻本六卷。国朝、汉、魏、唐、蜀、北宋、南宋。【补】《石经汇函》本十二卷。桂馥《历代石经略》二卷,刻本。

以上石经之属此乃经文本原,故别为类,杭考原流,冯考文字。

右列朝经注、经说、经本考证此类各书,为读正经、正注之资粮。

小学第三　此小学谓六书之学,依《汉书·艺文志》及《四库目录》。

《说文解字》十五卷　汉许慎。宋徐铉校定附字。平津馆小字本,《小学汇函》重刻孙本,汲古阁五次剜改大字本,朱校大字本即毛本,藤花榭额氏刻中字本,广州新刻陈昌治编录一篆一行本,苏州浦氏重刻孙本。孙本最善,陈本最便。【补】江宁局翻毛四刻本,五松书屋刊宋本,光绪十二年朱氏翻孙本,涵芬楼影印藤花榭本。涵芬楼《续古逸丛书》影印北宋刊本善,此即平津馆、藤花榭据刻之本,乃大徐本第一刻也。《四部丛刊》影印北宋刊本,即上缩本。

《汲古阁说文订》一卷　段玉裁。袁廷梼刻本,武昌局刻附段注《说文》后。严可均《段氏说文订订》一卷,未刊。【补】段书光绪间归安姚觐元编刻《咫进斋丛书》本。严书光绪十三年海宁许氏刻入《许学丛刻》。

《说文旧音》一卷　毕沅辑。经训堂本。【补】咸丰二年江都李祖望编刻《半亩园丛书》本。胡玉缙《说文旧音补注》一卷、《补遗》一卷、《续》一卷,《南菁书院丛书》本。

《说文校议》三十卷　姚文田、严可均同撰。原刻本,归安姚氏咫进斋重刻本,李氏《半亩园丛书》本。【补】顾广圻《说文辨疑》一卷,即《校议》之辨疑,原刻本,武昌局本,光绪九年长洲张炳翔编刻《许学丛书》本,光绪十年吴县雷氏刻本。归安严章福《说文校议议》十五卷,刘承幹刻《吴兴丛书》本。

《说文斠诠》十四卷　钱坫。家刻本。【补】江宁局本。

《说文解字考异》二十九卷　姚文田。姚氏咫进斋家刻本,未毕工。钮树玉《说文考异》三十卷,未见传本。【补】姚书咫进斋本,光绪初年刻成。钮书苏州局本。王念孙《说文解字校勘记》残稿一卷,宣统元年番禺沈宗畸编刻《晨风阁丛书》本。沈涛《说文古本考》十四卷,吴县潘祖荫滂喜斋刻本。朱士端《说文校定本》一卷,同治间自刻《春雨楼丛书》本。莫友芝《仿唐写本说文解字木部笺异》一卷,同治二年原刻本,《许学丛书》本。胡重《说文集校》,未刊。

《说文系传》四十卷,附《校勘记》三卷　南唐徐锴。苗夔校。寿阳祁氏刻本,归安姚氏翻祁本,《小学汇函》重刻祁本。汪本、马本不善。【补】光绪二年平江吴氏重刻祁本,光绪九年苏州局重刻祁本,又《四部丛刊》影印述古堂影宋钞本。

《说文系传校录》三十卷　王筠。自刻本。钱师慎《说文系传刊误》二卷,未刊。【补】汪宪《说文系传考异》四卷,道光十七年瞿世瑛清吟阁刻本。荆州田吴炤《说文二徐笺异》□卷,影印稿本。

《说文解字段氏注》三十卷,《六书音韵表》五卷　段玉裁。原刻本,苏州重刻本,学海堂本,武昌局本附段氏《汲古阁说文订》一卷。【补】成都存古书局本,光绪七年苏州刻巾箱本,民国九年上海扫叶山房影印原刻本。

《说文段注订》八卷　钮树玉。原刻本,武昌局本。【补】金氏重刻本,《许学丛书》本。王绍兰《说文段注订补》十四卷,萧山胡氏天津刻本,吴兴刘氏嘉业堂刻本。

《说文段注匡谬》八卷　徐承庆。姚氏咫进斋刻本,未毕工。冯桂芬《说文段注考正》十六卷,未见传本。【补】咫进斋本光绪初年刻成,吴县潘氏刻本。冯书民国十七年上海蟫隐庐影印稿本。桂馥《说文段注钞案》一卷、《补》一卷,徐松《说文段注札记》一卷,龚自珍《说文段注札记》一卷,并光绪间长沙叶德辉观古堂刻本。扫叶山房影印叶刻本,附《说文解字段氏注》影印本后。马寿龄《说文段注撰要》九卷,《许学丛书》本。徐灏《说文解字注笺》十四卷,附《检字》四卷,石印本。邹伯奇《读段注说文札记》,刻本。何绍基《说文段注驳正》,未见传本。

《说文释例》二十卷,《说文句读》三十卷　王筠。自刻本。【补】《释例》光绪癸未成都御风楼重刻本。《句读》成都存古书局重刻本,涵芬楼影印王氏自刻本。」

　　〔以上正录〕

《说文新附考》六卷,《续考》一卷　钮树玉。原刻本,武昌局本。郑珍《说文新附考》四卷,尤精核,未刊。【补】钮书《许学丛书》本。郑书六卷,光绪间刻入姚氏《咫进斋丛书》,华阳傅世洵益雅堂亦刻。钱大昭《说文徐氏新补新附考证》一卷,光绪间南陵徐乃昌刻《积学斋丛书》本。王筠《说文新附考校正》,《许学丛书》本。毛际盛《说文新附通谊》,原刻本。

《说文逸字》二卷　郑珍。　**《附录》一卷,《补遗》一卷**　今人。

家刻本。【补】姚氏咫进斋刻单行本,光绪间福山王懿荣刻《天壤阁丛书》本。《附录》、《补遗》,郑珍子知同撰。张鸣珂《说文逸字考》四卷,原刻本。李桢《说文逸字辨证》二卷,家刻本。

《说文翼》十六卷　严可均。姚氏咫进斋本,未毕工。【补】咫进斋单行本,光绪初年刻成。

《说文辨字正俗》八卷　李富孙。新刻本。【补】校经庼刻。」

〔以上论形〕

《说文声系》十四卷　姚文田。家刻本,吴刻本,粤雅堂本。钱塘《说文声系》二十卷,未刊。

《说文声读表》七卷　苗夔。自刻本。别有《说文声读考》,未刊。【补】王氏天壤阁重刻本,《续经解》本。

《说文字原韵表》□卷　胡重。金刻本。钱侗《说文音韵表》五卷、《说文孳乳表》三卷,未刊。【补】胡《表》二卷,《许学丛书》本。吴县江沅《说文解字音韵表》十七卷,《续经解》本。

《说文声类》二卷　严可均。四录堂本。【补】《续经解》本,德化李氏木犀轩本。

《说文谐声谱》□卷　张惠言。【补】此书二十卷,由惠言子张成孙续成,刻于广州,未见传本。又临桂龙翰臣节本九卷,刻《续经解》中,署张成孙撰。

《说文通训定声》十八卷,《柬韵》一卷　朱骏声。原刻本,甚便初学。【补】同治九年江宁局补版本,泾县洪氏刻本,光绪中上海坊间石印巾箱本,附《说雅》十九篇、《古今韵准》一卷。朱骏声《说文通训定声补遗》一卷,光绪间刻本。朱珔《说文假借义证》二十八卷,泾县朱氏家刻本,民国十五年上海中国书店影印家刻本。

《汉学谐声》二十卷,《古音论》一卷,《附录》一卷　戚学标。

原刻本。【补】《汉学谐声》凡二十四卷,此云二十卷,误。高邮宋保《谐声补逸》十四卷,《许学丛书》本,德化李氏木犀轩本。」

《六书说》一卷　江声。琳琅秘室本。【补】李氏《半亩园丛书》本,傅氏《益雅堂丛书》本。叶德辉《六书古微》十卷,观古堂自刻本。

《转注古义考》一卷　曹仁虎。珠尘本。【补】《许学丛书》本,傅氏《益雅堂丛书》本。

《六书转注说》二卷　夏炘。景紫堂本。」

〔以上论声〕

《说文引经考》二卷　吴玉搢。姚氏咫进斋本。

《说文引经考证》八卷　陈瑑。武昌局本。臧礼堂《说文引经考》二卷、张澍《说文引经考证》,未见传本。

《说文古语考》二卷　程际盛。刻本。钱绎《说文解字读若考》三卷、《说文解字阙疑补》一卷,钱侗《说文重文小笺》二卷,未刊。【补】傅云龙《说文古语考补正》□卷,刻本。叶德辉《说文读若考》七卷,附一卷,《同声假借字考》二卷,自刻本。萧道管《说文重文管见》一卷,刻本。」

〔以上引经、引古语〕

《惠氏读说文记》十五卷　惠栋。借月山房本,《指海》本,半亩园本。

《席氏读说文记》十五卷　席世昌。借月山房本,《指海》本。

《说文管见》三卷　胡秉虔。家刻本。许桂林《许氏说音》十二卷、《说文后解》十卷,未刊。【补】胡书潘氏滂喜斋本,贵池刘世珩聚学轩本。张行孚《说文审音》十六卷,桐庐袁昶《渐西村舍丛刻》本。

《说文答问疏证》六卷　钱大昕答,薛传均疏证。原刻本,姚氏咫进斋重刻本,巾箱本,扬州再刻本。【补】光绪间鄞县郭传璞编刻《金峨山馆丛书》本,广州局本。承培元《广说文答问》八卷,广州局本。章炳麟《小学答问》一卷,杭州局刻《章氏丛书》本。」

〔以上论义〕

《小学考》五十卷　谢启昆。嘉庆丙子刻本。【补】光绪十四年杭州局重刻本。九江黎经诰《许学考》二十六卷,民国十六年江宁排印本。

《字通》一卷　宋李从周。珠尘本,知不足斋本。

《说文字通通释》□卷　□□□。刻本。【补】吴县高翔麟《说文字通》十四卷,道光戊戌刻本,上列书殆即指此。

《复古编》二卷　宋张有。张氏刻本,安邑葛鸣阳刻本。【补】江宁局本,广东刻本。」

〔以上据《说文》以正隶俗〕

《篆韵谱》五卷　南唐徐锴。苏州冯氏刻本,《小学汇函》本,《函海》本不善。【补】此书《提要》题五卷,《函海》本、《小学汇函》本并同。冯桂芬影宋本则作十卷,与《通志》、《直斋书录解题》卷数合。此仅分卷有异,实无增减。王筠《说文韵谱校》五卷,光绪间潍县刘氏刻本。」

〔此论韵,故自为类〕

《说文通检》十四卷　今人。同治十二年广州新刻本,附《说文》后。此书为翻检《说文》而设,极便。毛谟《说文检字》二卷,止可检汲古本,原刻、重刻两本,皆在成都。【补】《通检》,番禺黎永椿编。涵芬楼影印番禺陈氏原刻本,武昌局重刻本。毛谟《检字》,姚氏咫进斋重刻本。史恩绵《说文易检》十四卷,涵芬楼影印稿本。丁养和《说文便检》十二集,刻本。一贯三,不著编撰人名氏,十二集,此书可检《说文段注》、《经籍籑诂》、《说文通训定声》三书,尤为便用,非上列诸种所及,有石印本。

《说文义证》五十卷　桂馥。灵石杨氏原刻本,武昌局翻本。
宋鉴《说文解字疏》、马宗梿《说文字义广注》,未见传本。
【补】宋、马书皆未刊。许瀚《桂注说文条例》一卷,潘氏滂喜
斋本。

《说文声订》二卷　苗夔。自刻本。钱大昭《说文统释》六十
卷,未刊。【补】苗书,《许学丛书》本。光绪间鄞县郭传璞金
峨山馆单刻钱氏《说文统释》自叙三万言为一卷,全书未刊。

《说文辨疑》一卷　顾广圻。武昌局本。

《说文疑疑》二卷　孔广居。家刻本。【补】《许学丛书》本。张
行孚《说文发疑》七卷,刻本。陈诗庭《读说文证疑》,《许学丛
刻》本。许棫《读说文杂识》一卷,《许学丛书》本,武昌局本。
王念孙《读说文记》,《许学丛刻》本。许槤《读说文记》,古均
阁本。江沅《说文释例》二卷,李氏半亩园本。陈瑑《说文举
例》,《许学丛刻》本。毛际盛《说文述谊》二卷,刘氏聚学轩
本。潘奕隽《说文蠡笺》十四卷,原刻本,《许学丛刻》本,聚学
轩本。于鬯《说文职墨》三卷,《南菁书院丛书》本。江陵田潜
《一切经音义引说文笺》十四卷,民国十四年鼎楚室自刻本。

《说文拈字》七卷,《补遗》三卷　王玉树。原刻本。

《说文群经正字》二十八卷　邵瑛。嘉庆丙子刻本。【补】程炎
《说文引经考》四卷,未见。吴云蒸《说文引经异字》,刻本。
雷浚《说文引经例辨》三卷,家刻本。高翔麟《说文经典异字
释》一卷,万卷楼刻巾箱本。承培元《说文引经证例》二十四
卷,广州局本。柳荣宗《说文引经考异》十六卷,刻本。陈寿祺
《说文经字考》一卷,李氏半亩园本。杨廷瑞《说文经斠》,刻
本。王育《说文引诗辨证》,刻本。

《说文提要》一卷　武昌局本。【补】成都存古书局本。扫叶山房石印本，附《说文段注》影印本后。此书陈建侯编，但载部首，而许书说解，多加删节，虽便初学，未为善本。张行孚《说文揭原》□卷，原刻本，专释部首，有新意，胜陈书。丁福保编《说文解字诂林》，所收凡一百六十余种，分类别裁，不加改削，集校释之巨观，凡无力分购原书者，得此为便。民国十五年上海医学书局就各原刻影印。

《文字蒙求》一卷　王筠。自刻本。

《别雅》五卷　吴玉搢。小蓬莱山馆刻本。【补】康熙间原刻本，乾隆间新安程氏督经堂刻本，华阳傅氏益雅堂刻本。许瀚《别雅订》五卷，潘氏滂喜斋刻本。丁寿昌《别雅校正》，未刊。

《拾雅》二十卷　夏味堂。原刻本，刘际清刻《青照堂丛书》本。

以上小学类《说文》之属　元、明人讲《说文》者，多变古臆说，不录。《说文》兼形、声、义三事，故别为一类。

《汗简》三卷，《目录叙略》一卷　宋郭忠恕。汪启淑刻本，汪立名一隅草堂本。此书多沿误。郑珍《汗简笺正》七卷，极精，未刊。【补】郑书已刊，凡八卷，广州局本。江永，《汗简校本》，亦精，未刊，原稿旧藏姚氏咫进斋。」

〔此古文。应有钩乙，分书本无〕

薛氏《钟鼎款识》二十卷　宋薛尚功。阮刻本。【补】上海文瑞楼影印阮刻本，贵池刘世珩影刻临宋写本。松江某氏藏宋拓石刻本，犹完具，今尚无影印之者。

《积古斋钟鼎款识》十卷　阮元。通行本。学海堂本，未摹篆文，不便学者。【补】此书名《积古斋钟鼎彝器款识》，常熟鲍氏后知不足斋本，武昌局本，上海坊间影印刻本。

《筠清馆金文》□卷　吴荣光。自刻本。【补】宜都杨守敬观海堂刻本。此书五卷。近人编录《钟鼎彝器款识》诸书,补入史部金石类,于此不复见。吴大澂《说文古籀补》十四卷,湖南刻本,坊间石印本。孙诒让《古籀拾遗》三卷,家刻本,扫叶山房影印本。《契文举例》一卷,罗氏吉石盦影印稿本。《名原》二卷,家刻本。罗振玉编《铁云藏龟》不分卷、《铁云藏龟之余》一卷、《殷虚书契前后编》十卷、《殷虚书契菁华》一卷、《殷虚书契考释》一卷、《殷虚书契待问编》一卷,并罗氏影印本。《殷商贞卜文字考》一卷,石印本。王国维《戩寿堂所藏殷虚文字》一卷,附《考释》一卷,民国六年上海广仓学窘影印本。商承祚《殷虚文字类编》十四卷,民国十二年自刻本。容庚《金文编》十四卷、《附录》二卷、《通检》一卷,民国十四年天津贻安堂石印本。丹徒叶玉森《说契》、《挈契枝谭》写刻本,载《学衡》第三十一期,《铁云藏龟拾遗》一卷,石印本。丹徒陈邦怀《殷墟书契考释小笺》一卷,铅印本。丹徒陈邦福《殷墟霾契考》一卷、《殷契辨疑》一卷、《殷契说存》一卷,均石印本。殷商文字,清光绪二十五年始发见河南安阳殷故墟中,皆刻龟甲、兽骨之上,亦号龟甲文,为汉以下人所未睹,可藉以正史书之违失,明小学之源流。学者治此,覃及异域,而罗、王所著为特精,今取其书涉小学者补列于是,涉史事者别入史部金石类。

《缪篆分韵》五卷　桂馥。自刻本,思进斋刻本。」
　　〔以上钟鼎篆文〕

《隶释》二十七卷,《隶续》二十一卷　宋洪适。汪刻本,江宁洪刻附《正误》本。又单刻《隶续》二十一卷,曹寅扬州诗局本。【补】黄丕烈《汪本隶释刊误》一卷,黄氏《士礼居丛书》本。

《隶韵》十卷,《考证》二卷,《碑目考证》一卷　宋刘球。翁方纲考证。秦恩复刻本。

《汉隶字原》六卷　宋娄机。汲古阁本。【补】丁杰刻本，姚氏咫
　　进斋翻汲古阁本。

《隶辨》八卷　顾蔼吉。通行本。【补】康熙五十七年项氏玉渊堂
　　原刊本，乾隆八年黄晟翻项本，上海扫叶山房影印原刻本。

《隶篇》十五卷，《续》十五卷，《再续》十五卷　翟云升。自刻
　　本。【补】许梿刻本，光绪间宜都杨守敬刻本。」

　　　　〔以上隶。应有钩乙，分书本无〕

《字林考逸》八卷　任大椿。燕禧堂本。【补】苏州局本，成都存
　　古书局本，光绪间会稽章寿康刻本。陶方琦《字林考逸补本》一
　　卷、《附录》一卷，钱唐诸氏刻本。曾钊校《字林》七卷，刻本。

《玉篇》三十卷　梁顾野王元本。唐孙强增字，宋陈彭年等重修。
　　泽存堂本，《小学汇函》重刻张本，邓显鹤重刻张本附《札记》，曹
　　寅《楝亭五种》本，又明经厂大字本。【补】《四部丛刊》影印元刊
　　本《玉篇》三十卷，附宋刊本《总目》一卷。又黎氏《古逸丛书》影
　　日本旧钞原本《玉篇》残本三卷半，上虞罗氏亦影印此残本。

《类篇》四十五卷　宋司马光等。《楝亭五种》本，姚氏咫进斋本。」

　　　　〔以上真书〕

《钦定满洲蒙古汉字三合切音清文鉴》三十三卷　乾隆四十四
　　年敕撰。殿本。

《钦定西域同文志》二十四卷　乾隆二十八年敕撰。殿本。国
　　书、汉字、蒙古字、西番字、托忒字、回字。【补】《番汉合时掌中
　　珠》残本，清宣统二年俄人拉特洛夫自新疆黑城塔下掘出，署名
　　骨勒氏所著，即《西夏字典》。上虞罗氏有影印巾箱本。上虞罗
　　福苌《西夏国书略说》，罗氏石印本。俄人伊凤阁《西夏国书
　　说》，载北京大学《国学季刊》卷一第四号。清光绪间西人于蒙

古、新疆诸地先后发见突厥、回鹘、佉卢、粟特、吐火罗、东伊兰各种文字之碑碣及写本。今西人有著专书，深究其文字者，国内尚无译本。」

〔以上各体书〕

《龙龛手鉴》四卷　辽僧行均。张丹鸣刻本，《释藏》本。多佛书俗字。宋夏竦《古文四声韵》五卷，汪启淑刻本，全本《汗简》，不录。【补】行均书涵芬楼《续古逸丛书》影印宋刊本。【蒙案】夏书大同郭书，所收古文字多出郭书外，两书应并存。

《六书故》三十三卷　元戴侗。明刻本，《小学汇函》本。

《佩觿》三卷　宋郭忠恕。泽存堂本，又单行本，杨氏重刻本。【补】道光间渤海高承勋编刻《续知不足斋丛书》本，长洲蒋氏铁华馆本。

《字鉴》五卷　元李文仲。泽存堂本，杨氏重刻本。【补】长洲蒋氏铁华馆影元本。

以上小学类古文、篆、隶、真书、各体书之属古今各体形属。

《康熙字典》，道光七年重修，人人皆知，不赘列。

《广韵》五卷　隋陆法言《切韵》元本，唐孙愐、宋陈彭年等重修。泽存堂本，邓显鹤重刻张本，曹寅《栋亭五种》本，又明经厂大字本，《小学汇函》重刻张本、明本两本，张本较胜。【补】康熙元年山阳张弨刻顾炎武校本，黎氏《古逸丛书》覆宋刊、元刊两本，涵芬楼影印黎氏覆宋刊本，《四部丛刊》影印宋刊巾箱本。又唐写本《唐韵》残卷一卷半，上海神州国光社影印本，此乃孙愐原书。《切韵》五卷，宋代已佚，清光绪间有唐写本残叶数纸出甘肃敦煌石室，今藏法国巴黎图书馆。陈澧《切韵考》六卷、《外篇》三卷，广州局本，《东塾遗书》本，陈氏此书成于道光二十二年。李衡山亦有《切韵考》四卷,刻本。

《集韵》十卷　宋丁度等。《楝亭五种》本,姚氏咫进斋本。【补】顾广圻重修曹版本,嘉庆十九年江宁榷使署刻。日本校刻曹本。瑞安方成珪《集韵考正》十卷,采录众本,校核极精,瑞安孙衣言刻《永嘉丛书》本。钱唐罗以智《集韵》校本、长洲马钊《集韵校勘记》,未见传本。二书出《考正》后,方氏未及采。

《韵会举要》三十卷　元黄公绍元本,熊忠删。元刻明补本。注所引有古书。

《佩文诗韵》五卷　礼部官本。　《官韵考异》一卷　吴省钦。珠尘本。」

〔以上今韵〕

《音论》一卷　顾炎武。顾氏《音学五书》本,学海堂止摘中卷。【补】《音学五书》本三卷。

《古音表》二卷　同上。苗夔《音韵钩沉》,未刊。

《唐韵正》二十卷　同上。

《唐韵考》五卷　纪容舒。守山阁本。【补】光绪间定州王灏刻《畿辅丛书》本。

《古韵标准》四卷,《四声切韵表》一卷　江永。《贷园丛书》本,粤雅堂本,守山阁本。

《音学辨微》一卷　江永。借月山房本,《指海》本,合前二种沔阳陆氏刻本。【补】宣统间上海神州国光社影印自写本,民国五年南昌熊罗宿刻本。

《声韵考》四卷　戴震。《戴氏遗书》本,《贷园丛书》本,经韵楼本。【补】吴江沈懋德编刻《昭代丛书》壬集本。

《声类表》十卷　同上。《戴氏遗书》本。

《六书音韵表》五卷　段玉裁。附段注《说文》后。互见。

66

书目答问补正

《四声韵和表》五卷　洪榜。刻本。

《古音谐》八卷　姚文田。姚氏咫进斋本。简明易晓。

《声类》四卷　钱大昕。集外单行本,粤雅堂本,道光乙酉、己酉汪氏、陈氏两刻本。【补】歙县江有诰《音学十书》十卷,止刻八种,子目列下:《诗经韵读》四卷,《群经韵读》一卷,《楚辞韵读》附《宋赋》一卷,《先秦韵读》二卷,《唐韵四声正》一卷,《谐声表》、《入声表》、《等韵丛说》合一卷。嘉庆间原刊本,咸丰间重刻本,版皆旋毁,印行不多。其《谐声表》、《入声表》、《唐韵四声正》及《诗经韵读》中之《音学叙录》、《古音总论》四种,民国五年上海广仓学宭有排印本。王念孙《古音二十一部说》,载《经义述闻》中,其所著《毛诗群经古韵谱》一卷,民国十四年上虞罗氏排印入《高邮王氏遗书》。又所著《周秦韵谱》、《西汉韵谱》、《说文谐声谱》诸书,皆未刊,手稿今藏罗氏。胡秉虔《古韵论》一卷,潘氏滂喜斋本。余杭章炳麟《国故论衡》三卷,卷一《论音韵》,杭州局刻《章氏丛书》本。海宁王国维《两周金石文韵读》一卷、《唐韵别考》一卷、《音韵余说》一卷,并上海哈同花园排印《广仓学宭丛书》本,又民国十六年王氏排印《观堂遗书》本。

　《古韵论》一卷　胡秉虔。滂喜斋本。」

　　〔以上古韵〕

《韵补》五卷　宋吴棫。灵石杨氏编刻《连筠簃丛书》校本。【补】杭州局邵武《徐氏丛书》本。

《韵补正》一卷　顾炎武。《亭林遗书》本,借月山房本,《指海》本,连筠簃本。苗夔《韵补正》,未刊。【补】顾书长沙余肇钧刻《明辨斋丛书》本。

《礼部韵略》五卷　宋丁度等。《楝亭五种》本,姚氏咫进斋重刻曹本。钱孙保影宋钞足本,未刊。此书不合于古,不行于今,特藉以考见当时程试之制。

《五音集韵》十五卷 金韩道昭。明刻本。

以上小学类音韵之属 音韵声属。

《仓颉篇》三卷 孙星衍辑。岱南阁本。【补】又陈其荣《辑补》三卷,光绪二十年石埭徐氏编刻《观自得斋丛书》本。梁章钜《仓颉篇校正》二卷、《补》一卷,家刻本。《仓颉篇》,秦李斯作,原书久佚,光绪末匈牙利人斯坦因于敦煌汉长城故址得汉人所书木简中,有《仓颉篇》、《急就篇》残简数件,今藏英国博物馆。罗振玉《仓颉篇残简考释》一卷,上海广仓学窘排印本。上海广仓学窘又排印重辑《仓颉篇》二卷。

《急就篇》四卷 汉史游。唐颜师古注,宋王应麟补注。陈氏独抱庐本,津逮本,学津本,《玉海》附刻本。【补】光绪间福山王懿荣刻《天壤阁丛书》本,姚氏咫进斋本。又黎氏《古逸丛书》刻日本旧写本《急就篇》一卷。又上虞罗氏吉石盦影印旧拓叶石林摹皇象章《急就章》,松江石本。又罗氏刻敦煌新出汉人隶书《急就章》残简百余字。又光绪间元和江标重刻赵孟𫖯正书皇象本。【蒙案】叶本即明杨政本。孙、钮两校均据杨本及绍兴三年石本,绍兴本未见。

《急就章考异》一卷 孙星衍。岱南阁别刻行本,《小学汇函》本。【补】又庄世骥《急就章考异》一卷,广州局本。钮树玉《急就章考证》一卷,吴县潘祖荫编刻《功顺堂丛书》本。王国维《校松江本急就篇》一卷,民国十六年王氏排印《观堂遗书》本。

《小学钩沉》十九卷 任大椿。山阳汪氏刻本。【补】泾县洪氏刻本,光绪十年龙氏刻本。此中辑已佚小学书四十四种。淮安顾震福《小学钩沉续编》八卷,凡辑四十六种,光绪间自刻本。南清河汪黎庆《小学丛残》不分卷,辑《颜氏字样》、《开元文字》、《韵诠》、《韵英》四种,上海广仓学宭排印本,亦载《国粹学报》中。马国翰《玉函山房辑佚书》、黄奭《汉学堂丛书》亦各辑小学书若干种。」

〔以上总录,应有钩乙,分书本无,但原稿已有钩乙〕

《方言注》十三卷 汉扬雄。晋郭璞注。丁杰校。抱经堂本,聚珍本,福本,《小学汇函》本。《方言》、《释名》、《小尔雅》、《广雅》四种,明郎奎金刻《五雅》、《汉魏丛书》、《古今逸史》,皆并有之,但无校注,不善。【补】又《四部丛刊》影印宋庆元庚申刊本。江安傅氏双鉴楼影宋刊本,附《校记》一卷,此本所据原本同上。刘台拱《方言补校》一卷,广州局刻《刘端临遗书》本。顾震福《方言校补》三卷、《佚文》一卷,光绪间自刻本。又长沙郭庆藩校《方言注》十三卷,刻本,附杭氏《续方言》、程氏《续方言补正》。

《方言疏证》十三卷 戴震。《戴氏遗书》本。钱绎《方言笺疏》十三卷,钱侗《方言义证》六卷,未刊。【补】戴书成都存古书局刻本,钱绎《方言笺疏》,南陵徐氏积学斋刻本,杭州局本,广州局本。王念孙《方言疏证》一卷,民国十四年上虞罗氏排印《王氏遗书》本。

《续方言》二卷 杭世骏。《杭氏七种》本,珠尘本。【补】《昭代丛书》本,成都存古书局本。

《续方言补正》一卷 程际盛。珠尘本。【补】《程氏遗书》本。沈龄《续方言疏证》二卷,光绪间德化李氏木犀轩刻本。江宁程先甲《广续方言》四卷、《拾遗》一卷,自著《千一斋丛书》本。南陵徐乃昌《续方言》又《补》二卷,光绪间自刻《鄦斋丛书》本。余杭章炳麟《新方言》十一卷,附《岭外三州语》一卷,民国六年杭州局刻《章氏丛书》本。」

〔以上方言〕

《释名疏证》八卷,《补遗》一卷　汉刘熙。江声疏补。经训堂篆书、正书两本,又璜川书屋本、《小学汇函》本,无疏证。【补】又《四部丛刊》影印明覆宋陈道人刊本,无疏证。江声为毕沅撰书,署毕名,广州局有重刻本。长沙王先谦《释名疏证补》八卷、《附》一卷、《续》一卷、《补遗》一卷,光绪间长沙刻本。宝应成蓉镜《释名疏证》一卷,《南菁书院丛书》本。顾震福《释名校补》八卷、《佚文》一卷,光绪间自刻本。

《续释名》一卷　江声。经训堂本。【补】常熟张金吾《广释名》三卷,爱日精庐自刻本,鲍氏知不足斋本,傅氏益雅堂本。」

〔以上《释名》〕

《小尔雅疏》八卷　旧题汉孔鲋。晋李轨解,王煦疏。凿翠山房本,非《汉书·艺文志》元书。【补】此乃《孔丛子》中之一篇,杭州局《邵武徐氏丛书》本。

《小尔雅训纂》六卷　宋翔凤。浮溪精舍本。【补】广州局本,《续经解》本,潮州郑氏刻《龙溪精舍丛书》本。

《小尔雅义证》十三卷　胡承珙。《墨庄遗书》本。钱东垣《小尔雅校证》二卷,未刊。【补】胡书贵池刘世珩刻《聚学轩丛书》本。嘉定葛其仁《小尔雅疏证》五卷,道光间原刻本,姚氏咫进斋重刻本。朱骏声《小尔雅约注》一卷,光绪间刻本。」

〔以上《小尔雅》〕

《博雅音》十卷　魏张揖。隋曹宪音。高邮王氏刻本,明毕效钦原刻本,《小学汇函》校本。即《广雅》。【补】光绪间定州王灏编《畿辅丛书》重刻高邮王氏本。

《广雅疏证》十卷　王念孙疏证。家刻本,学海堂本。【补】江宁局本,《畿辅丛书》本。王念孙《广雅疏证补正》一卷,民国五年上海广仓学宭排印本,民国十七年上虞罗振玉排印《殷礼在斯堂丛书》本。钱大昭亦著《广雅疏证》,凡二十卷,未刊,有传钞本,一名《广雅疏义》。王念孙《雅诂表》,未刊,手稿二十余册,今藏上虞罗氏,此书以古韵二十一部,分别《尔雅》、《方言》、《广雅》、《小尔雅》四书之字为二十一表。」

〔以上《广雅》〕

《骈雅训纂》十六卷　明朱谋㙔。魏茂林训纂。通行大字、小字两本。借月山房本。原书七卷。【补】光绪间上海坊间石印本。借月山房本七卷,无训纂。《泽古斋丛书》本,即借月山房版。

《骈字分笺》二卷　程际盛。珠尘本。」

〔以上《骈雅》类〕

附:

《一切经音义》二十五卷　唐释玄应。庄炘校刊本,海山仙馆本,杭州新校刻本。【补】段玉裁、顾广圻同校本,未刊。

《华严音义》四卷　唐释慧苑。粤雅堂本,杭州新校刻本。二书所引古书及字书,古本甚多,可资考证,故国朝经师多取资焉,于彼教无与也。【补】慧苑《华严音义》,守山阁本,臧氏拜经堂本。唐释慧琳《一切经音义》一百卷,辽释希麟《续》十卷,明天顺间高丽国海印寺刻本,清乾隆七年日本国忍澂律师重刻本,光绪间日本东京弘教书院排印释藏本,民国十五年上海医学书局排印附《通检》本。慧琳《音义》、包玄应《音义》在内,其书见《唐书·艺文志》及宋释赞宁撰《高僧传》,中土久佚,光绪间始由日本传入,复显于世。此中征引宏富,多已佚之典籍,有资补辑、校勘之用,视前二书尤胜。民国十二年北京大学研究所辑录慧琳《一切经音义》所引书,凡得七百五十余种,存校中,未刊。

《匡谬正俗》八卷　唐颜师古。雅雨堂本,《小学汇函》重刻卢本,珠尘本,《湖北新刻丛书》本。【补】四川刻本。

《字诂》一卷　黄生。《指海》本,家刻本。钱绎《字诂类纂》一百六卷,未刊。【补】黄书黄氏重刻本。

《埤雅》二十卷　宋陆佃。顾棫校刻本,明郎氏《五雅》本。多驳杂,不尽关经义。【补】《格致丛书》本,华阳傅世洵刻《益雅堂丛书》本。

《尔雅翼》三十二卷　宋罗愿。学津本,《格致丛书》本。不尽可据。【补】明郎氏《五雅》本,泾县洪氏刻本。

以上小学类训诂之属训诂义属。

右小学此类各书,为读一切经、史、子、集之钤键。

书目答问补正卷二　史部

此类若古史，及宋以前杂史、杂地志，多在通行诸丛书内，此举善本。若诸本相等，举易得者。

正史第一　事实先以正史为据。

《钦定二十四史》　乾隆间钦定。此二十四部皆为正史，共三千二百四十三卷，目列后。正史撰人不录。

《史记》一百三十卷　晋裴骃《集解》，唐司马贞《索隐》，唐张守节《正义》。汲古本、扫叶本无《索隐》、《正义》。　《汉书》一百二十卷　唐颜师古注。即宋庆元附三刘《刊误》、宋祁《校语》本。明监本、汲古本、扫叶本无校语。　《后汉书》一百二十卷　唐章怀太子贤注。内《志》三十卷，晋司马彪撰，梁刘昭注。　《三国志》六十五卷　宋裴松之注。　《晋书》一百三十卷　附唐何超《音义》三卷。　《宋书》一百卷　《南齐书》五十九卷　《梁书》五十六卷　《陈书》三十六卷　《魏书》一百一十四卷　《北齐书》五十卷　《周书》五十卷　《隋书》八十五卷　《南史》八十卷　《北史》一百卷　《旧唐书》二百卷　《新唐书》二百二十五卷　明南监本附宋董冲《释音》

二十五卷。　《旧五代史》一百五十卷,《目录》二卷　《新五代史记》七十四卷,《目录》一卷　宋徐无党注。　《宋史》四百九十六卷　《辽史》一百一十六卷　《金史》一百三十五卷　《元史》二百一十卷　《明史》三百三十二卷　武英殿附《考证》本,　江宁、苏州、扬州、杭州、武昌五书局合刻本,新会陈氏覆刻殿本。明南、北监本《廿一史》,断自《元》止,无《旧唐》、《旧五代》。北监合刻,南监乃新旧版辏集而成,或别刻,或复刻。毛氏汲古阁本《十七史》,至《新五代》止,亦无《旧唐》、《旧五代》。席氏扫叶山房本,与毛本同,增《旧唐》、《旧五代》。北监本、扫叶本、陈本、坊翻毛本有脱误。【补】五局合刻本,光绪间刻成,江宁局据汲古本刻《史记》、两《汉书》、《三国志》、《晋书》、《南》《北史》、《宋书》、《南齐书》、《梁书》、《陈书》、《魏书》、《北齐书》、《周书》。扬州局据汲古本刻《隋书》,今版归江宁局。杭州局据江都惧盈斋本刻《旧唐书》,据汲古本刻《新唐书》,据殿本刻《宋史》。苏州局据道光补印殿本刻《辽》、《金》、《元》三史;附《钦定辽金元三史国语解》四十六卷,厉鹗《辽史拾遗》二十四卷,杨复吉《拾遗补》五卷,钱大昕《元史氏族表》三卷,《元史艺文志》四卷。武昌局据汲古本刻《新五代史》,据殿本刻《旧五代史》、《明史》,皆可单行。殿本中,《旧五代史》,乾隆四十九年刻,余皆乾隆四年刻。其《宋》、《辽》、《金》、《元》四史,在乾隆十四年后印者,为译名新改之本。道光四年修补殿版本,经浅学误改,不善。光绪间湖南宝庆三味书坊翻殿本。光绪间上海同文书局影印殿本,惟《旧五代史》则由他本托名殿本者。民国五年涵芬楼影印殿本。

　　以上正史合刻本
　　重刻明震泽王氏本《史记》一百三十卷　武昌局本,间有依明柯校汪刻本者，王延喆、柯维熊、汪谅，有《索隐》、《正义》。

古香斋袖珍《史记》一百三十卷　内府本。【补】光绪间重刻
本。同治五年江宁局刻南汇张文虎校本，附《校勘札记》五卷，
此本善。上海博古斋影印宋黄善夫刻本，日本亦影印。涵芬楼
影印刘燕庭旧藏宋百衲本。贵池刘世珩玉海堂覆宋百衲本。
吴兴刘承幹嘉业堂覆宋蜀大字本。桐乡冯应榴刻本，单刻正
文，无注。

**重刻殿本附《考证》《史记》、《汉书》、《后汉书》、《三国志》、
《新五代史》**　成都局本。卷数与殿本同。

重刻闻人本《旧唐书》二百卷　明闻人诠原刻。扬州岑建功重校
刻本，附《逸文》十二卷、《校勘记》六十六卷。【补】岑版今藏南
京龙蟠里图书馆，定远方氏翻岑本。

**重刻殿本《旧五代史》一百五十卷，汲古阁本《新五代史》七十
四卷**　武昌局本。【补】即前所举五局合刻《二十四史》本，此复
见。邵晋涵《旧五代史笺注》一百五十卷、《目录》二卷，吴兴刘
承幹嘉业堂刻单行本。《新五代史》，乾隆十一年欧阳氏刻本，近
年贵池刘世珩玉海堂覆宋小字本。

重刻《明史》三百三十六卷　江宁藩库本。

《史记评林》一百三十卷，《汉书评林》一百二十卷　明凌稚隆
刻本，较胜他坊本，有《索隐》、《正义》。【补】此本之可取在正文
及注校刻不苟。

　　以上正史分刻本此外若明刻之秦藩本《史记》，刘氏翻刻元
中统本《史记索隐》，汪文盛本两《汉书》，冯梦祯刻《三国
志》，皆善本。其余明刻、近人坊刻《史》、《汉》甚多，不
具录。

单行本《史记索隐》三十卷　汲古阁本，扫叶山房本。【补】江宁

局重刻汲古阁本,广州局重刻汲古阁本。丁晏《史记毛氏正误》一卷,六艺堂本,广州局本。广州局所刻史部诸书,总称《史学丛书》,并皆单行。

《史记志疑》三十六卷　梁玉绳。原刻本。【补】光绪间会稽章寿康刻本,广州局本。方苞《史记注补正》一卷,广州局本。保靖瞿方梅《史记三家注补正》八卷,载《学衡》,无刻本。瑞安李笠《史记订补》八卷,自刻本。归安崔适《史记探源》八卷,辨证《史记》之窜乱,纯以今文家言为主,原刻本,北京大学排印本。富阳缪凤林《史记探源正谬》四卷,未刊。又《读史微言》一卷,载《史学与地学》,无刻本。

《史记三书释疑》三卷　钱塘。钱坫《补史记注》一百三十卷。未刊。

《史记三书正讹》三卷　王元启。《祇平居士集》本。《律书》一卷,《历书》一卷,《天官书》一卷。孙星衍《史记天官书考证》十卷,未见传本。【补】王元启《史记三书正讹》三卷,又《史记月表正讹》一卷,并广州局本。孙《考证》未刊,原稿旧藏吴襄勤处。孙星衍《史记天官书补目》一卷,《昭代丛书》壬集本,广州局本。昆山朱文鑫《史记天官书恒星图考》一卷,上海中华书局排印本。

《读史记十表》十卷　汪越。【补】民国十六年南陵徐乃昌影印康熙刻本。仪征张锡瑜《史表功比说》一卷,广州局本。刘文淇《楚汉诸侯疆域志》三卷,广州局本,吴县朱记荣刻本。」

〔以上考证《史记》〕

《古今人表考》九卷　梁玉绳。《清白士集》本。　《人表考校补》一卷,《续考校补》一卷　蔡云。自刻本。【补】梁、蔡书,广州局皆有刻本。翟云升《校正古今人表》九卷,道光十二年刻本。

《汉书律历志正讹》上下卷　王元启。《祇平居士集》。杭世骏《汉书疏证》、《北齐书疏证》，未见传本。【补】杭书未刊。

《汉书地理志校本》二卷　汪迈孙。杭州刻本。【补】汪远孙。汪氏振绮堂版，今归杭州局。宜都杨守敬《汉书地理志补校》二卷，观海堂自刻本。段玉裁校本，未刊。

《汉书地理志稽疑》六卷　全祖望。朱文翰刻本。粤雅堂本。

《新斠注地理志》十六卷　钱坫。原刻本；同治甲戌会稽章氏重刻本，附徐松《集释》。又《汉书十表注》十卷，未刊。

《汉书地理志补注》一百三卷　吴卓信。安徽包氏刻本。

《汉书地理志水道图说》七卷，《考正德清胡氏禹贡图》一卷　今人。广州刻本。【补】此书番禺陈澧撰，刻《东塾遗书》内，今版在广州局。钱塘吴承志《汉书地理志水道图说补正》二卷，吴兴刘承幹刻《求恕斋丛书》本。

《汉志水道疏证》五卷　洪颐煊。问经堂本。【补】光绪九年长洲蒋氏刻《心矩斋丛书》本，广州局本。

《补汉兵志》一卷　宋钱文子。知不足斋本。

《汉艺文志考证》十卷　王应麟。《玉海》附刻本。【补】宋王应麟。山阴姚振宗《汉书艺文志条理》八卷、《拾补》六卷，原稿藏浙江图书馆，民国十八年《珍本丛刊》排印本。武进顾实《汉书艺文志讲疏》不分卷，民国十三年涵芬楼排印本。

《汉书西域传补注》二卷　徐松。原刻本，张琦刻本，《指海》本。【补】光绪五年定州王灏刻《畿辅丛书》本，光绪十二年会稽章寿康刻《式训堂丛书》本。仁和丁谦于正史各《外夷传》地理俱有考证，用力甚勤，但未尽足据。书凡十七种，三十五卷，民国四年杭州局刻为《浙江图书馆丛书》第一集。西人所著如喜尔慈《西域地理考》、斯坦因《西域新图志》诸书,尚无译本。

《汉西域图考》七卷　李光廷。同治庚午刻本。王峻《汉书正误》
四卷,自刻本。【补】会稽李慈铭《汉书札记》七卷,北平北海图
书馆排印本。」

〔以上考证《汉书》〕

《班马字类》五卷,附《补遗》　宋娄机。别下斋刻《涉闻梓旧》
本,小玲珑馆仿宋大字本,又仿宋中字本。【补】张氏泽存堂本,
常熟鲍氏后知不足斋本,长沙思贤书局刻本。

《班马异同评》三十五卷　宋倪思。刘辰翁评。嘉庆丁酉福建刻
本。倪书为考《史》、《汉》文辞异同,刘评无谓。今倪书无单行
本。【补】臧镛堂辑隋萧该《汉书音义》三卷、《叙录》一卷,原刻
本,德化李氏木犀轩本。」

〔以上《史》、《汉》互证〕

《后汉书补逸》二十一卷　姚之骃。刻本。孙志祖补辑《谢承后
汉书》五卷,未见传本。【补】黟县汪文台辑《七家后汉书》二十
一卷,光绪间南昌刻本。黄奭汉学堂亦辑《后汉书》数种。杨守
敬《汉书二十四家古注辑存》十二卷,未刊。孙辑《谢承后汉
书》,未刊,南京龙蟠里图书馆有钞本。章实斋《文外集》尝谓山
阴王氏有《谢承后汉书》一部,守藏至秘,是乾隆间其书尚未佚
绝,今又百余年,几经变乱,不知孤本犹存否。

《补后汉书年表》十卷　宋熊方。卢校鲍刻本。

《后汉书补表》八卷　钱大昭。汗筠斋本,粤雅堂本。【补】常熟
鲍氏后知不足斋本,广州局本。金匮华湛恩《后汉书三公年表》
一卷,广州局本。

《补后汉艺文志》四卷　侯康。伍氏《岭南遗书》本。钱大昭《补
续汉书艺文志》二卷、《后汉郡国令长考》一卷,钱塘《续汉书律

历志补注》二卷,未刊。【补】侯书广州局本。钱大昭《补续汉书艺文志》已刊,有家刻本,《昭代丛书》壬集本,南陵徐乃昌积学斋本,广州局本。钱大昭《后汉郡国令长考》已刊,有武昌局《正觉楼丛书》本,南城蔡学苏刻《三余书屋丛书》本,徐氏积学斋本,广州局本。江宁顾櫰三《补后汉书艺文志》三十一卷,光绪二十一年南清河王锡祺排印《小方壶斋丛书》本,民国间江宁蒋国榜排印《金陵丛书》本十卷。姚振宗《补后汉艺文志》四卷,吴兴张钧衡刻《适园丛书》本。常熟曾朴《补后汉书艺文志》一卷、《志考》十卷,活字本。杭世骏《补历代艺文志》,未刊。

《后汉书补注》二十四卷　惠栋。宝山李氏刻本,粤雅堂本,冯集梧刻本。【补】广州局本。惠栋《汉书会最人物志》三卷,元和江标刻入《灵鹣阁丛书》,即《补注》底本。

《后汉书补注续》一卷　侯康。《岭南遗书》本。【补】广州局本。嘉兴沈铭彝《后汉书注又补》一卷,原刻本,广州局本。海盐李韦求《后汉书儒林传补》二卷,虎溪山房刻本。仪征田普光《后汉儒林传补遗》一卷,南陵徐乃昌《续》一卷,徐氏《鄦斋丛书》本。朱右曾《后汉郡国志校补》,未见传本。」

〔以上考证《后汉书》〕

《两汉刊误补遗》十卷　宋吴仁杰。聚珍本,福本,知不足斋本。陈景云《两汉举正》五卷,钱大昭《两汉书释疑》四十四卷,沈钦韩《两汉书疏证》七十四卷,未刊。【补】吴书光绪间仪征张丙炎刻《榕园丛书》本。上虞罗氏宸翰楼覆宋刻《东汉书刊误》四卷。陈书未刊,仁和朱氏旧有钞本。钱、沈书今皆已刊。钱大昭《汉书辨疑》二十二卷,《后汉书辨疑》十一卷,《续汉书辨疑》九卷,并广州局本,即《两汉书释疑》。沈钦韩《汉书疏证》三十六卷,《后汉书疏证》三十卷,并杭州局本。番禺何若瑶《前后汉书注考证》二卷,广州局本。长沙周寿昌《汉书注校补》五十六卷,《后汉书注补正》八卷,家刻本,广州局本。长沙王先谦《汉书补注》一百卷,光绪二十六年虚受堂自刻本,坊间石印本。又《后汉书集解》一百二十卷、《续汉书补注》三十卷,民国十二年长沙新刻本。此二书晚出,最备。」

〔此刊证两《汉书》〕

《三国职官表》三卷　洪饴孙。道光元年李兆洛合《梁疆域志》刻本。【补】武昌局《正觉楼丛书》本,广州局本。

《三国疆域志》二卷　洪亮吉。《卷施阁集》本。【补】武昌局《洪北江全集》本,广州局本。武进谢锺英《三国疆域志补注》十五卷,附《大事表》一卷、《疆域表》二卷、《疆域志疑》一卷,光绪二十四年湖南刻本。《三国郡县表》八卷,盱眙吴增仅撰,宜都杨守敬补正,杨氏观海堂刻本;又光绪间原刻本。

《补三国艺文志》四卷　侯康。《岭南遗书》本。【补】广州局本。姚振宗《三国艺文志》四卷,张氏《适园丛书》本。

《三国志补注》六卷,附《诸史然疑》一卷　杭世骏。刻本。【补】杭氏刻外集本,《昭代丛书》己集、《知不足斋丛书》及《杭氏七种》,皆止刻《然疑》。

《三国志补注续》一卷　侯康。《岭南遗书》本,学海堂二集本。【补】广州局本。

《三国志辨误》一卷　宋人阙名。聚珍本,福本,守山阁本,金壶本。陈景云《国志举正》四卷,钱大昭《三国志辨疑》三卷,未刊。【补】《辨误》,桐华馆本。孙诒让见旧钞本,题何焯撰。陈书仁和朱氏旧有钞本。钱书已刊,武昌局《正觉楼丛书》本,广州局本,家刻本。钱仪吉《三国志证闻》三卷,苏州局本。罗振玉《三国志证闻校勘记》一卷,罗氏《雪堂补刻》排印本。梁章钜《三国

80

志旁证》三十卷,家刻本,广州局本。赵一清《三国志注补》六十五卷,广州局本。周寿昌《三国志注证遗》四卷,家刻本,广州局本。

《三国志考证》八卷　潘眉。嘉庆间刻本。沈钦韩《三国志补训诂》八卷、《释地理》八卷,未见传本。【补】潘书,广州局本。山阴周星诒《三国志考证校记》一卷,载《国粹学报》。卢文弨《三国志续考证》一卷,未刊,南京龙蟠里图书馆有钞本。长沙易培基校本《三国志》,未刊。」

〔以上考证《三国志》〕

《晋书地理志新补正》五卷　毕沅。经训堂本。【补】章氏《式训堂丛书》本,广州局本。毕沅《晋太康地志》一卷、《晋书地道记》一卷,广州局本。阳湖方恺《晋书地理志校补》一卷,广州局本。

《东晋疆域志》四卷,《十六国疆域志》十六卷　洪亮吉。《卷施阁集》本。【补】武昌局《洪北江全集》本,广州局本。

《补晋兵志》一卷　钱仪吉。《衎石斋记事》初稿本。【补】光绪间贵筑杨氏刻《训纂堂丛书》本,广州局本。常熟丁国钧《补晋书艺文志》四卷,光绪二十年自印活字本,广州局本。萍乡文廷式《补晋书艺文志》六卷,宣统元年湖南排印本。钱塘吴士鉴《补晋书经籍志》四卷,光绪三十年自刻本。海门周家禄《晋书校勘记》五卷,广州局本。仁和劳格《晋书校勘记》三卷,月河精舍本,广州局本。吴士鉴《晋书斠注》一百三十卷,吴兴刘承幹嘉业堂刻单行本。」

〔以上补《晋书》〕

《补宋书刑法志》一卷,《食货志》一卷　郝懿行。《郝氏遗书》本。【补】嘉兴钱仪吉刻《郝氏史学三种》本,广州局本,粤雅堂本。宝应成蓉镜《宋州郡志校勘记》一卷。《南菁书院丛书》本，广州局本。上虞罗振玉《补宋书宗室世系表》一卷，自刻《永丰乡人杂著续编》本。

《晋宋书故》一卷　同上。洪亮吉《宋书音义》四卷，未刊。【补】《晋宋书故》，同治四年郝懿行孙联薇重刻《郝氏遗书》本，广州局本，粤雅堂本。郝懿行《晋宋书故补》，钱仪吉刻《郝氏史学三种》本。

《补梁疆域志》四卷　洪齮孙。李兆洛刻本。【补】广州局本。嘉定徐文范《东晋南北朝地舆表》十二卷，兼详人事，广州局本。侯康补宋、齐、梁、陈、魏、北齐、周各书《艺文志》各一卷，武进汤洽补《梁书》、《陈书》《艺文志》各一卷，合州张森楷《北齐书校勘记》三卷，未见传本。王先谦《魏书校勘记》一卷，广州局本。张穆《延昌地形志》，未见传本，此书为补正《魏书·地形志》而作，全书未成，仅成十三卷。乌程温曰睿《魏书地形志集释》三卷，张氏《适园丛书》本。罗振玉《魏书宗室传注》六卷、《表》一卷，东方学会排印本。

《南北史表》六卷　周嘉猷。原刻本。章宗源《隋书经籍志考证》，未刊。【补】《南北史表年表》一卷，《帝王世系表》一卷，《世系表》五卷，共七卷，云六卷者误。广州局本。江宁汪士铎《南北史补志》十四卷，补《天文》、《地理》、《五行》、《礼仪》四志，江宁局本，原书凡三十卷，其《舆服》、《乐律》、《刑法》、《职官》、《食货》、《氏族》、《释老》、《艺文》八志未刊，稿已佚。明李清《南北史合注》一百九十一卷，刊本罕见，北平故宫图书馆、德化李氏木犀轩并藏有《四库》传钞本。章宗源《隋书经籍志考证》，止成史部十三卷，武昌局本。姚振宗、柳逢良、杨守敬皆撰《隋书经籍志考证》，未刊。富平张鹏一《隋书经籍志补》二卷，光绪三十年刻本。杨守敬《隋书地理志考证》九卷、《补遗》一卷，光绪二十年观海堂自刻本。」

〔以上考证六朝〕

《旧唐书校勘记》六十六卷　罗士琳、陈立、刘文淇、刘毓崧同校。

《旧唐书逸文》十二卷　岑建功辑。扬州岑氏附《旧唐书》刻本。互见。【补】钱塘张道《旧唐书疑义》四卷，武昌局《正觉楼丛书》本。

《新唐书纠缪》二十卷　宋吴缜。聚珍本，福本，知不足斋本。陈黄中《新唐书刊误》三卷，未刊。【补】《纠谬》海虞赵开美校刻本。陈黄中书名《新唐书刊误》。

《新旧唐书合钞》二百六十卷　沈炳震。海宁查氏刻本。丁小鹤《新旧唐书合钞补正》，有刻本，未见。【补】丁氏《补正》六卷，及沈炳震《唐宰相世系表订讹》十二卷，并海宁查世㑺刻本，即附《合钞》后。咸丰八年钱塘吴氏重刻沈书，亦附丁《补正》。王先谦《新旧唐书合钞补注》二百六十卷，未刊，稿藏王氏。

《新旧唐书互证》二十卷　赵绍祖。原刻本。【补】广州局本。武亿《新唐书注》，临桂唐景崇《两唐书校注》，未刊。金匮华湛恩《唐藩镇表》，未见传本。鄞县董沛《唐书方镇表考证》二十卷，甘泉张宗泰《新唐书天文志疏证》，未刊。」

〔以上考证新、旧《唐书》〕

《五代史补》五卷　宋陶岳。汲古阁本，扫叶山房本。【补】新昌胡思敬编刻《豫章丛书》本，山阴宋泽元刻《忏花盦丛书》本。宋王禹偁《五代史阙文》一卷，汲古阁本，忏花盦本。顾櫰三《补五代艺文志》一卷，光绪间江宁傅春官刻《金陵丛刻》本，会稽赵之谦刻本，广州局本，蒋国榜排印《金陵丛书》本。周嘉猷《五代纪年表》一卷，武昌局《正觉楼丛书》本，广州局本。

《五代史记纂误》三卷　宋吴缜。聚珍本，福本，知不足斋本。
【补】南昌局重刻聚珍本。

《五代史记纂误补》四卷　吴兰庭。知不足斋本，珠尘本，单刻
本。【补】刘承幹刻《吴兴丛书》本。江夏吴光耀《五代史记纂误
续补》六卷，光绪间吴氏刻本。周寿昌《五代史记纂误补续》一
卷，附刻《三国志证遗》后。

《新五代史记补注》七十四卷　彭元瑞、刘凤诰同撰。原刻通行
本，中分子卷。」

〔以上考证五代〕

《宋辽金元四史朔闰考》二卷　钱大昕。钱侗续成。文选楼本，
粤雅堂本。【补】广州局本。归安陆心源《宋史翼》四十卷，十万
卷楼自刻本。

《辽金元三史国语解》四十六卷　乾隆四十六年敕撰。殿本。
宋、辽、金、元史原书译语不合者，殿本四史奉敕改正。【补】苏州
局重刻本。

《补辽金元三史艺文志》　倪璠。抱经堂《群书拾补》之一。
【补】单刻本一卷，广州局本，亦在镇海张寿荣刻《八史经籍志》
内。此上元倪灿所撰，非倪璠也，卢文弨复采海宁张锦云《元史
艺文志补》入之，张书无刻本。江都金门诏《补辽金元三史艺文
志》一卷，《金东山集》本，《昭代丛书》庚集本，广州局本，亦在
《八史经籍志》内。倪灿《宋史艺文志补》一卷，傅氏《金陵丛刻》
本，广州局本，亦在《群书拾补》及《八史经籍志》内。郑文焯《补
金史艺文志》，未见传本。

《辽金元三史拾遗》五卷　钱大昕。《潜研堂全书》本。【补】广
州局本。三史乃《史记》、前后《汉书》，此作"辽金元"，误。此书
当次《两汉刊误补遗》后。

《辽史拾遗》二十四卷,《补》五卷 厉鹗。汪刻本。杭世骏《补金史》一百□卷,未刊。【补】《辽史拾遗补》五卷,震泽杨复吉撰。苏州局本,广州局本,皆附刻杨《补》。杨《补》有单刻本。杭书南京龙蟠里图书馆有钞本,残帙,不分卷,五册。李慎儒《辽史地理志考》五卷,新刻本。乌程施国祁《金史详校》十卷,会稽章寿康刻本,苏州局本,广州局本。施国祁《金源札记》二卷,会稽赵之谦刻本。吴县洪钧《元史译文证补》三十卷,光绪二十三年元和陆润庠刻本,上海文瑞楼缩印本,广州局本。长沙王先谦《元史拾补》十卷,未刊,稿藏王氏。

《元史氏族表》三卷 钱大昕。潜研堂本。别有《元史稿》一百卷,未刊。【补】《元史氏族表》,苏州局本,广州局本。清末日本人岛田翰《访余录》内有钱氏手写《元史稿》残本二十八巨册,云阙卷首至卷二十五,则此稿今当仍在。胶县柯绍忞《新元史》二百五十七卷,民国十一年天津徐世昌退耕堂刻本,坊间排印本,此书晚出,胜邵、魏、屠诸家。

《补元史艺文志》四卷 同上。潜研堂本。【补】苏州局本,广州局本。亦在《八史经籍志》及邵阳魏源《元史新编》内。

《元史备忘录》一卷 明王光鲁。借月山房本。【补】《琅琊山馆丛书》本。

《元史本证》五十卷 汪辉祖。家刻本。【补】光绪间会稽徐友兰刻《绍兴先正遗书》本,广州局本。长洲王颂蔚《明史考证捃逸》四十二卷,吴兴刘承幹《明史例案》九卷,并刘氏嘉业堂刻本。」

〔以上考证宋、辽、金、元四史。按以上各书,皆分考各史,以下诸书,乃总括各史者〕

《诸史拾遗》五卷 钱大昕。潜研堂本。【补】广州局本。

《历代史表》五十九卷 万斯同。原刻足本,初印本少末六卷。

钱大昕《唐学士年表》一卷、《五代学士年表》一卷、《宋中兴学士年表》一卷，德清徐氏刻本。【补】广州局重刻足本。

《史目表》□卷　洪饴孙。李兆洛刻本。乃合编历代史目录。【补】二卷。光绪四年启秀山房重刻本，《宏达堂丛书》本，武昌局《洪北江遗书》附刻本，民国十年东南大学石印本，附元和江标、吴县王仁俊、盐城陈锺凡校补。归安钱恂《史目表》一卷，原刻本。

《历代帝王年表》三卷　齐召南。文选楼本，粤雅堂本，仁和叶氏重刻本。此书最简括。【补】浦江戴氏校刻本。

《历代帝王庙谥年讳谱》一卷　陆费墀。阮福刻本，仁和叶氏重刻本。【补】附刻右书末。

《历代统纪表》十三卷，《疆域表》三卷，《沿革表》三卷　段承基。自刻本。【补】黄本骥《历代统系录》六卷，附《纪元表》一卷、《年号分韵考》十卷，三长物斋本。

《廿一史四谱》五十四卷　沈炳震。海宁查氏刻本。【补】广州局本。《纪元谱》四卷，《封爵谱》二十四卷，《宰执谱》十卷，《谥法谱》十六卷，所谱皆自汉迄元。乌程汪曰桢《二十四史月日考》五十三卷，附《推策小识》三十六卷，未刊，稿本藏吴兴蒋氏密韵楼。新会陈垣《二十史朔闰表》不分卷、《中西回史日历》二十卷，民国十五年北京大学研究所印本。《朔闰表》石印，《日历》排印。」

〔以上表谱〕

《历代建元考》十卷　锺渊映。守山阁本，金壶本。

《纪元要略》二卷　陈景云。　《补注》一卷　子黄中。《文道十书》本，学津本，珠尘本。

《元号略》四卷，《补遗》一卷　梁玉绳。《清白士集》本。【补】章学诚《纪元经纬考》七卷，嘉庆十三年江宁刻本，民国十八年吴兴刘氏嘉业堂重刻本。钱东垣《建元类聚考》二卷，罗以智《建元汇考》不分卷，未刊，南京龙蟠里图书馆并有写本。

《纪元通考》十二卷　叶维庚。自刻本。此书最详。万斯大《纪元会考》四卷，未见传本。钱东垣《建元类聚考》二卷，嘉庆壬戌青浦刻本。

《历代纪元编》三卷　李兆洛。江宁官本，粤雅堂本。此书最便。【补】此书江阴六承如撰。同治间合肥李氏刻本。罗振玉《重订纪元编》三卷，排印本。」

〔以上考纪元〕

《历代地理志韵编今释》二十卷　同上。江宁官本。此书最便。【补】咸丰间邓传密湖南刻本，同治间合肥李氏刻本。

《历代沿革图》一卷　六严。江宁官本。以上三书与《皇朝舆地韵编》、《舆地图》合刻，通称《李申耆五种》。【补】同治间合肥李氏刻本。宜都杨守敬《历代舆地全图》三十四册，自《历代地理沿革总图》一册外，自春秋至明为图四十五种，汉魏以前据《水经注》，隋唐以后据正史，考证详审，洵称巨制。杨氏观海堂木刻套印本。宝庆欧阳缨《中国历代疆域战争合图》，附说一册，民国间武昌亚新地学社石版套印本。镇江柳翼谋编绘沿革图百余幅，精核，未刊。

《历代地理沿革表》四十七卷　陈芳绩。道光间刻本。【补】广州局本。」

〔以上考地理〕

《十七史商榷》一百卷　王鸣盛。原刻本。【补】广州局本。

《廿二史考异》一百卷　钱大昕。潜研堂本。李贻德《十七史考异》，未刊。【补】钱书光绪十年长沙龙氏刻本，广州局本。仁和张熷《读史举正》八卷，乾隆五十一年许烺刻本，光绪七年会稽赵之谦刻本，广州局本。洪亮吉《四史发伏》十卷，季氏刻本。洪颐煊《诸史考异》十八卷，附《读书丛录》，广州局本。潍县宋书升《二十四史正讹》，未见传本。

《廿二史札记》三十六卷　赵翼。原刻本。【补】广州局本，通行本。」

〔以上总考证〕

《南史识小录》八卷，《北史识小录》八卷　沈名荪、朱昆田同编。刻本。钱大昕《南北史隽》一卷，未刊。

《宋琐语》一卷　郝懿行。《郝氏遗书》本。此二书为史钞类，附此。

以上正史注补、表谱、考证之属 此类各书，为读正史之资粮。

右正史类

编年第二

《资治通鉴》二百九十四卷　宋司马光。元胡三省音注。胡克家仿元本，武昌局翻胡本。战国至五代。【补】苏州局补胡氏版本，坊间石印胡本。道光间湖南翻胡本，不善。成都存古书局本，番禺任氏刻本，光绪十三年朝邑阎敬铭仿明陈仁锡刻本，长沙胡元常刻本，涵芬楼影印百衲宋本，《四部丛刊》影印宋本。常熟张瑛《宋元本资治通鉴校勘记》七卷，苏州局本。丰城熊译元《资治通鉴校字记》，刻本。

《通鉴考异》三十卷　同上。《通鉴全书》附刻本。胡注本已将《考异》散附本书各条下。【补】《四部丛刊》影印宋刻本。

《通鉴目录》三十卷　同上。苏州局翻宋本。体若表谱，以便寻检《通鉴》。【补】道光间扬州刻本,《四部丛刊》影印北宋刻本。

《通鉴稽古录》二十卷　同上。单行本,学津本,武昌局本。【补】苏州局本附校勘记。《四部丛刊》影印明刻本。」

〔以上司马《通鉴》〕

《通鉴地理通释》十四卷　宋王应麟。津逮本,学津本,《玉海》附刻本。【补】仪征吴熙载《通鉴地理今释》十六卷,广东经史阁刻本。

《通鉴释文辨误》十二卷　元胡三省。胡刻《通鉴》、武昌局刻《通鉴》附刻本,《通鉴全书》附刻本。【补】辨正史炤《释文》之误。宋史炤《通鉴释文》三十卷,归安陆心源十万卷楼刻本,《四部丛刊》影印宋刻本。

《通鉴胡注举正》一卷　陈景云。《文道十书》本,原书十卷。

《通鉴注辨正》二卷　钱大昕。潜研堂本。

《通鉴注商》十八卷　赵绍祖。原刻本。

《资治通鉴补》二百九十四卷　严衍。　附《刊误》二卷　童和豫。咸丰元年江夏童氏活字本,印行不多。【补】光绪二年武进盛康校刻本,光绪二十八年上海益智书局石印本,书名《资治通鉴补正》,严衍与门人谈允厚同撰,详检十七史,补《通鉴》遗阙并正其误,钱大昕谓其有功于《通鉴》,自胡三省后仅见此书。

《通鉴补识误》□卷,《通鉴补略》□卷　张敦仁。自刻本。【补】《通鉴刊本识误》三卷,张敦仁撰,光绪间新阳赵元益刻本。《通鉴补正略》三卷,严衍撰,张敦仁汇钞,民国六年新阳赵诒琛刻《峭帆楼丛书》本,排印本。

《通鉴问疑》一卷　宋刘羲仲。津逮本,学津本。【补】新昌胡思敬刻《豫章丛书》本。」

〔以上考证司马《通鉴》〕

以上编年类司马《通鉴》之属其书博大,故别为类,以便考证此书者以类相从。

《御批通鉴辑览》一百二十卷　乾隆三十二年敕撰。殿本,杭州局本,武昌局本,南昌巾箱本。伏羲迄明末。是书兼用《通鉴》及《纲目》义例。

《通鉴外纪》十卷,《目录》五卷　宋刘恕。苏州局本。包羲至周。宋金履祥《通鉴前编》十八卷、《举要》三卷,坊行《通鉴全书》附刻本,不如刘书。【补】刘书嘉庆十六年璜川吴氏刻本,《四部丛刊》影印明刊本。鄱阳胡克家注补,坊间有石印本。金书光绪十三年镇海谢骏德刻《金仁山遗书》本。

《汉纪》三十卷　汉荀悦。

《后汉纪》三十卷　晋袁宏。　附《字句异同考》一卷　蒋国祥。两纪合刻本,又明黄省曾合刻本。【补】光绪间南城蔡学苏合刻本,潮州郑氏龙溪精舍合刻本,《四部丛刊》影印明覆宋合刻本。钮永建《前后汉纪校释》,光绪二十年江阴学署刻本。

《续资治通鉴长编》五百二十卷　宋李焘。昭文张氏爱日精庐活字版本,《四库》传钞本。北宋七代。原阙不全,此卷数乃四库馆重定。【补】杭州局本。定海黄以周《续资治通鉴长编拾补》六十卷,杭州局本。宋刘时举《续宋中兴编年资治通鉴》十五卷,民国间东方学会排印本。

《续资治通鉴》三百二十卷　毕沅。原刻苏州补印本。宋、元、明人续《通鉴》甚多,有此皆可废。【补】苏州局补印,番禺任氏重刻本。此书二百二十卷。

《明纪》六十卷　陈鹤。陈克家续成。苏州局本。【补】当涂夏燮《明通鉴》九十卷，《前编》四卷，《附记》六卷，首一卷，同治十二年宜黄刻本。自撰《考异》，已散入正文下。别有《考证》十二卷，未见传本。明谈迁《国榷》一百卷，未刊，南京龙蟠里图书馆、吴兴南浔镇嘉业藏书楼并有钞本。

《西汉年纪》三十卷　宋王益之。扫叶山房本，《金华丛书》本。改窜前人史书以为著述，乃宋、明人通病。此取其可刊正《汉书》文字之处。【补】武昌局本。

以上编年类别本纪年之属隋王通《元经》，伪书，不录。《建炎以来系年要录》二百卷，宋李心传撰，《四库》传钞本，无刻本。【补】《系年要录》，光绪八年仁寿萧藩刻本，广雅书局本。

《御批通鉴纲目》五十九卷，《首编》十八卷，《外纪》一卷，《举要》三卷，《续编》二十七卷　康熙四十六年。殿本。《纲目》、《凡例》，宋朱子作，余赵师渊作，《前编》金履祥，《续编》明商辂。【补】商邱宋荦校刻本，又嘉庆间聚文堂覆明陈仁锡本。武进李述来《读通鉴纲目条记》二十卷，合校元、明以来诸《纲目》刻本之文字异同，嘉庆间刻本，日本刻本。

《纲目订误》四卷　陈景云。《文道十书》本。

《纲目释地纠缪》六卷　张庚。原刻本。

《纲目释地补注》六卷　同上。

以上编年类纲目之属

右编年类

纪事本末第三

《绎史》一百六十卷　马骕。通行本。【补】康熙间原刻本，苏州亦西斋刻本，杭州局本，光绪丁酉武林尚友斋石印巾箱本。

《左传纪事本末》五十三卷　高士奇。刻本。坊行本乃宋章冲书，与此同名，不如高书。【补】《高文恪四部稿》本，南昌局本，广州局本，光绪戊子上海书业公所崇德堂排印《九种纪事本末》本。高书不如马骕《左传事纬》，《事纬》见经部。

《通鉴纪事本末》四十二卷　宋袁枢。袁、陈、谷四种合刻通行本，汉阳朝宗书室活字版本，南昌局本未毕工。王延年《补通鉴纪事本末》已进呈，未见传本。【补】袁书六合徐氏刻本，《四部丛刊》影印南宋赵氏湖州刻本，并四十二卷。南昌局翻明张溥评校本二百三十九卷，光绪间刻成，张以一篇为一卷也。广州局重刻张本，《九种纪事本末》排印张本。康熙间仁和张星曜《通鉴纪事本末补后编》五十卷，未刊，原稿旧藏丰顺丁氏持静斋。

《宋史纪事本末》二十六卷　明陈邦瞻。同上，同上，同上。【补】明冯琦原编，陈邦瞻纂补。南昌局翻明张溥评校本一百九卷，广州局重刻张本，《九种纪事本末》排印张本。宋杨仲良《皇宋通鉴长编纪事本末》一百五十卷，光绪十九年广州局校刻本，中阙数卷。萍乡李有棠《辽史纪事本末》四十卷、《金史纪事本末》五十二卷，广州局本，《九种纪事本末》排印本。乌程张鉴《西夏纪事本末》三十六卷，苏州局本，杭州局《半厂丛书》本，《九种纪事本末》排印本。

《元史纪事本末》四卷　同上，同上，同上，同上。【补】南昌局翻明张溥评校本二十七卷，广州局重刻张本，《九种纪事本末》排印张本。

《明史纪事本末》八十卷　谷应泰。同上、同上、同上。【补】朱彝尊谓谷氏此书，乃德清徐倬代作，姚际恒又谓海昌谈迁所作，而《后论》则出杭州陆圻手，疑莫能明也。光绪间定州王灏刻《畿辅

丛书》本，广州局本，《九种纪事本末》排印本。海盐彭孙贻《明
朝纪事本末补编》五卷，《涵芬楼秘笈》排印本。

《三藩纪事本末》四卷　杨陆荣。借月山房本。【补】单行本，《指
海》本，《九种纪事本末》排印本。《台湾郑氏始末》六卷，沈云
撰，沈垚注，民国间刘氏嘉业堂刻《吴兴丛书》本。

《圣武记》十四卷　魏源。通行大字、小字两本。《平定粤匪纪
略》二十二卷，同治四年湖北省官撰，通行刻本，亦可备考。【补】
《圣武记》，道光二十六年魏氏古微堂重刻定本。新昌胡思敬《圣
武记纂误》十二卷，自刻本。湘潭王闿运《湘军志》十六卷，湘绮
楼自刻本。湘阴郭嵩焘《湘军志平议》一卷，家刻本。

《三朝北盟会编》二百五十卷　宋徐梦莘。传钞本，无刻本。
【补】光绪间越东排印本。

右纪事本末类

古史第四　古无史例，故周、秦传记体例与经、子、史相
出入，散归史部，派别过繁，今汇聚一所为古史。

《逸周书》孔晁注十卷　卢文弨校。抱经堂本。【补】光绪间顺德
龙氏知服斋重刻卢校本，又《四部丛刊》影印明嘉靖间章檗
刻本。

《逸周书补注》二十四卷　陈逢衡。自著《陈氏丛书》本。周中孚
《逸周书补注》，未见传本。

《周书集训校释》□卷　朱右曾。自刻本。【补】十卷，附《逸文》
一卷。武昌局本，《续经解》本。朱骏声《周书集训校释增校》一
卷，载《国粹学报》。王念孙《读逸周书杂志》四卷，《续经解》本，
亦载《读书杂志》中。瑞安孙诒让《周书斠补》四卷，玉海楼自刻
本。仪征刘师培《周书补正》六卷、《周书略说》一卷，刻本。又

93

《周书·五官》、《三监》、《五服》、《濮路》、《月令》等考，未刊。

《逸周书管笺》十六卷　丁宗洛。刻本。

《国语》韦昭注二十一卷，附《札记》一卷　顾广圻校。黄氏士礼居仿宋刻本，武昌局翻黄本，成都尊经书院翻本，附《考异》四卷。黄模《国语补韦》，未见传本。【补】武昌局翻黄本，附汪远孙《考异》四卷，金坛段玉裁校刻本，又《四部丛刊》影印嘉靖间金李泽远堂翻宋本。《国语补韦》四卷，嘉道间刻。

《国语补音》三卷　宋宋庠。微波榭本，吴氏望三益斋刻本。【补】成都存古书局刻本，沔阳卢氏编《湖北先正遗书》影印微波榭本。王煦《国语释文》八卷、《补音》二卷，咸丰间观海楼刻本。

《国语校注本三种》二十九卷　《三君注辑存》四卷，《国语发正》二十一卷，《国语考异》四卷。汪远孙。自刻本。【补】版归杭州局。《续经解》刻汪远孙《国语发正》二十一卷，武昌局刻《国语考异》四卷，附翻黄本《国语》后。刘台拱《国语校补》一卷，广州局《刘端临遗书》本，《续经解》本。汪中《国语校文》一卷，元和江标刻《灵鹣阁丛书》本，上海中国书店编《汪氏丛书》影印本。黄奭辑《国语古注》，有郑众、贾逵、唐固、王肃、孔晁五家，在《汉学堂丛书》内。刘师培《国语贾注补辑》一卷，未刊。晋孔衍《春秋后国语》，黄奭辑，汉学堂本，又上虞罗氏《鸣沙石室古佚书》影印本。

《国语韦昭注疏》十六卷　洪亮吉。旌德吕氏刻本。龚丽正《国语韦昭注疏》、董斯垣《国语正义》，未见传本。【补】《国语正义》二十一卷，乌程董增龄撰，光绪间会稽章寿康刻本。姚鼐《国语补注》一卷，《南菁书院丛书》本。嘉定陈瑑《国语翼解》六卷，广州局本。湘潭谭沄《国语释地》三卷，光绪间自刻本。

《战国策》高诱注三十三卷,《札记》三卷　宋姚宏校正续注。顾广圻校。士礼居仿宋刻本,武昌局翻刻本,成都尊经书院翻刻本。【补】坊间影印黄本。

《战国策》高诱注三十三卷　宋姚宏校正续注。雅雨堂校本。鲍彪注本多窜改,不如此两本。

《战国策校注》十卷　宋鲍彪注。元吴师道补正。《惜阴轩丛书》本。【补】曲阜孔氏刻本,《四部丛刊》影印元至正十五年刻本。南汇于鬯《战国策注》,未见传本。

《国策地名考》二十卷　程恩泽。狄子奇笺。粤雅堂本。

《战国策释地》二卷　张琦。家刻本。【补】广州局本,会稽章氏式训堂刻本,新阳赵元益刻本。

《战国纪年》六卷　林春溥。《竹柏山房十一种》本。【补】附《战国年表》一卷。金山顾观光《国策编年》一卷,家刻本。黄式三《周季编略》九卷,杭州局本,此书为别史类,附此。明汤桂桢《战国纪年》四十卷,未刊,稿本藏顺德邓实处。」

〔《逸周书》、《国语》、《战国策》皆古史叙述翔实可据者〕

《山海经笺疏》十八卷,《图赞》一卷　郭璞注、赞,郝懿行疏。阮刻单行本,又《郝氏遗书》本,郝胜于毕。别行《山海经图赞》一卷,《艺海珠尘》及他丛书多有之。【补】郝疏坊刻巾箱本。严可均校辑晋郭璞《山海经图赞》一卷,光绪间湘潭叶德辉刻《观古堂丛书》本。

《山海经》十八卷　毕沅校。经训堂本。【补】此名《山海经新校正》,毕沅校并补注。《四部丛刊》影印明成化庚寅邢让刻郭注本,涵芬楼《道藏举要》影印《道藏》本,郭注。

《校正竹书纪年》二卷　洪颐煊。平津馆本。【补】又《四部丛刊》影印明天一阁刻本。《竹书纪年》,《隋书·经籍志》作十二卷，《晋书》云十三篇，其书宋代已佚，今本二卷，乃宋以后人依托，虽伪书，亦资考证，不可废。海宁王国维《今本竹书纪年疏证》二卷，专辨证今本之伪，民国五年上海哈同花园排印《广仓学宭丛书》本，民国十六年王氏排印《观堂遗书》本。王国维《古本竹书纪年辑校》一卷，《广仓学宭丛书》本，《观堂遗书》本，所辑凡四百二十八条，已括朱右曾辑《汲冢纪年存真》在内。

《竹书纪年集证》五十卷　陈逢衡。《陈氏丛书》本。

《竹书纪年补证》四卷　林春溥。《竹柏山房十一种》本。【补】甘泉张宗泰《竹书纪年校补》二卷，贵池刘世珩刻《聚学轩丛书》本。

《考订竹书纪年》十四卷　雷学淇。家刻本。【补】学淇别有《竹书纪年义证》四十卷，未见传本。

《穆天子传》郭璞注七卷　洪颐煊校。平津馆本，又《古今逸史》本。檀萃《穆传注疏》，博而多谬，不录。【补】嘉庆间鄂不馆刻洪校本，潮州郑氏龙溪精舍重刻平津馆本，又《四部丛刊》影印明天一阁刻本，又涵芬楼《道藏举要》影印《道藏》本。仁和丁谦《穆天子传地理考证》六卷，民国四年杭州局刻《浙江图书馆丛书》第二集本，可备考，惟不尽可信。」

〔《山海经》、《竹书纪年》、《穆天子传》三书，有伪托而多荒唐，然皆秦以前人所为〕

《世本》一卷　孙冯翼辑。问经堂本，又高邮茆氏辑刻《十种古书》本。【补】陈其荣补订孙辑《世本》二卷，附《考证》，吴县朱记荣刻《槐庐丛书》本。

《校辑世本》二卷　雷学淇。自刻本。【补】潮州郑氏龙溪精舍重刻本，定州王灏刻《畿辅丛书》本。

《世本辑补》十卷　秦嘉谟。原刻本。

《家语》王肃注十卷　汲古阁本。今通行李氏重刻汲古本作四卷。非古《家语》，然不能废。【补】贵池刘世珩玉海堂覆宋蜀大字本，坊间石印影写北宋本，《四部丛刊》影印明嘉靖间黄周贤刻本。

《家语》何孟春注八卷　卢文弨校。刻本。【补】孟春，明人。

《家语疏证》六卷　孙志祖。自刻本。【补】辨正《家语》之伪。光绪间会稽章寿康刻《式训堂丛书》本，坊行《校经山房丛书》本，即章版。蕲水陈士珂《家语疏证》十卷，光绪辛卯武昌局刻《湖北丛书》本。范家相《家语证讹》十一卷，光绪二十六年会稽徐氏刻《铸学斋丛书》本。

《晏子春秋》七卷，《音义》二卷　孙星衍音义。岱南阁本，经训堂本，又吴鼐仿宋本。【补】杭州局《二十二子》重刻岱南阁本，附定海黄以周《校勘》二卷，又《四部丛刊》影印明活字本，海昌陈琰编《古书丛刊》影印吴鼐仿宋本。平江苏舆《晏子春秋集校》七卷，光绪间长沙思贤讲舍刻本。仪征刘师培《晏子春秋校补》二卷、《晏子佚文辑补》一卷、《晏子春秋黄之寀本校记》一卷，未刊，《校补》载《国粹学报》者未完。」

〔《世本》、《家语》、《晏子春秋》三书，皆古传记之属〕

《越绝书》十五卷　汉袁康。明仿宋刻本，《古今逸史》本，《汉魏丛书》本。《汉魏丛书》有程荣、何允中、王谟三刻，何多于程，王多于何，今通行王本。【补】《四部丛刊》影印明万历刻本。钱培名校本附《札记》，金山钱氏小万卷楼活字本，潮州郑氏龙溪精舍重刻钱校本。卢文弨校本，未刊。

《吴越春秋》十卷　汉赵晔。《古今逸史》、《汉魏丛书》本并为六卷。【补】元徐天祜音注。南陵徐乃昌《随庵丛书》影明覆元大德本十卷，附《札记》、《逸文》。潮州郑氏重刻徐氏随庵刻本，《四部丛刊》影印明覆元大德本十卷。金山顾观光《吴越春秋校勘记》,《武陵山人遗书》本。

《附图列女传》七卷,《续》一卷　汉刘向。阮刻仿宋本。顾之逵小读书堆本,亦精,无图。【补】《续》一卷,不著撰人。《四部丛刊》影印明刻附图本,小读书堆本附有顾广圻《考证》。

《列女传注》八卷　郝懿行妻王照圆。《郝氏遗书》本。【补】潮州郑氏龙溪精舍重刻本。

《列女传校注》八卷　汪远孙妻梁端。家刻本。【补】版归杭州局。萧山王绍兰《列女传补注正误》一卷,上虞罗振玉排印《雪堂丛刻》本,附《读书杂记》后。顾观光《列女传校勘记》,刻本。

《新序》十卷　汉刘向。明经厂《新序》、《说苑》合刻本,何良俊合刻本,《汉魏丛书》本。陈寿祺有《新序》、《说苑》校本,未刊。【补】长洲蒋氏铿华馆仿宋本,潮州郑氏龙溪精舍重刻铿华馆本,《四部丛刊》影印明刻本。

《说苑》二十卷　同上。以上五书,虽汉人作,然皆纪古事,多本旧文,故列古史。【补】潮州郑氏龙溪精舍刻卢文弨校本,《四部丛刊》影印明钞宋本,日本国刻关嘉纂注本。」

〔此钩乙原注已详,但《列女传》应置《新序》、《说苑》后〕

《古史纪年》十四卷,《古史考年同异表》二卷　林春溥。《竹柏山房十一种》本。

　　右古史类

　　别史第五　别史、杂史颇难分析,今以官撰及原本正史重为整齐,关系一朝大政者入别史,私家纪录中多碎事者入杂史。

《东观汉记》二十四卷　旧题汉刘珍。聚珍本,福本,扫叶山房本,桐华馆本。【补】原书一百四十三卷,久佚,此自《永乐大典》辑出。沔阳卢靖影印聚珍本,在《湖北先正遗书》中。姚之骃《后汉书补逸》内辑《东观汉记》,凡八卷,互见正史类。富平张鹏一辑魏鱼豢《魏略》二十五卷,自刻本。

《晋记》六十八卷　郭伦。原刻本。

《晋略》六十卷　周济。道光十九年刻本。【补】光绪间重刻本。郭为纪传,周为编年。黟县汤球辑《九家旧晋书》三十七卷,五家《晋纪》五卷,两家《晋阳秋》五卷,两家《汉晋春秋》四卷,并光绪间广州局刻本。黄奭辑《晋书》若干种,刻《汉学堂丛书》中。失名人《晋记》,唐以前人写录,上虞罗氏《鸣沙石室古佚书》影印本。

《西魏书》二十四卷　谢启昆。乾隆乙卯刻本。【补】广州局本。淮安毛乃庸《后梁书》二十卷,自刻本。

《大唐创业起居注》三卷　唐温大雅。津逮本,学津本,明锺人杰刻《唐宋丛书》本。【补】光绪三十年江阴缪荃孙刻《藕香零拾》本。

《顺宗实录》五卷　唐韩愈。海山仙馆本,亦在《全唐文》内。【补】亦在《昌黎先生外集》内。《宋太宗实录》,宋钱若水等撰,民国元年上海国学扶轮社排印,残本八卷,在《古学汇刊》内。《宋宁宗实录》二卷,宋刘克庄撰,有传钞本,未见。明、清《实录》今具在,有写本,无刻本,北平图书馆及吴兴南浔镇嘉业藏书楼均藏明、清《实录》。

《东观奏记》三卷　唐裴庭裕。《续百川学海》本,《唐宋丛书》本,《稗海》本。【补】缪氏《藕香零拾》本。

《隆平集》二十卷　旧题宋曾巩。康熙四十年彭期校刻本。

《东都事略》一百三十卷　宋王偁。五松室仿宋本,扫叶山房本。

【补】苏州宝华堂仿宋本，即五松室版，振鹭堂本，江宁局本。元和钱绮、江阴缪荃孙《东都事略校勘记》各一卷，吴兴张钧衡《适园丛书》本。汪琬《东都事略跋》三卷，刻《钝翁外稿》内。邵晋涵《南都事略》，未刊，稿旧藏黟县洪氏处，或云有活字本，未见。

《契丹国志》十七卷　宋叶隆礼。扫叶山房本。【补】二十七卷，乾隆间承恩堂刻本。

《大金国志》四十卷　旧题金宇文懋昭。扫叶山房本。《古今逸史》、《说海》中《辽志》、《金志》，即此两书摘本。

《明史稿》二百八卷　王鸿绪。通行本。【补】此书三百一十卷，《横云山人集》本，扫叶山房本。灵寿傅维麟《明书》一百七十一卷、《目录》二卷，原刻本，光绪间定州王灏刻《畿辅丛书》本。

《东华录》三十二卷　蒋良骐。通行本八卷。【补】道光间大、小字二本，群玉山房活字本。蒋纂《东华录》，自天命至雍正凡六朝，光绪间长沙王先谦为之增补，复以乾隆至同治五朝续之，合称《十一朝东华录》，有通行刻本，排印本。朱寿朋纂光绪朝《东华续录》二百二卷，事至宣统元年止，宣统元年上海排印单行本。刘某纂《宣统政纪》十余册，未刊。《清史稿》五百三十六卷，《目录》五卷，清史馆编，民国十七年排印本。」

〔此以叙述之朝代为次，不以人之朝代为次〕

《宏简录》二百五十四卷　明邵经邦。通行本。是书意在续《通志》，成古今通史，特不能续其《二十略》。无力购《宋》、《辽》、《金》三史者，可以此书代之。【补】辽阳李锴《尚史》七十卷，轩辕迄秦代，乾隆间悦道楼刻本；沈阳新刻本，未毕工。」

〔此通史体。以下断代为书〕

《续后汉书》四十七卷　宋萧常。郁松年刻《宜稼堂丛书》本。

又有郝经《续后汉书》，谢陛《季汉书》，陈陈相因，不录。以下二书，为订正《三国志》、《五代史》体例而作。【补】萧常《续后汉书》，金壶本，同治间师古山房刻本。同治间武进汤成烈撰《季汉书》九十卷，未见传本，独山莫友芝谓此书详核过萧、郝二氏，于《表》、《志》用力尤勤。

《续唐书》七十卷　陈鳣。道光十七年刻本。【补】广州局重刻本。

《宋史新编》二百卷　明柯维骐。明刻本。陈黄中《宋史稿》二百十九卷，未刊。以下三书，皆为删繁就简。

《南宋书》六十卷　明钱士升。扫叶山房本。

《元史类编》四十二卷　邵远平。通行本。此书意在续《宏简录》。【补】扫叶山房本。魏源《元史新编》九十五卷，胜邵氏书，光绪三十一年邵阳魏氏刻本。武进屠寄《蒙兀儿史记》十册，但具入主以前史迹，全书未成，自撰自注，抉择甚审，宣统间结一宧刻本。

右别史类

杂史第六　录其有关政制、风俗、轶事者。

《玉函山房辑佚书史编》□种　马国翰。济南刻本。【补】《史编》仅八种，光绪间济南重刻本，长沙刻大、小二本，大本多讹，小本善。黄奭辑《汉学堂丛书·史编》凡九十二种，光绪十九年甘泉黄氏修版本。」

《帝王世纪》十卷　晋皇甫谧。宋翔凤辑。浮溪精舍本，《指海》本一卷，附《补遗》。【补】光绪间贵筑杨氏《训纂堂丛书》重刻宋辑本，又顾观光辑本。

《古史考》一卷　汉谯周。平津馆辑本。【补】潮州郑氏龙溪精舍重刻平津馆本;杨氏训纂堂本。章宗源辑。

《路史》四十七卷　宋罗泌。通行本。【补】子苹注。钱唐洪氏校刻本,乾隆元年罗氏刻本善。

《春秋别典》十五卷　明薛虞畿。孙星衍补注出典。《岭南遗书》本,守山阁本,金壶本。【补】孙星衍《春秋集证》,一名《春秋长编》,未刊,稿本藏武昌徐恕处,凡春秋事迹见于诸子百家者悉见采辑,远胜薛氏书。」

〔以上上古至周〕

《楚汉春秋》一卷　汉陆贾。茆氏辑《十种古书》本。【补】潮州郑氏龙溪精舍重刻茆辑本;吴县朱氏《槐庐丛书》重刻茆辑本,附《考证》;又洪颐煊辑《经典集林》本。

《伏侯古今注》一卷　汉伏无忌。茆辑十种本。【补】潮州郑氏龙溪精舍重刻本。

《建康实录》二十卷　唐许嵩。张海鹏刻本。【补】江宁甘氏刻本。」

〔以上汉至六朝〕

《贞观政要》十卷　唐吴兢。明经厂本,朱载震刻大字本。【补】扫叶山房本,上虞罗振玉影印古写本,卷五、卷六残卷,附《佚篇》一卷。

《奉天录》四卷　唐赵元一。秦校本,粤雅堂本,《指海》本。【补】江阴缪荃孙刻《云自在龛丛书》本,附《补遗》。

《南部新书》十卷　宋钱易。粤雅堂本,学津本,明高承埏稽古堂日钞本。」

〔以上唐〕

《鉴诫录》十卷　宋何光远。知不足斋本,学津本。【补】武昌局三十三种丛书本。

《锦里耆旧传》四卷 宋句延庆。读画斋本。」

　　〔以上后五代〕

《涑水纪闻》十六卷 宋司马光。聚珍本，福本，学津本。【补】南
　　昌局重刻聚珍本，武昌局本附《补遗》一卷，涵芬楼校排印本。

《渑水燕谈录》十卷 宋王辟之。知不足斋本。【补】涵芬楼校排
　　印本。

《靖康传信录》三卷 宋李纲。海山仙馆本，李调元刻《函海》本。
　　【补】宋阙名《靖康要录》十六卷，光绪间归安陆心源刻《十万卷
　　楼丛书》本。

《建炎以来朝野杂记》四十卷 宋李心传。聚珍本，福本，《函
　　海》本。【补】广州局本，吴兴张钧衡刻《适园丛书》本。

《大金吊伐录》四卷 金阙名。守山阁本，金壶本。

《庆元党禁》一卷 宋阙名。知不足斋本。

《宋季三朝政要》五卷 宋阙名。 《附录》一卷 宋陈仲微。
　　守山阁本，粤雅堂本，学津本。【补】上虞罗振玉宸翰楼影元刻
　　本。宋熊克《中兴小纪》四十卷，广州局本。

《庚申外史》二卷 宋葛禄权衡。海山仙馆本，又学津本。【补】
　　新昌胡思敬编《豫章丛书》重刻海山仙馆本。此书明权衡撰，衡
　　号葛溪，吉安人，所记皆元顺帝二十八年间事。

《汝南遗事》四卷 元王鹗。《指海》本，借月山房本。【补】《泽古
　　丛钞》本即借月山房版，定州王灏刻《畿辅丛书》本。」

　　　　〔此钩乙误，应移《宋季三朝政要》条下〕

《归潜志》十四卷 元刘祁。聚珍本，福本，知不足斋本。」

　　　　〔此与《汝南遗事》皆述金事〕

《元朝秘史》十五卷 阙名。连筠簃本。【补】又湘潭叶德辉观古
　　堂影元钞本十卷，《续》二卷。此书一称《元秘史》，元初人撰，叙

元先世及太祖、太宗两朝,最得其真。顺德李文田《元朝秘史注》十五卷,光绪二十三年桐庐袁昶刻《渐西村舍丛书》本,上海文瑞楼石印巾箱本。秀水高宝铨《元秘史李注补正》十五卷,原刻本。会稽施世杰《元秘史山川地名考》十二卷,光绪间许郑学庐刻本,上海文瑞楼石印巾箱本。仁和丁谦《元秘史地理考证》十五卷,民国四年杭州局刻《浙江图书馆丛书》第二集本。元阙名《元圣武亲征录》一卷,即《元秘史》译本之异者,袁氏渐西村舍刻何秋涛校本。海宁王国维《圣武亲征录校注》一卷,民国十五年北京清华学校研究院排印《蒙古史料四种》本,民国十六年王氏排印《观堂遗书》本。丁谦《元圣武亲征录地理考证》一卷,《浙江图书馆丛书》第二集本。」

〔此与《庚申外史》皆叙元事〕

《野获编》三十卷　明沈德符。明刻本。【补】道光七年钱唐姚氏扶荔山房刻本,附《补遗》四卷。

《双槐岁钞》十卷　明黄瑜。《岭南遗书》本。

《革除逸史》二卷　明朱睦㮮。《指海》本,借月山房本。

《弇州别集》一百卷　明王世贞。明刻本。【补】广州局本。

《列朝盛事》一卷　明王世贞。《指海》本,借月山房本。

《胜朝彤史拾遗记》六卷　毛奇龄。《西河集》本,珠尘本。

《明季北略》二十四卷,《南略》十八卷　计六奇。通行本。

【补】纪南渡诸王及神宗朝迄思宗朝事。万斯同《南疆逸史》十六卷,刻本未全。乌程温睿临《南疆绎史》四十卷,道光间吴郡李瑶刻残本二十卷,又排印足本。六合徐鼒《小腆纪年》二十卷、《小腆纪传》六十五卷、《补遗》一卷,光绪间家刻本。余姚邵廷采《东南纪事》十二卷、《西南纪事》十二卷,徐氏刻本。元和钱绮《南明书》三十六卷,未刊。

《绥寇纪略》十二卷,《补遗》三卷　吴伟业。学津本。【补】康熙
　　间原刻本,嘉庆十四年张氏照旷阁重刻本,即学津本。涵芬楼排
　　印本,在《痛史》内。此书纪流寇始末,原名《鹿樵纪闻》。

《明季稗史》十六种,二十七卷　通行本。《烈皇小识》、《圣安本
　　纪》、《行在阳秋》、《嘉定纪略》、《幸存录》、《续幸存录》、《求野
　　录》、《也是录》、《江南闻见录》、《粤游见闻》、《赐姓始末》、《两
　　广纪略》、《东明闻见录》、《青磷屑》、《四王合传》、《扬州十日
　　记》。【补】涵芬楼排印本。《明季稗史续编》六种,不分卷,涵芬
　　楼排印本。《荆驼逸史》五十一种,七十七卷,题陈湖逸士编,原
　　刻本,古槐书屋活字本。《痛史》二十二种,涵芬楼排印本。武进
　　孟森《心史丛刊》,涵芬楼排印本。坊编《清稗类钞》,亦可备考,
　　有排印本。金梁《满洲老档秘录》二卷,民国十八年沈阳故宫博
　　物院排印本,皆清太祖、太宗两朝史料。」

　　　　〔以上明〕
以上杂史类事实之属

《摭言》十五卷　唐王定保。雅雨堂本,学津本。【补】光绪间仁
　　和葛元煦刻《啸园丛书》本,《稗海》本不全。

《近事会元》五卷　宋李上交。守山阁本。

《文昌杂录》七卷　宋庞元英。雅雨堂本,学津本。

《麟台故事》五卷　宋程俱。聚珍本,杭本,福本。【补】南昌局重
　　刻聚珍本。此自《永乐大典》辑出。又归安陆心源十万卷楼刻原
　　本四卷。

《翰苑群书》二卷　宋洪遵。知不足斋本。十二种。

《愧郯录》十五卷　宋岳珂。知不足斋本。

《朝野类要》五卷　宋赵升。知不足斋本,聚珍本,福本。

《玉堂嘉话》八卷　元王恽。守山阁本，金壶本。【补】亦载王恽《秋涧大全集》内。《大全集》有涵芬楼《四部丛刊》影印明弘治翻元刻本。

《科场条贯》一卷　明陆深。《俨山外集》本。

《翰林记》二十卷　明黄佐。《岭南遗书》本。

《觚不觚录》一卷　明王世贞。借月山房本，《指海》本，广百川本。

《明内廷规制考》三卷　借月山房本。

《内阁小识》一卷，附《内阁故事》　叶凤毛。《指海》本。

《南台旧闻》十六卷　黄叔璥。刻本。

以上杂史类掌故之属

《大业杂记》一卷　唐杜宝。《指海》本，《唐宋丛书》本。

《大唐新语》十三卷　唐刘肃。《唐人说荟》本。」

〔以上隋唐〕

《宣和遗事》二卷　士礼居校宋本。【补】不著撰人名氏。涵芬楼排印本。是书《百川书志》亦列史部，然究以入子部小说为宜。

《洛阳搢绅旧闻记》五卷　宋张齐贤。知不足斋本。

《湘山野录》三卷，《续录》一卷　宋释文莹。津逮本，学津本。【补】吴兴张钧衡择是居影宋刻本，《学海类编》本无《续录》。

《玉壶野史》十卷　同上。知不足斋本，守山阁本，金壶本。即《玉壶清话》。

《曲洧旧闻》十卷　宋朱弁。知不足斋本，学津本。【补】钱塘汪氏振绮堂刻本。

《松漠纪闻》一卷，《续》一卷　宋洪皓。学津本，又《古今逸史》本。【补】新昌胡思敬刻《豫章丛书》本，涵芬楼影印《顾氏文房小说》本。

《石林燕语考异》十卷　宋叶梦得。宇文绍奕《考异》。琳琅秘室
　　别行校足本，又《稗海》本无《考异》。【补】《石林燕语》十卷、
　　《考异》一卷。又光绪间湘潭叶德辉校刻《石林燕语》十卷，附宋
　　汪圣锡《石林燕语辨》十卷。民国十三年武进陶湘天津刻《儒学
　　警悟》内，亦有《燕语辨》。

《四朝闻见录》五卷　宋叶绍翁。知不足斋本。叶乃宗朱子者，前
　　人或谓此书诋朱，误也。【补】浦城祝昌泰刻《浦城遗书》本。

《东京梦华录》十卷　宋孟元老。津逮本，学津本，《唐宋丛书》
　　本。【补】《唐宋丛书》本不全，《稗海》本，存古书局本，秀水金氏
　　影印毛钞本。

《梦粱录》二十卷　宋吴自牧。知不足斋本，学津本。【补】《学海
　　类编》本。光绪间钱塘丁丙刻《武林掌故丛编》本。

《武林旧事》十卷　宋周密。知不足斋本，《唐宋丛书》本，明陈继
　　儒《宝颜堂秘笈》本。【补】乾隆四十二年凤夜斋刻本，丁氏《武
　　林掌故丛编》本。明朱廷焕《增补武林旧事》八卷，康熙间刻本。

《东南纪闻》三卷　元失名人。守山阁本，金壶本。」

　　　　　〔以上宋〕

《长春真人西游记》二卷　元李志常。连筠簃本。【补】《指海》
　　本，仪征张丙炎刻《榕园丛书》本，上海文瑞楼石印巾箱本，涵芬
　　楼《道藏举要》影印《道藏》本。仁和丁谦《长春真人西游记地理
　　考证》一卷，杭州局刻《浙江图书馆丛书》第二集本。海宁王国维
　　《长春真人西游记校注》二卷，民国十五年北京清华学校研究院
　　排印《蒙古史料四种》本，民国十六年王氏排印《观堂遗书》本。
　　元耶律楚材《西游录注》一卷，顺德李文田注，上虞罗氏刻《玉简
　　斋丛书初集》本。又镇海范金寿《注补》一卷，贵池刘世珩刻《聚

学轩丛书》本。丁谦《西游录地理考证》一卷,《浙江图书馆丛书》第二集本。元刘郁《西使记》一卷,学津本,《学海类编》本,《畿辅丛书》本,亦附王恽《玉堂杂记》中。丁谦《西使记地理考证》一卷,《浙江图书馆丛书》第二集本。元西洋威尼斯人马哥孛罗《游记》,杭县魏易译,民国十二年北京排印本。又泗阳张星烺译本《导言》,排印单行本,亦载《地学杂志》,全书未刊。魏译正文,张兼译英国亨利玉尔注。」

〔以上元〕

《悬笥琐探》一卷　明刘昌。得月簃续刻本。

《明宫史》五卷　明吕毖校。学津本。【补】又涵芬楼排印八卷本。《清宫史》三十六卷,乾隆七年清廷敕于敏中等编,民国十四年东方学会排印本。《续清宫史》一百二十卷,清廷敕编,事止宣统三年,其书未刊。

《酌中志》二十四卷　明刘若愚。海山仙馆本。【补】与右《明宫史》是一书,此并列作二书,非。

《春明梦余录》七十卷　孙承泽。古香斋本。【补】广东覆古香斋本。

《社事始末》一卷　杜登春。珠尘本。【补】《昭代丛书》戊集本。」

〔以上明〕

《枢垣纪略》十六卷　梁章钜。道光十五年刻本。」

〔此纪国朝〕

以上杂史类琐记之属　主记事者入此类。多参议论、罕关政事者入小说。

右杂史类

载记第七

《华阳国志》十二卷,《附录》一卷　晋常璩。顾广圻校。廖寅刻
　　足本。【补】潮州郑氏龙溪精舍重刻廖本,《函海》本。《汉魏丛
　　书》本,《古今逸史》本,《四部丛刊》影印明钱叔宝钞本,皆阙两
　　卷。金山顾观光《华阳国志校勘记》,《武陵山人遗书》本,成都
　　存古书局单行本。江阴缪荃孙《华阳国志条校》,在自刻《艺风堂
　　读书记》内。

《十六国春秋》十六卷　旧题魏崔鸿。《汉魏丛书》本,单行大字
　　本。此非原书。【补】武昌局本。又乾隆四十六年仁和汪曰桂刻
　　重订本一百卷。黟县汤球《十六国春秋辑补》一百卷、《十六国春
　　秋纂录校本》十卷,并广州局本。汤球辑《十八家霸史》十八卷,
　　一名《三十国春秋辑本》,广州局本。

《邺中记》一卷　晋陆翙。聚珍本,杭本,福本,《续百川》本。
　　【补】南昌局重刻聚珍本。

《五国故事》二卷　宋阙名。知不足斋本。【补】《函海》本。

《九国志》十二卷,附《拾遗》　宋路振。守山阁辑本,又粤雅堂
　　本,海山仙馆本,龙氏活字本。

《江南野史》十卷　宋龙衮。《续百川》本,又《函海》本。【补】仁
　　和胡珽琳琅秘室活字本,新昌胡思敬刻《豫章丛书》本。

《吴越备史》四卷　宋钱俨。《补遗》一卷　阙名。学津本;扫
　　叶山房本,止四卷。任大椿《吴越备史注》三十卷,未见传本。
　　【补】《吴越备史》四卷、《补遗》一卷,光绪间钱塘丁丙刻《武林掌
　　故丛编》本,附《杂考》一卷。

《增订吴越备史》五卷,《补遗》一卷　钱时钰。乾隆六十年
　　刻本。

《十国春秋》一百一十四卷　吴任臣。　《拾遗》一卷，《备考》
　　一卷　周昂。周氏乾隆重刻本，原刻无末二卷。

马令《南唐书》三十卷　蒋氏马、陆二书合刻原本，《唐宋丛书》
　　本，江西翻本恶。【补】蒋版今归南城蔡氏。金壶本，翠琅玕馆合
　　刻马、陆二书本，古冈刘晚荣合刻马、陆二书本，在《述古丛钞》
　　内，刻于广州。

陆游《南唐书》十八卷，《音释》一卷　汲古阁本。【补】《音释》，
　　元戚光撰。与马书合刻本见右。祥符周在浚《南唐书注》十八
　　卷，附吴兴刘承幹《补注》十八卷，民国四年刘氏嘉业堂刻本。青
　　浦汤运泰《南唐书注》十八卷、《唐年世总释》一卷、《州军总音
　　释》一卷，道光二年绿签山房刻本，皆注陆书。明李清《南唐书合
　　订》二十五卷，刊本罕见，北平故宫图书馆藏有《四库》传钞本。

《南汉书》十八卷，《丛录》二卷，《南汉文字》四卷　梁廷枏。
　　道光己丑刻本。【补】梁廷枏撰《南汉书考异》十八卷，与上书合
　　刻。嘉应吴兰修《南汉纪》五卷，《岭南遗书》本。

《西夏书事》□卷　国朝人。原刻本。洪亮吉《西夏国志》十六
　　卷，未见刻本。【补】《西夏书事》四十二卷，青浦吴广成撰。洪书
　　未刊。周春《西夏书》十五卷，未刊。开县戴锡章《西夏记》二十
　　八卷，民国十三年东方学会排印本。唐晏《渤海国志》四卷，吴兴
　　刘承幹刻《求恕斋丛书》本。海宁王国维《蒙鞑备录笺证》一卷、
　　《黑鞑事略笺证》一卷，附《鞑靼考》、《辽金时蒙古考》，民国十五
　　年北京清华学校研究院排印本，民国十六年王氏排印《观堂遗
　　书》本。

　右载记类

传记第八

《孔子编年》五卷　宋胡仔。绩溪胡氏家刻本。

《孔子世家补订》一卷　林春溥。《竹柏山房十一种》本。

《孔子集语》十七卷　孙星衍、严可均辑。平津馆本。远胜宋薛据书。采集群书，所引真伪不一，经部、子部皆不可隶，故附于编年之后。【补】杭州局重刻平津馆本。王仁俊、李滋然皆撰《孔子集语补遗》，有印本。

《东家杂记》二卷　宋孔传。胡珽编《琳琅秘室丛书》活字版本。

《阙里文献考》一百卷　孔继汾。乾隆壬午刻本。

《孔孟编年》□卷　狄子奇。自刻本。【补】八卷，杭州局本。」

〔以上孔、孟传记〕

《郑学录》四卷　郑珍。遵义唐氏刻本。

《诸葛忠武侯故事》五卷　张澍。自刻本，沔县《武侯文集》附刻本。互见。

《高士传》三卷　晋皇甫谧。《汉魏丛书》本。严可均辑嵇康《高士传》，未刊。【补】严书一卷，光绪间大关唐氏刻本，亦刻严氏《全晋文》中。又上虞罗振玉辑皇甫谧《高士传》一卷，排印本。

《古孝子传》一卷　茆辑十种本。

《襄阳耆旧记》三卷　晋习凿齿。任兆麟校刻《心斋十种》本，有脱误。【补】善化陈运溶辑魏晋人撰《传记九种》，光绪二十六年湘西陈氏刻《麓山精舍丛书》本。

《唐才子传》十卷　元辛文房。日本人刻《佚存丛书》足本，《指海》足本。【补】嘉庆间王氏刻本，光绪间清隐山房刻巾箱本，武进董康刻五山本，珂罗版印明黑口本。陈鳣《唐才子传简端记》一卷，载北平《北海图书馆月刊》第二卷第二号。」

〔以上汉至唐〕

《名臣言行录前集》十卷，《后集》十四卷　宋朱子。顾广圻校。洪莹仿宋刻本，同治戊辰桂氏补刻本。【补】《四部丛刊》影印宋刻本。洪本与宋李幼武撰《名臣言行录续集》八卷、《别集》二十六卷、《外集》十七卷合刻。明尹直《南宋名臣言行录》十六卷，传本罕见。

《道命录》十卷　宋李心传。知不足斋本。

《元名臣事略》十五卷　元苏天爵。聚珍本，福本。【补】光绪间定州王灏刻《畿辅丛书》本。

《明名臣言行录》九十五卷　徐开仕。昆山徐氏刻本。

《嘉靖以来首辅传》八卷　明王世贞。守山阁本。

《东林列传》二十四卷　陈鼎。刻本。【补】康熙间刻本，山寿堂刻本。」

〔以上宋、元、明〕

《国朝满汉名臣传》八十卷　依国史钞录。通行本。满四十八卷，汉三十二卷。【补】菊花书室刻巾箱本。《清史列传》八十卷，民国十八年中华书局排印本。

《国朝先正事略》六十卷　今人。长沙刻本。初学便于检阅。【补】此书平江李元度撰。长洲朱孔彰《中兴将帅别传》三十卷、《续编》六卷，光绪间原刻本，江宁局本，坊刻易名《续先正事略》。钱仪吉《碑传集》一百六十四卷，苏州局本，天命迄嘉庆。江阴缪荃孙《续碑传集》八十六卷，江宁局本，道光迄光绪。缪荃孙《碑传集补编》，补乾嘉诸名人，凡十四卷，未刊。湘阴李桓《耆献类征初编》七百二十卷、《闺媛类征》十二卷，亦由收录清代名人碑传而成，与《碑传集》同，光绪十六年家刻本。李氏所纂《耆献类征续编》五百五十卷，内兼有玉牒、天象、舆地、河渠、食货、礼乐、兵刑、洋务、经籍、五行十志，其书未刊，稿藏李氏。《近代名人小传》二卷、《当代名人小传》二卷，题沃丘仲子撰，所述不多，颇存事实，民国间上海崇文书局排印本。

112

《从政观法录》三十卷　朱方增。道光庚寅刻本。梁章钜《国朝臣工言行记》十二卷，未刊。【补】《从政观法录》，由《国史名臣传》删节而成。

《文献征存录》十卷　钱林。咸丰八年王藻刻本。【补】此书专述文人儒者事迹。阮元《国史儒林文苑传稿》，黄氏《知足斋丛书》本。

《鹤征录》八卷　李集、李富孙、李遇孙。　《后录》十二卷　李富孙。嘉庆刻，同治补本。【补】《鹤征录》述康熙己未博学鸿词科被征诸人事略，《后录》述乾隆丙辰词科诸人。

《词科掌录》十七卷　《余话》七卷　杭世骏。原刻本。【补】记乾隆丙辰词科。」

　　〔以上国朝〕

右传记类止系一隅又非古籍者不录。

诏令奏议第九

《雍正朱批谕旨》三百六十卷　雍正十年敕编。内府本，江宁活字版本。」

　　〔此诏令〕

《陆宣公奏议》二十二卷　唐陆贽。通行本。旧题《翰苑集》，实非《翰苑集》元书，从众题"奏议"。【补】雍正元年年羹尧刻本，道光间耆英重刻年氏本，嘉庆戊寅春晖堂刻本，道光甲申陆氏家刻本，善化杨岳斌刻本，泾县洪氏仿宋本，江宁局本，苏州局本，《四部丛刊》影印明不负堂本，又影印宋本。宋郎晔《陆宣公奏议注》十五卷，光绪间归安陆心源十万卷楼刻本。平定张佩芳《翰苑集注》二十四卷、《年谱》一卷，乾隆戊子自刻本，光绪间柏氏重刻本。

《政府奏议》二卷　宋范仲淹。单行刻本,《范文正公集》本。【补】吴兴张钧衡择是居影元刻本。

《包孝肃奏议》十卷　宋包拯。包芳国天禄阁刻本,汉阳活字版本。【补】同治间合肥李瀚章刻本,光绪间合肥张氏毓秀堂刻《庐阳三贤集》本。

《卢忠肃公奏议》□卷　明卢象升。刻本。【补】光绪乙亥重刻《卢忠肃公集》十二卷,内《奏议》十卷。

《华野疏稿》五卷　郭琇。家刻本。

《胡文忠公集》八十八卷　胡林翼。武昌局本。初刻止十卷,此同治五年重编。奏议之外,书牍皆言政事,故附此类。

《曾文正公奏议》十卷,《补编》二卷　薛氏编。苏州刻本。《曾文正公奏议》三十二卷,光绪二年传忠书局编刻《全集》本,他刻本多不全;附《书札》三十三卷、《批牍》六卷。【补】曾氏家刻《曾文正公全集》本《奏稿》三十六卷。《李文忠公全集》一百六十五卷,合肥李鸿章撰,皆奏议函电,多系清季军政、邦交史实,光绪三十一年江宁刻本,坊间影印本。」

〔以上奏议〕

《历代名臣奏议》三百五十卷　明黄淮等编。明经厂足本,通行本不全。共九千七百二十叶。

《明名臣奏议》二十卷　乾隆四十六年敕编。聚珍本,福本。

114　《皇朝经世文编》一百二十卷　贺长龄、魏源编。长沙原刻本,翻本多讹。此书最切用。是书不尽奏议,此两体为多,陆燿《切问斋文钞》实开其先,不如此详。【补】《经世文编》有《续编》若干集,时异势迁,此书诚无所用,惟本列史部,以史料视之,固无害也。」

〔以上汇集奏议〕

右诏令、奏议类

地理第十 今人地理之学,详博可据,前代地理书,
特以考经文史事及沿革耳,若为经世之用,断须读
今人书,愈后出者愈要。

王隐《晋书地道记》一卷,《太康三年地记》一卷 毕沅辑。经
训堂本。【补】广州局本,又汉学堂辑本。

阚骃《十三州志》二卷 晋阚骃。张澍辑。二酉堂本。【补】顺德
龙氏《知服斋丛书》重刻本一卷。

《括地志》八卷 唐魏王泰。孙星衍辑。岱南阁本。【补】武昌局
《正觉楼丛书》本,吴县朱记荣刻《槐庐丛书》本,又汉学堂辑本。
唐贾耽《贞元十道录》,唐韦澳《诸道山河地名要略》,并唐人所
写残卷,上虞罗振玉影印《鸣沙石室古佚书》本。

《元和郡县志》四十卷 唐李吉甫。 **附《拾遗》二卷** 严观。
岱南阁本,又聚珍本、福本,无《拾遗》。【补】此书原名《元和郡
县图志》,其图宋代已佚,遂改题今名,志亦残阙,实存三十四卷。
岱南阁本补《目录》一卷、《遗文》一卷。江宁局本,广州局本。光
绪间定州王灏编《畿辅丛书》刻周梦堂校本,附张驹贤《考证》三
十四卷、《补目》一卷、《遗文》一卷。严观《元和郡县补志》九卷,
原刻本。江阴缪荃孙辑《元和郡县图志佚文》三卷,光绪间自刻
《云自在龛丛书》本。

《太平寰宇记》一百九十三卷 宋乐史。江西乐氏刻本,万廷兰
刻本附《一统志表》。【补】原本二百卷,内阙七卷,一百十三至
一百十九,江宁局本。遵义黎庶昌《古逸丛书》影宋本,补阙五卷
半,存卷自一百十三至十七及十八之半卷,其版今在苏州局。善
化陈运溶《太平寰宇记拾遗》七卷、《辨伪》六卷,光绪二十六年

家刻《麓山精舍丛书》本。

《元丰九域志》十卷　宋王存等。聚珍本,福本,冯集梧刻本。
【补】江宁局本,广州局本。

《舆地广记》三十八卷,《札记》二卷　宋欧阳忞。士礼居校本,
又聚珍本、福本,无《札记》。【补】江宁局本,广州局本。」

〔以上总地志。以下志一隅〕

《吴郡志》五十卷,附《校勘记》　宋范成大。守山阁本,汲古阁
本,金壶本。【补】吴兴张钧衡择是居覆宋本。

《吴郡图经续记》三卷　宋朱长文。得月簃本,琳琅秘室本,学津
本。【补】苏州局本,吴兴蒋汝藻密韵楼覆宋本。

《景定建康志》五十卷　宋周应合。岱南阁别行本。

《咸淳临安志》九十三卷,《札记》三卷　宋潜说友。黄士珣校。
汪远孙刻本。【补】汪版今归杭州局。宋周淙《乾道临安志》残
本三卷,粤雅堂续刻本,式训堂本,钱塘丁丙刻《武陵掌故丛编》
本。宋施谔《淳祐临安志》残本六卷,仁和胡敬《淳祐临安志辑
逸》八卷,《武陵掌故丛编》本。宋陈公亮《绍兴重修严州图经》
残本三卷,宋郑瑶方《景定严州续志》十卷,袁氏渐西村舍刻本。
宋张淏《宝庆会稽续志》八卷,刻本。宋谈钥《嘉泰吴兴志》二十
卷,刘氏嘉业堂刻本。宋陈耆卿《嘉定赤城志》四十卷,《台州丛
书》本。宋罗愿《淳熙新安志》十卷,嘉庆刻本,光绪刻本。宋卢
宪《嘉定镇江志》二十二卷、附二卷、《校勘记》二卷,元俞希鲁
《至顺镇江志》二十一卷、《校勘记》二卷,道光刻本,近年刻本。
宋杨潜《绍熙云间志》三卷,元杨潜《至元昆山志》六卷,徐氏观
自得斋刻本。宋元《四明六志》八十三卷,内宋志三、元志三,鄞
县徐时栋校,咸丰刻本。汇刻《太仓旧志》五种,二十六卷,内宋
志三、元一、明一,太仓缪朝荃校刻本。今存宋、元志书,外此尚多

有，兹但就有新刻本者略补如上。

《齐乘》六卷　元于钦。明刻本，乾隆间周氏刻本。

《滇略》十卷　明谢肇淛。《云南备征志》本。

《武功县志》三卷　明康海。党金衡重刻本，得月簃续刻本，三长物斋摘本。【补】武昌局本，成都存古书局本。

《朝邑县志》二卷　明韩邦靖。《五泉诗集》附刻本，叶梦龙重刻本，得月簃续刻本，三长物斋摘本。此两志及国朝陆陇其《灵寿县志》十卷最有名，然已为洪稚存、章实斋所议。【补】合肥唐定奎彭城合刻两志本，附有阳湖方楷勘正。

以上地理类古地志之属古志举最著而考证常用者。【补】溆浦向达辑《唐以前四裔地志钩沉》，未刊。

《大清一统志》五百卷　乾隆二十九年敕续编。殿本。乾隆八年本止三百四十二卷。【补】通行排印、石印两本。嘉道间国史馆重修本，未刊。顾炎武《肇域志》一百卷，未刊，稿藏天津某氏。

《乾隆府厅州县图志》五十卷　洪亮吉。《卷施阁集》本。《一统志》浩繁，此即其摘本。【补】武昌局本。

《皇朝一统舆图》三十二卷　胡林翼等。武昌官本。内府本难得，此本极详。【补】《书目答问》原刻后印本本行下增印"《舆地经纬度里表》一卷。今人。长沙荷池精舍刻本"十九字。此表长沙丁取忠撰，在《白芙堂算学丛书》内。《清内府舆图》，西洋教士奉敕测绘，有数种，皆铜板雕印，一康熙三十二叶本，一康熙分省分府小叶本，一乾隆十三叶本。又方略馆刻地图，未详年代。诸图今并罕见。康熙小叶本凡二百二十七叶，亦载《图书集成》内。《满汉合璧清内府一统舆地秘图》四十叶，民国十八年沈阳故宫博物院影印原刻铜版本。新化邹代钧《大清中外舆地全图》

六十八叶,光绪间舆地学会广东刻本。地图愈近出者愈切用,今武昌亚新地学社及上海坊间皆有新绘本,参谋部、邮政局、各省测绘局新制之图,尤为精确。又东西各国所印亦可备考,不能尽举。

合刻《恒星赤道经纬度图》、《一统舆图》各一具　六严、李兆洛。扬州平山堂刻本。地舆必合星度以为准望,故统于地理。

《皇朝地舆韵编》,附《舆图》一卷　李兆洛。江宁局本。

《长江图》十二卷　今人。长沙黄氏刻本。以江为纬,以郡县为经,故入地志。【补】此书长沙黄翼升撰。武昌局本。

《航海图》一卷　武昌局本。

《海运图说》□卷　施彦士。《求己堂八种》本。附此取便寻览。陶澍编《海运全案》十二卷,江苏官本。【补】施书十五卷。

《天下郡国利病书》一百二十卷　顾炎武。活字版本不善,湖北新刻本。【补】广州局本。」

〔以上总志。以下分志〕

《日下旧闻考》一百二十卷　乾隆三十九年敕撰。殿本。【补】此就朱彝尊《日下旧闻》增补而成。朱书四十二卷,六峰阁刻本。

《龙沙纪略》一卷　方式济。借月山房本,《述本堂诗集》附刻本。

《广陵通典》十卷　汪中。扬州局本。【补】道光三年家刻本,上海中国书店编江都《汪氏遗书》影印本。

《蜀典》十二卷　张澍。自刻本。【补】成都存古书局本。

《黔书》四卷　田雯。《古欢堂集》附刻本,贵阳重刻本。【补】粤雅堂续刻本。

《续黔书》八卷　张澍。自刻本。【补】粤雅堂续刻本。

《三省边防备览》十四卷　严如熤。道光二年刻本。此书虽边防,实是内地,故列此类。【补】《吉林外纪》十卷,道光间长白萨英额撰。《黑龙江外纪》八卷,嘉庆间长白西清撰。二书并有桐庐袁昶《渐西村舍丛书》本,上海文瑞楼影印袁本,广州局本。

《平台纪略》十一卷,附《东征集》六卷　蓝鼎元。雍正癸卯元刻本,壬子广州刻本。详于台湾形势,故附此类。【补】《鹿洲全集》大、小二本,《龙威秘书》本,《平台纪略》皆一卷。

《台海使槎录》八卷　黄叔璥。刻本。与前书同例。【补】道光十年刻本。光绪间定州王灝刻《畿辅丛书》本。

附录:国朝省志府州县志善本　目列后。

《浙江通志》《广东通志》　阮元。　《广西通志》　谢启昆。　《湖北通志》　章学诚原稿。【补】原稿已残,检存稿四卷、未成稿一卷,民国十一年吴兴刘承幹刻入《章氏遗书》。又宣统二年武昌局排印《章氏遗书》四卷,即《湖北通志》检存稿。

《汾州府志》　戴震。　《泾县志》、《淳化县志》　洪亮吉。《三水县志》　孙星衍。　《朝邑县志》　钱坫。　《偃师志》《安阳志》　武亿。　《广德州志》　周广业。　《富顺县志》　段玉裁。　《嘉兴府志》　伊汤安。　《和州志》、《亳州志》、《永清县志》、《天门县志》　章学诚。【补】刘刻《章氏遗书》内有《和州志》残本三卷、《永清县志》十卷。《天门县志》乃其父励堂主撰,实斋佐其役。《亳州志》今罕见。诸志序例并见《文史通义》。　《凤台县志》　李兆洛。　《怀远志》　董士锡。　《长安志》　董祐诚。　《郯城志》　陆继辂。　《道光鄢陵志》　洪符孙。　《遵义府志》　郑珍、莫友芝。　《桂阳州志》　今人。以上诸志皆有法。【补】《桂阳州志》,湘潭王闿运撰。王闿运《湘潭县志》。鲁一同《邳州志》、《清河县志》。南海邹伯奇、谭莹同撰《南海县志》。番禺陈澧《番禺县志》。鄞

县董沛、徐时栋同撰《鄞县志》、《慈溪县志》。湘阴郭嵩焘《湘阴
县图志》。江阴缪荃孙《江阴县志》。上补诸志,并晚出之善者。

以上地理类今地志之属今志除总志外,举切用及雅赡有
法者。

戴校《水经注》四十卷　魏郦道元。戴震校。聚珍本,杭本,福
本,《戴氏遗书》本,《湖北新刻丛书》本。戴校以前,黄刻诸本皆
逊。全祖望校《水经注》,灵石杨氏刻本,未成,今京师印行者止
百余叶。【补】《水经》旧题汉桑钦撰,后魏郦道元注。南昌局、
广州局皆重刻聚珍本,《四部丛刊》影印聚珍本。《全校水经注》
四十卷,光绪十四年宁波崇实书院刻本,无锡蒋氏刻本。长沙王
先谦合校《水经注》四十卷,光绪间长沙思贤书局刻本,宝善书局
影印巾箱本。江西新城杨希闵《水经注汇校》四十卷,光绪间福
州刻本。

《水经注释》四十卷,《刊误》十二卷　赵一清。原刻本。【补】
乾隆十九年赵氏家刻,乾隆五十一年毕沅开封刻本,光绪间四明
张寿荣花雨楼刻本,光绪间会稽章寿康刻本。沈钦韩《水经注疏
证》四十四卷,胜赵释,未刊。宜都杨守敬《水经注删要》四十卷、
《补遗》并《续补》四十卷,杨氏邻苏园刻本。

《水经注释地》四十卷,《水道直指》一卷,《补遗》一卷　张匡
学。嘉庆二年新安张氏刻本。【补】曲阜孔继涵《水经注释地》
八卷,南陵徐乃昌刻《积学斋丛书》本,会稽章寿康刻单行本。番
禺陈澧《水经注西南诸水考》三卷,广州局《东塾遗书》本。仁和
丁谦《水经注正误举例》五卷,吴兴刘承幹求恕斋刻本。

《水经注图》一卷　今人。武昌刻本。【补】此江宁汪士铎所撰。
江宁刻本,又《附录》一卷。杨守敬《水经注图》八卷,此图尤精,

邻苏园自刻朱墨印本。

《水经注图说残稿》四卷　董祐诚。《董方立遗书》本。【补】会
　　稽章寿康刻单行本。」

〔以上《水经》之属〕

《水道提纲》二十八卷　齐召南。原刻本。【补】乾隆四十一年传
　　经书屋刻,湖南新化三味书室刻本。灌云武同举《淮系年表》不
　　分卷,四册,民国十八年重订本,表排印,图石印。

《行水金鉴》一百七十五卷　郑元庆代傅泽洪撰。通行本。
　　【补】咸丰三年淮扬道署傅氏原刻本。

《续行水金鉴》一百五十六卷　黎世垿。潘锡恩刻本。」

〔以上水道总论。以下分论〕

《畿辅河道水利丛书》十五卷,附图　吴邦庆。道光四年刻本。
　　九种。

《三吴水利录》四卷　明归有光。借月山房本,《涉闻梓旧》本。

《江苏水利图说》二十一卷　陶澍。江苏官本。七种。

《浙西水利备考》八卷　王凤生。道光四年刻本。【补】杭州
　　局本。

《河工器具图说》四卷　麟庆。道光丙午刻本。

《昆仑河源考》一卷　黄宗羲。《指海》本,守山阁本。【补】万斯
　　同撰,此题黄名,误。借月山房本。守山阁未刻此书。

《西域水道记》五卷　徐松。原刻本。【补】上海文瑞楼石印巾箱
　　本。番禺沈宗畸宣统元年刻《晨风阁丛书》内有《西域水道记校
　　补》一卷。

《海塘通志》二十卷　方观承。乾隆辛未刻本。

《新译海塘辑要》十卷　西洋人。上海制造局刻本。【补】英国傅
　　兰雅撰。

以上地理类水道之属

《皇舆西域图志》五十二卷　乾隆二十七年敕撰。殿本。

《新疆识略》十卷　徐松代松筠撰。刻本。【补】《新疆图志》一百
　　十六卷,宣统间新城王树枏等撰,民国间东方学会排印本。」

　　　　〔以上新疆〕

《卫藏图志》五卷　盛绳祖。刻本。

《西招图略》一卷　松筠。自刻本。【补】上海文瑞楼石印巾
　　箱本。」

　　　　〔以上西藏地〕

《金川琐记》六卷　李心衡。珠尘本。

《蛮书》十卷　唐樊绰。聚珍本,福本,《云南备征志》本,琳琅秘室
　　本。【补】桐庐袁昶刻《渐西村舍丛书》本。嘉兴沈曾植《蛮书校
　　注》,未刊。

《蛮司合志》十五卷　毛奇龄。《西河集》本。【补】光绪间会稽徐
　　友兰刻《绍兴先正遗书》本。

《苗防备览》□卷　严如熤。刻本,道光癸卯重刻本。【补】此书二
　　十二卷,嘉庆二十五年刻。

《峒溪纤志》三卷,《志余》一卷　陆次云。《说铃》本。

《番社采风图考》一卷　六十七。珠尘本。」

　　　　〔以上川滇各边防〕

《皇朝藩部要略》十六卷,《表》四卷　祁韵士。道光丙午家刻
　　本。【补】杭州局本。张穆《蒙古游牧记》十四卷,咸丰九年寿阳
　　祁隽藻刻本,上海文瑞楼石印巾箱本。藤县苏演存《中国境界变
　　迁大势考》不分卷,附图二十一叶,民国四年涵芬楼排印本。吾
　　国与外国所结条约及近人所记边界诸书,与边防地理极有关系,

宜参览。边界非详图不明。如洪钧《中俄交界图》，许景澄《西北中俄界图》，曾寅《中俄交界图》，邓承修《中越定界图》，薛福成《中缅定界图》，胡惟德《西藏全图》，及清季官本《新疆》、《奉天》、《黑龙江全省舆图》，皆可备考，有印本。黄岩王彦威《道咸同光四朝筹办夷务始末记》不分卷，三百六十册，民国十八年故宫博物院影印原稿本，未毕工。此非地理类书，附此。」

〔此总括各边防〕

以上地理类边防之属

《宣和奉使高丽图经》四十卷　宋徐兢。知不足斋本。

《高丽国史》一百四十卷　明郑麟趾。朝鲜刻本。【补】麟趾，朝鲜人。日本排印本。元《高丽纪事》一卷，萍乡文廷式自《永乐大典》辑出，乃元《经世大典》旧文，民国五年上海广仓学宭排印本。韩人金富轼《三国史记》五十卷，民国五年韩人金泽荣通州排印本。金泽荣《韩国小史》二十八卷、《新高丽史》五十三卷，民国间通州排印本。

《琉球国志略》十六卷　周煌。聚珍本，家刻本。【补】《续》五卷，费锡章撰，嘉庆十三年刻本。

《越史略》三卷　明越南人。守山阁本。【补】上海文瑞楼石印巾箱本。元安南人黎崱《安南志略》十九卷，日本排印本，通州排印本。安南人吴士连《大越史记全书》二十四卷，日本排印本。

《从征缅甸日记》一卷　周裕。借月山房本。此非地志，附此。师范《缅事述略》一卷，在《经世文编》中。【补】元失名人《至元征缅录》一卷，守山阁本，上海文瑞楼石印本。」

《日本考略》一卷　明薛俊。得月簃初刻本。【补】嘉应黄遵宪《日本国志》四十卷，光绪十六年广州富文斋刻本，杭州局本。德清傅云龙《游历日本图经》三十卷,光绪十五年傅氏日本排印本。长沙王先谦《日本源流考》二十二卷,光绪家刻本。富阳缪凤林《日本史籍提要》不分卷,未刊。

《异域录》二卷　图理琛。借月山房本,《指海》本。多纪俄罗斯地理。【补】雍正元年刻单行本。仁和丁谦《异域录地理考证》一卷,杭州局刻《浙江图书馆丛书》第二集本。

《北徼汇编》六卷　何秋涛。京师刻巾箱本。此书稿本浩繁,咸丰间进呈,旋毁。今琉璃厂市有刻本,止四卷,仍题何名,纪述详实,非出伪托。保定书局刻有《朔方备乘图说》一卷。【补】此书咸丰八年进呈,赐名《朔方备乘》,其稿未刊即毁,光绪间李鸿章属贵筑黄彭年就残稿补缀,复还旧观,凡八十一卷,光绪某年京师刻足本,坊间石印本。」

〔以上分志各国〕

《海国闻见录》附图二卷　陈伦炯。珠尘本。【补】《昭代丛书续编》本,道光间张氏易理刻本,长沙余肇钧刻《明辨斋丛书》本。

《海录》一卷　杨炳南。海山仙馆本。【补】宋赵汝适《诸蕃志》二卷,自《永乐大典》辑出,非全帙,《函海》本,学津本,民国十□年广东中山大学排印本。嘉兴沈曾植《岛夷志略广证》二卷,《古学汇刊》排印本。明张燮《东西洋考》十二卷,《惜阴轩丛书》本,坊刻本。明黄省曾《西洋朝贡典录》三卷,《指海》刻校本。明马欢《瀛涯胜览》一卷,明刻《纪录汇编》内有原本、改本二本。明费信《星槎胜览》二卷,上虞罗氏影印天一阁明钞足本。无锡薛福成《东南海岛图经》八卷,石印本。《东邦近世史》不分卷,清末人编译,武昌排印本。」

《职方外纪》五卷　明艾儒略。守山阁本,金壶本,龙威本。【补】艾儒略,意大利国人。

《坤舆图说》二卷　明南怀仁。《指海》本。【补】南怀仁,比利时国人。

《地球图说》一卷　西洋蒋友仁译。何国宗、钱大昕奉敕润色。文选楼本。

《瀛寰志略》十卷　徐继畬。原刻大字、重刻小字两本。【补】日本刻本,光绪间排印本,石印本。《瀛寰志续集》五卷,英国慕维廉撰。《补遗》一卷,无锡薛福成撰。光绪间刻本,排印本,石印本。

《海国图志定本》一百卷　林则徐译,魏源重定。咸丰壬子高邮编刻定本,同治七年广州重刻本,光绪二年魏氏刻本。初刻本止六十卷。

《新译地理备考》十卷　西洋玛吉士。海山仙馆本。【补】玛吉士,西洋葡萄牙国人。」

〔以上总志各国〕

《新译海道图说》十五卷,附《长江图说》一卷　西洋人。上海制造局刻本。极有用。【补】英国傅兰雅译,怀远王德筠述。

　　以上地理类外纪之属古略今详者,录今人书【补】欲明现势,右举诸书已不切用,时人编述,坊行多有,极应浏览,唯尚无详明雅正足名家者,兹不胪列。其通异域文者,能自考东西诸国原著最善。

《三辅黄图》一卷　庄逵吉校。平津馆本,自刻本。【补】宋张敦颐《六朝事迹编类》十四卷,光绪十三年上元李滨仿宋绍兴建康府学刊本。

《长安志》二十卷　宋宋敏求。经训堂本。

《长安志图》三卷　元李好文。经训堂本。

《唐两京城坊考》五卷　徐松。连筠簃本。【补】光绪间定州王灏刻《畿辅丛书》本。大兴程鸿诏《两京城坊考补》一卷,光绪三十年江阴缪荃孙刻《藕香零拾》本。义乌朱一新、江阴缪荃孙同撰《京师坊巷志》十卷,附《考正》一卷,吴兴刘承幹刻《求恕斋丛书》本,又刻清光绪《顺天府志》第十三、四卷内。

《两京新记》一卷　唐韦述。《佚存丛书》本,粤雅堂本。【补】武昌局《正觉楼丛书》本。此书原本五卷,已残,存第三卷一卷。

《宋东京考》二十卷　周城。原刻本。

《汴京遗迹志》二十四卷　明李濂。国朝人校刻本。【补】毕沅刻。

《历代帝王宅京记》二十卷　顾炎武。嘉庆戊辰顾氏刻本。【补】巴陵方功惠广州刻《碧琳琅馆丛书》本,吴县朱记荣刻《槐庐丛书》本。

《历代山陵考》二卷　□□□□。借月山房本。钱坫《圣贤冢墓考》十二卷,未刊。【补】《历代山陵考》,明王在晋撰。民国十七年上虞罗振玉排印《殷礼在斯堂》本。上海朱孔阳《历代陵寝备考》五十卷、《历代宗庙附考》八卷,上海《申报》馆排印本。」

〔以上都会〕

《赵岐三辅决录》二卷　晋挚虞注。张澍辑。二酉堂本,又茆辑十种本。【补】潮州郑氏龙溪精舍重刻张辑本。

《辛氏三秦记》一卷　二酉堂辑本。张辑《挚虞决疑要注》、《三辅旧事》、《三辅故事》,刘昞《十三州志》,段龟龙《凉州记》、《凉州异物志》、《西河旧事》,喻归《西河记》,段国《沙州记》,皆刻《二酉堂丛书》内,篇叶无多,不别列。【补】严可均辑晋周处《风土记》三卷,有刻本。又辑晋张玄之《吴兴山墟名》一卷,宋山谦之《吴兴记》一卷,江阴缪荃孙刻入《云自在龛丛书》。善化陈运溶辑宋盛弘之《荆州记》三卷,又辑晋宋人撰《荆湘地记》二十九种,《荆湖图经》三十六种,并光绪二十六年家刻《麓山精舍丛书》本。唐失名人《沙州图经》,失名人《西州图经》,并唐人所写残卷,民国二年上虞罗振玉玻璃版印《鸣沙石室古佚书》本。王谟《汉唐地理书钞》,凡辑三四百种,未见刻本。

《雍录》十卷　宋程大昌。通行本。

《关中胜迹图志》三十二卷　毕沅。自刻本。

《河朔访古记》二卷　旧题元迺贤。守山阁本。

《昌平山水记》二卷　顾炎武。《亭林遗书》本。

《洛阳伽蓝记》五卷,《集证》一卷　魏杨衒之。吴若准《集证》校刻本;丛书多有,吴本最善。【补】武进董康玻璃版印明如隐堂刻本五卷,上虞罗振玉《玉简斋丛书》本五卷。

《洛阳名园记》一卷　宋李格非。海山仙馆本,津逮本,学津本。【补】涵芬楼影印明刻《顾氏文房小说》本。

《渚宫旧事》五卷,《补遗》一卷　唐余知古。平津馆本。【补】金壶本,罗振玉吉石盦玻璃版印本。」

　　　　〔以上古迹〕

《南方草木状》三卷　晋嵇含。《汉魏丛书》本。

《荆楚岁时记》一卷　梁宗懔。《汉魏丛书》本。

《北户录》三卷　唐段公路。《说郛》及他丛书本皆不全。【补】光绪间归安陆心源十万卷楼刻足本。

《岭表录异》三卷　唐刘恂。聚珍本,杭本,福本。【补】南昌局重刻聚珍本。

《益部方物略记》一卷　宋宋祁。津逮本,学津本。

《桂海虞衡志》一卷　宋范成大。《古今逸史》本,《唐宋丛书》本,《说海》本。

《岭外代答》十卷　宋周去非。知不足斋本。

《岁华纪丽谱》一卷,附《笺纸谱》一卷,《蜀锦谱》一卷　元费
　　著。续百川本。【补】金壶本。《学海类编》内《成都游宴记》即
　　此书。

《闽中海错疏》三卷　明屠本畯。珠尘本,学津本。」

　　　　〔以上物产〕

《舆地纪胜》二百卷　宋王象之。广州新刻本,阙三十二卷。
　　【补】南海伍氏粤雅堂刻单行。」

　　　　〔此总录〕

以上地理类杂地志之属都会、山水、古迹、人物、物产、杂记,
录古雅者。

右地理类山志游记如《说嵩》、《岱览》之属,今日通行有版本者
凡数十种,以非切要,不录。杂地志如《桂胜》、《楚宝》、《晋乘
搜略》之属,止关一方,又非古籍,不录。【补】南清河王锡祺
《小方壶斋舆地丛钞》一千二百种、《续编》五十八种、《再补
编》一百八十种,所收皆清人地理杂著,光绪间王氏排印本。

政书第十一

《通典》二百卷　唐杜佑。明刻本,殿本《三通》合刻,崇仁谢氏合
　　刻本,广州重刻本。【补】同治间广州学海堂翻殿本《通典》,今
　　版在广州局。杭州局本《九通》合刻。

《通志》二百卷　宋郑樵。明刻本,殿本《三通》合刻,谢刻本,广
　　州重刻本。《提要》入别史类,今附于此,以便寻检。【补】杭州
　　局本。

《通考》三百四十八卷　元马端临。明刻本,殿本《三通》合刻,谢
　　刻本,广州重刻本。【补】杭州局本。书名《文献通考》,简称

《通考》。

《续通典》一百四十四卷　乾隆三十二年敕撰。殿本。【补】广州局本，杭州局本。

《续通志》五百二十七卷　同上。同上。【补】杭州局本。

《续通考》二百五十二卷　乾隆十二年敕撰。殿本。【补】杭州局本。明王圻《续文献通考》二百五十四卷，明万历癸卯刻本。

《皇朝通典》一百卷　乾隆三十二年敕撰。殿本。【补】广州局本，杭州局本。

《皇朝通志》二百卷　同上。同上。【补】杭州局本。

《皇朝通考》二百六十六卷　乾隆十二年敕撰。殿本。【补】杭州局本。乌程刘锦藻《皇朝续文献通考》三百二十卷，排印初稿本。

　《通志略》二十卷　明刻本；金坛于氏重刻本，止刻其二十略，非删节也。读《通志》者以此为便，与他删本不同。

　《文献通考正续合编》□卷　通行本。

　　以上政书类历代通制之属《三通》为体，通贯古今，故别为类。

《汉制考》四卷　宋王应麟。津逮本，学津本，《玉海》附刻本。

《西汉会要》七十卷　宋徐天麟。江藩校胡森刻本，聚珍本，福本，苏州活字版本。【补】广州局重刻聚珍本，苏州局本。

《东汉会要》四十卷　同上。钱仪吉《三国会要》未刊，《序例》一卷，在《衍石斋记事》初稿中。【补】《东汉会要》，广州局重刻聚珍本，苏州局本。钱仪吉《三国会要》稿本，凡五册，旧藏萧山汤纪尚处。钱又撰《晋会要》、《南北朝会要》，皆未成。《晋会要》稿，旧亦在汤氏。黄岩杨晨《三国会要》二十二卷，家刻《台州丛书》后集本。

《唐会要》一百卷　宋王溥。聚珍本,福本。【补】广州局重刻聚珍本,苏州局本。

《五代会要》三十卷　宋李攸。聚珍本,福本。【补】宋王溥撰,此作李攸,误。广州局重刻聚珍本,苏州局本,金壶本。

《宋朝事实》二十卷　宋李攸。聚珍本,福本。徐松辑《宋会要》□百卷,《宋中兴礼书》二百三十一卷,《续礼书》六十四卷,又半卷,未刊。【补】《宋朝事实》,南昌局重刻聚珍本,金壶本。《宋会要》,宋章得象撰,徐松辑,凡三百六十卷,光绪间广州局刻,未见印本,民国间吴兴刘承幹刻本,未毕工。」

〔以上制度〕

《谥法》四卷　宋苏洵。金壶本,钱熙祚刻《珠丛别录》本。【补】附《嘉祐集》本。崇川刘长华《汉晋迄明谥考》十卷,槐云阁刻本。孙星衍、严可均同辑《谥法》三卷,未刊。

《汉官六种》　《汉官》一卷,《汉官解诂》一卷,汉王隆撰,胡广注。《汉旧仪》二卷,《补遗》二卷,卫宏。《汉官仪》二卷,应劭。《汉官典职仪式选用》一卷,蔡质。《汉仪》一卷,吴丁孚。平津馆本。【补】卫宏《汉官旧仪》二卷,四库馆臣自《永乐大典》辑出,孙星衍重校;《补遗》二卷、余数种皆孙星衍辑。成都存古书局重刻本,顺德龙凤镳刻《知服斋丛书》本。又《汉官仪》,江宁局仿宋本,涵芬楼《续古逸丛书》影印宋绍兴本。

《唐六典》三十卷　唐玄宗。刻本。《提要》入职官,今附此。【补】嘉庆五年扫叶山房刻本,苏州局本。《秘书监志》十一卷,元王士点、商企翁同撰,民国五年上海广仓学宭排印本。此书《提要》入职官,今亦附此。《元典章》六十卷,附《新集》二卷,不著撰人名氏,民国间武进董康影刻元本。《大元马政记》一卷,大兴徐松自《永乐大典》辑出。《大元画塑记》、《仓库记》、《毡罽工物记》、《官制杂记》各一卷，萍乡文廷式自《永乐大典》辑出。以上五种，皆元《经世大典》旧文，民国五年上海哈同花园排印《广仓学窘丛书》本。

《明会典》一百八十卷　明弘治十年官修。原刻本。【补】广州局本。」

〔以上职官〕

以上政书类古制之属《唐开元礼》一百五十卷，宋《政和五礼新仪》二百二十卷，《金集礼》四十卷，《明集礼》五十三卷。除《明集礼》外，有传钞本，未见刻本。《开元礼》多采入《通典》内。【补】《金集礼》，金张暐等撰，光绪间广州局刻缪校本，附《校记》、《识语》各一卷。《太常因革礼》一百卷，宋苏洵等撰，光绪间广州局刻缪校本，附《校识》一卷。

《大清会典图说事例》一千一百三十二卷　嘉庆二十三年四次敕撰。殿本礼部印行。康熙三十三年、雍正五年、乾隆二十九年本，皆止《会典》一百卷，乾隆本增《则例》一百八十卷。坊行巾箱本单刻《会典》一百卷。【补】又光绪十二年五次敕撰《会典》一百卷，《会典事例》一千二百二十卷，《会典图》七十四册。殿本，涵芬楼石印原版本。

《大清通礼》五十四卷　道光四年敕修。殿本，贵阳重刻官本，乾隆二十一年本五十卷。【补】苏州局重刻道光四年本。

《皇朝礼器图式》二十八卷　乾隆二十四年敕撰，三十年校补。殿本。

《历代职官表》六十三卷　乾隆四十五年敕撰。殿本，三长物斋本。《提要》入职官，今附此。因会要旧入政书，此亦其类。

【补】光绪间广州局翻殿本。此书七十一卷,三长物斋刻黄本骧摘本止六卷。上海王氏重刻黄摘本。

《吾学录初编》二十四卷　吴荣光。广州刻本,武昌局本。【补】苏州局本。

> 以上政书类今制之属今日官书,如品级、处分、赋役、漕运、盐法、税则、学政、科场、枢政、军需、刑案、工程、物料、台规、仪象志,各部则例之属,各有专书,所司掌之,《四库》皆不著录。各省官司,以吏牍编纂成书者尤多,其纲要已具《会典》诸书,并散见《经世文编》中。【补】此所云今制,已成古制。民国以来之政制,当于法令、议案、报章、年鉴等种求之。

右政书类

谱录第十二

《崇文总目辑释》五卷,《补遗》一卷　宋王尧臣等。钱东垣等辑。汗筠斋本,粤雅堂重刻本。【补】常熟鲍廷爵刻后知不足斋本。南京龙蟠里图书馆藏钞本《崇文总目》六十六卷,止载书名,无解题。其书已尽括钱辑五卷本内,不如钱本。《宋秘书省续到四库阙书目考证》二卷,宋绍兴间官撰,湘潭叶德辉考证,光绪二十八年叶氏观古堂刻本。

宋衢州本《郡斋读书志》二十卷　汪士锺校刻本。此本善。【补】光绪间会稽章寿康刻本。光绪十年长沙思贤精舍刻王先谦校本,附赵氏《附志》二卷。王氏以袁本校衢本,尤善。

宋袁州本《郡斋读书志》四卷,《后志》二卷　宋晁公武。《考异》一卷,《附志》一卷　宋赵希弁。海宁陈氏刻本。【补】道光十年晁贻端刻本,故宫博物院影印宋本。

《子略》四卷,《目录》一卷　宋高似孙。学津本,百川本。【补】

照旷阁本即学津本。高似孙《史略》六卷,遵义黎庶昌《古逸丛书》覆宋刻本,其版今在苏州局。章学诚《史籍考》三百二十五卷,未刊,残稿藏美国国会图书馆,《叙录》、《总目》已刊在刘刻《章氏遗书》内。诸暨郑鹤声《正史汇目》不分卷,此编欲弥章书未行之憾,用意与实斋相似,有云南高等师范学校油印本。

《直斋书录解题》二十二卷　宋陈振孙。聚珍本,杭本,福本。【补】南昌局重刻聚珍本,苏州局本,光绪间富顺考隽堂刻巾箱本。

《四库全书总目提要》二百卷　乾隆四十七年敕撰。殿版大字本,杭州小字本,广州小字本。【补】广州小字本,同治七年广州局刻。乾隆间湖州沈氏刻小字本,福建翻殿本。上海大东书局缩印殿本,附《四库未收书目提要》五卷,《索引》四卷。周中孚《郑堂读书记》七十一卷,体例与《提要》相似,民国十年吴兴刘承幹刻《吴兴丛书》本。

《四库简明目录》二十卷　同上。翻阅较便。惟《四库》归存目者,《简明目录》无之,亦间有与《提要》不合者。【补】乾隆六十年湖州沈氏刻本,乾隆间谢启昆刻本,同治七年广州局刻本,坊刻通行本,又乾隆四十九年赵怀玉杭州刻本。仁和邵懿辰《四库简明目录校注》二十卷专记版本,《邵亭知见传本书目》多录自此书,宣统三年邵氏家刻本。

《四库未收书目提要》五卷　阮元。即《揅经室外集》。原刻本。一百七十五种。【补】广州局刻《揅经室全集》本。又光绪八年傅以礼校订本四卷,改题《揅经室经进书录》,刻入《七林堂校录汇函》。

《千顷堂书目》三十二卷　黄虞稷。孙星衍《孙祠书目》,未刊。【补】黄目乃《明史艺文志稿》,视《明史》尤精博,所附宋辽金元人书，则补四史之阙略者。此书旧但有传钞本，民国五年吴兴张钧衡刻入《适园丛书》。海宁王国维《千顷堂书目校本》，未刊。孙星衍《孙氏祠堂书目内编》四卷、《外编》三卷，嘉庆十五年金陵孙氏祠堂刻本，此云未刊，误。孙目重刻有德化李氏《木犀轩丛书》本。

《古今伪书考》一卷　姚际恒。知不足斋本。【补】长沙经济堂刻单行本，沔阳卢靖《慎始基斋丛书》本，又上海大东书局排印武进顾实重订本。明胡应麟《四部正讹》三卷，广州局刻《少室山房笔丛》本。

目录之学最要者，《汉书·艺文志》、《隋书·经籍志》、《经典释文·叙录》、《旧唐书·经籍志》、《新唐书》、《宋史》、《明史·艺文志》　【补】《经典释文》，江宁局刻，其《叙录》单行。正史《艺文》、《经籍志》六种，《补志》四种，日本人合刻为《八史经籍志》，光绪间镇海张寿荣重刻。补志亦要，已见正史类。吴县朱师辙《清史艺文志稿》四卷，民国十七年北京清史馆排印单行本。　《文献通考》中《经籍考》，虽非专书，尤为纲领。　朱彝尊《经义考》，极要，已入经部。　阮孝绪《七录序目》，　在《广宏明集》内及《续古文苑》。【补】亦在严可均《全梁文》内。　《文选注引书目》、　《文选理学权舆》卷二。　《太平御览引用书目》、　卷首。　《三国志注引书目》，　在赵翼《廿二史札记》内。　亦要。【补】此三种引书目，可补《隋志》所未备。《意林引书目》在宋洪迈《容斋续笔》及明胡应麟《少室山房笔丛》内。《太平广记引用书目》在本书卷首。北京大学研究所编《艺文类聚引用书目》一卷、《太平御览引用书目补遗》一卷、《太平广记引用书增订目录》一卷，并未刊。湘潭叶德辉《世说新语引用书目》一卷，长沙思贤书局王校《世说新语》附刻本。归安沈家本辑注《三国志注书目》二卷、《世说注书目》二卷、《续汉书注书目》三卷、《文选注书目》六卷，合称《古书目四种》，末一种未刊，余均刻入《沈寄簃先生遗书》乙编中。　宜都杨守敬《水经注》、《世说新语》、《齐民要术》、《初学记》引用书目四种，未刊，稿藏南城李氏宜秋馆。　　其余若遂初堂、明文渊阁、焦竑《经籍志》、菉竹堂、世善堂、绛云楼、述古堂、《敏求记》、天一阁、传是楼、汲古阁、季沧苇、《浙江采进遗书》、文瑞楼、爱日精庐各家书目，或略或误，或别有取义，乃藏书家所贵，非读书家所亟，皆非切要。　　坊行《汇刻书目》、《续书目》，亦可备览，但未详核，亦多芜杂，活字本尤劣。【补】《汇刻书目》不分卷，二十册，石门顾修编，仁和朱氏增补，通行本。又嘉庆间顾氏原刻本十卷，活字本附《续书目》二卷。上虞罗振玉《续汇刻书目》十卷，延平范氏双鱼堂刻本。《续汇刻书目》闰集，罗氏自刻本。《增订丛书举要》八十卷，杨守敬编，李之鼎增订，民国七年李氏南昌排印本，杨氏原刻止六十卷。顾、杨目皆《丛书汇目》。《书目举要》一卷，汉阳周贞亮、南城李之鼎同编，乃书目之书目，民国间李氏宜秋馆本。

以上谱录类书目之属此类各书，为读一切经史子集之途径。

《姓氏急就篇》二卷　宋王应麟并自注。《玉海》附刻本。

《元和姓纂》十八卷　唐林宝。嘉庆七年洪莹氏校刻本。【补】江宁局本。原本久佚，此从《永乐大典》辑出，书本十卷，《提要》著录作十八卷，歙县洪莹与孙星衍重校辑，仍分十卷。罗振玉《元和姓纂校勘记》二卷、《佚文》一卷，罗氏排印《雪堂丛刻》本。

《古今姓氏书辨证》四十卷，《校勘记》三卷　宋邓名世。守山阁本，又洪梧刻本。

《姓氏五书》 《姓韵》、《辽金元三史姓录附西夏姓》、《姓名寻源》、《姓氏辨误》、《古今姓氏书目考证》。张澍。止刻《寻源》、《辨误》两种。

《史姓韵编》六十四卷 汪辉祖。家刻本,江宁活字版本。【补】慈溪冯氏校刻本,石印本。持此书以检正史列传极便捷。

《九史同姓名略》七十二卷,《补遗》四卷 汪辉祖。家刻本。《古今同姓名录》二卷,旧题梁元帝撰,唐陆善经《续》,元叶森《补》,《函海》本。【补】汪书广州局重刻本。崇川刘长华《历代同姓名录》二十三卷,槐云阁刻本。

《辽金元三史同名录》四十卷 汪辉祖。家刻本。【补】广州局重刻本。

《名疑》四卷 明陈士元。借月山房本。【补】《泽古丛钞》本,《指海》续刻本,皆借月山房版。《归云别集》本,武昌局刻《湖北丛书》本。

《避讳录》五卷 黄本骥。三长物斋本。此书尚略。周广业《经史避名汇考》四十六卷,未刊。【补】莆田周榘《廿二史讳略》一卷,光绪间仁和葛元煦刻《啸园丛书》本。南海陈垣《史讳举例》不分卷,民国十七年排印入《燕京学报》。」

〔以上姓名之属〕

《周公年表》一卷 牟廷相。福山王氏刻本。【补】会稽赵之谦刻单行本,贵池刘世珩刻《聚学轩丛书》本。

《孔孟年表》二卷 林春溥。《竹柏山房十一种》本。

《颐志斋四谱》四卷 丁晏。六艺堂自刻本。郑君、陈思王、陶靖节、陆宣公。孙星衍、阮元皆有《郑康成年谱》刻本。【补】为郑君表谱者,尚有沈可培、王鸣盛、孙星衍、袁钧、陈鳣、洪颐煊、侯登岸、郑珍诸家。沈谱《昭代丛书》壬集本,王表在《蛾术编》内,孙谱附《高密遗书》后，袁纪年附《郑氏佚书》后。洪、侯谱，刻本。郑谱在《郑学录》内。陈谱未见。林春溥《郑大司农、蔡中郎年谱合表》一卷，以沈可培、王昶二家所编为蓝本，光绪九年侯官杨浚刻本。海宁王国维《太史公系年考略》一卷，民国五年上海广仓学宭排印本，亦在《观堂集林》内。安化陶澍、新会梁启超亦有《陶靖节年谱》，皆就宋人所编加以订正，澍谱附《渊明集辑注》后，梁谱有排印本。平定张佩芳、新城杨希闵皆有《陆宣公年谱》，张谱附《翰苑集注》后，杨谱杨氏《十五家年谱》本，光绪四年福州刻。

《韩柳年谱》八卷　宋吕大防《文公集年谱》一卷，宋程俱《韩文公历官纪》一卷，宋洪兴祖《韩子年谱》五卷，宋文安礼《柳先生年谱》一卷。马曰璐合刻本，粤雅堂本。【补】顾栋高《司马温公年谱》八卷、《谱后》一卷、《遗事》一卷，吴兴刘承幹刻《求恕斋丛书》本。又陈宏谟《温公谱》，在《司马文正公传家集》内。金溪蔡上翔《王荆公年谱》二十五卷、《杂录》二卷，梁启超《王荆公传》多据是书，乾嘉间原刻本。又顾栋高《荆公谱》，求恕斋本。

《朱子年谱》四卷，《考异》四卷，《附录》二卷　王懋竑。家刻本，粤雅堂本。【补】道光间江宁重刻本，武昌局本，杭州局本。远胜宋明人所撰。或云王谱事实太略，明李默五卷本亦不可废。

《重编陆象山年谱》二卷　李绂编。刻本。

洪文惠、洪文敏、陆放翁、王伯厚、王弇州《年谱》各一卷　钱大昕。潜研堂本。【补】光绪十年湖南龙氏重刻本。稻香吟馆刻本，书名作《屏守斋所编年谱五种》。泾县洪汝奎亦编刻《洪文惠、洪文敏年谱》，与《洪忠宣、洪文安年谱》合称《四洪年谱》，洪氏晦木斋本。赵翼《陆放翁年谱》，未见传本。鄞县陈仅《王深宁年谱》一卷，《陈余山丛书》本，《四明文献集》本。仁和张大昌

《王伯厚年谱》一卷，杭州局刻，附《玉海》后。

《顾亭林年谱》四卷，《阎潜邱年谱》四卷　张穆。合刻原本，粤雅堂本。【补】吴兴刘承幹《嘉业堂丛书》单刻张穆《顾亭林年谱》。张氏以前，顾衍、吴映奎、车守谦、胡虔、周中孚、徐松诸人，亦撰顾谱，胡、周、徐未刊，余有刻本，皆不如张。段玉裁《戴东原先生年谱》一卷，段氏经韵楼本，《四部丛刊》影印段刻本，宣统间渭南严氏重刻本，皆附《东原集》后。桐城郑福照《姚惜抱先生年谱》一卷，同治七年刻本。钱大昕自订《竹汀居士年谱》一卷，曾孙庆曾注，杭州局刻，附《十驾斋养新录》后。绩溪胡适《章实斋先生年谱》□卷，民国十一年涵芬楼排印本。胡编此谱，未及见刘刻《遗书》，采撷尚有未备。淮阴范耕研《章实斋年谱》，未刊。

《杜工部诗年谱》，　宋鲁訔原本，今为各注家以意更定。　附集内。《苏文忠公年谱总案》，　王文诰。　附《苏诗编注集成》内。其余前代闻人，国朝人多为编定年谱，或附集，或单行，不备录。【补】钱大昕《疑年录》四卷、海盐吴修《续》四卷，记汉以来学人生卒年寿，嘉庆十八年吴修刻本，粤雅堂本，光绪间福山王懿荣天壤阁重刻本，常熟顾湘《小石山房丛书》本。《疑年录》并续者五六家，武进张惟骧合编为《疑年录汇编》十六卷，附《分韵人表》一卷，有民国十四年刻本。吴荣光《历代名人年谱》十卷，乃未成之书，亦可备考，原刻本，北京重刻本。坊行《人名大辞典》，可备检查。」

〔以上年谱之属〕

以上谱录类姓名、年谱之属

《竹谱》一卷　六朝宋戴凯之。《汉魏丛书》本。【补】《百川学海》本，《龙威秘书》本，《湖北先正遗书》本。

《茶经》三卷　唐陆羽。学津本,百川本。

《北山酒经》三卷　宋朱翼中。知不足斋本。

《广群芳谱》一百卷　康熙四十七年敕撰。殿本,重刻通行本。
　　【补】《群芳谱》三十卷,明王象晋撰。固始吴其濬《植物名实图
　　考前编》三十八卷、《长编》二十二卷,道光间蒙自陆应穀校刻,山
　　西濬文书局补印本,涵芬楼排印本。

《奇器图说》一卷　明邓玉函。　《诸器图说》一卷　明王徵。
　　守山阁本,通行本。【补】邓玉函,西洋日耳曼人。

　　以上谱录类名物之属

　　右谱录类依《隋书·经籍志》入史部。

金石第十三　金石之学,今为专家,依郑夹漈例,别出一
门。无考证者不录,疏舛者不录。

《集古录跋尾》十卷　宋欧阳修,《目》五卷　欧阳棐。三长物斋
　　合刻本,《跋尾》附集本。【补】光绪间吴县朱记荣《金石丛书》重
　　刻三长物斋本。何焯校本,未刊,写本旧藏丰顺丁氏持静斋。江阴
　　缪荃孙辑宋欧阳棐《集古录目》十卷,自刻《云自在龛丛书》本。

《金石录》三十卷　宋赵明诚。雅雨堂本,又三长物斋本。凡欧录
　　所有者,旁加墨圈,便于检核。欧、赵二书,其要在目录,故列目
　　录之属。【补】朱记荣重刻三长物斋本。光绪三十一年仁和朱氏
　　结一庐重刻汲古阁本,附江阴缪荃孙《札记》一卷,今存《碑目》
　　一卷。此版今归吴兴刘氏,编入《嘉业堂丛书》。

《金石录补》二十七卷,《续跋》七卷　叶奕包。《涉闻梓旧》
　　本。【补】朱记荣重刻本。

《舆地碑记目》四卷　宋王象之。潘氏滂喜斋刻本。【补】道光十

年上元车氏刻本,永康胡凤丹刻《金华丛书》本,粤雅堂续刻本。

《蜀碑记》一卷　宋王象之。永康胡氏刻《金华丛书》本。《函海》内《蜀碑记补》,不善。

《宝刻丛编》二十卷　宋陈思。翁刻本。【补】道光间海丰吴式芬刻本,光绪间归安陆心源刻《十万卷楼丛书》本。

《宝刻类编》八卷　宋阙名。刘喜海刻本。【补】粤雅堂续刻本。

《寰宇访碑录》十二卷　孙星衍、邢澍。平津馆本。【补】苏州局本,朱记荣刻本。上虞罗振玉《寰宇访碑录刊谬》一卷,自刻本。

《寰宇访碑录补》十二卷　今人。自刻本。【补】此书五卷,附《佚编》一卷,会稽赵之谦撰。朱记荣重刻本。缪荃孙《寰宇访碑续录》不分卷、宜都杨守敬《续寰宇访碑录》十二卷,未刊。海丰吴式芬《攈古录》二十卷,自刻本。

《金石萃编》一百二十七卷　王昶。原刻本。严可均编《平津馆金石萃编正续》三十一卷,未刊。【补】王书一百六十卷,民国十年上海扫叶山房石印小字本。严书吴兴刘氏希古楼刻,未毕工。王昶《金石萃编未刻稿》三卷,民国七年罗振玉石印钞本。罗振玉《金石萃编校字记》一卷,光绪十一年自刻本。黄本骥《金石萃编补目》三卷,贵池刘世珩刻《聚学轩丛书》本。大兴方履籛《金石萃编补正》四卷,附《渑池》、《新郑》、《鹿邑碑目》,光绪甲午石印本,民国十年上海扫叶山房石印本。仁和王言《金石萃编补略》二卷,光绪八年刻本。武进陆耀遹《金石续编》二十一卷,太仓陆增祥刻本,上虞罗振玉重刻本,民国十年上海扫叶山房石印小字本。归安陆心源《金石续编》二百卷,家刻本。太仓陆增祥《八琼室金石补正》一百三十卷、《目录》三卷,附《金石札记》四卷、《金石祛伪》一卷、元《金石偶存》一卷,民国十四年吴兴刘氏刻《希古楼丛书》本。

《两汉金石记》二十二卷　翁方纲。《苏斋丛书》本。以上二书，兼目录、文字。【补】《汉石存目》二卷，《魏晋石存目》一卷，福山王懿荣编，诸城尹彭寿、上虞罗振玉补，罗氏排印《雪堂丛刻》本。黄本骥《元碑存目》一卷，《聚学轩丛书》本。海宁王国维《宋代金文著录表》一卷、《国朝金文著录表》六卷，《雪堂丛刻》本，王氏排印《观堂遗书》本。

《潜研堂金石目》八卷　钱大昕。潜研堂本。【补】光绪间长沙龙氏重刻本。江阴缪荃孙《艺风堂金石目》十八卷，光绪三十二年刻本。

《金石学》□卷　国朝人。原刻本。记近人为金石之学者。【补】"国朝人"，《书目答问》原刻后印本改作"李遇孙"三字。李书四卷，名《金石学录》，乃记古今人为金石之学者，丹徒刘氏刊行，上海神州国光社有《古学汇刊》排印本。陆心源《金石学录补》四卷，光绪间家刻本。余杭褚德彝《金石学录续编》二卷、《拾遗》一卷，民国间活字本。

以上金石目录之属

《考古图》十卷，《续图》五卷，《释音》五卷　宋吕大防。通行本。【补】《考古图》一作宋吕大临撰。《续图》宋人撰，阙名。《释文》一卷，宋赵九成，此作《释音》五卷，误。乾隆十八年天都黄晟亦政堂刻本无《续》五卷，附元朱德润《集古玉图》二卷。归安陆心源十万卷楼刻《续考古图》五卷、《释文》一卷。

《宣和博古图》三十卷　宋王黼等。通行本。【补】黄氏亦政堂刻本。

《王复斋钟鼎款识》一卷　阮刻本，叶氏重刻本。【补】影印阮刻本。

《啸堂集古录》二卷　宋王俅。明刻本。摹篆形,故列此。【补】
嘉庆十七年张蓉镜醉经堂刻本,附《考异》一卷,涵芬楼《续古逸
丛书》影印宋淳熙刻本。

《西清古鉴》四十卷　乾隆十四年敕撰。殿本。【补】乾隆十四年
敕撰。日本翻殿本,坊间石印本,铜版仿殿本。《宁寿鉴古》十六
卷,《西清续鉴》甲编二十卷,《附录》一卷,并乾隆间敕撰。涵芬
楼影印清内府写本,又乙编,未刊。

《金石经眼录》一卷　褚峻图,牛运震说。原刻本。即《金石图》
上卷。【补】《金石图》四卷,贵池刘世珩刻本。

《金石苑》　无卷数。刘喜海。自刻本。【补】贵池刘世珩刻本,石
印本。瞿中溶《汉武梁祠画像考》八卷,吴兴刘氏《希古楼金石丛
书》本。

《钱录》十六卷　乾隆十六年敕撰。殿本。严可均《古今钱图》三
十卷,钱东垣《钱志》二卷,钱侗《历代钱币图考》二十卷、《古钱
待访录》二卷,未刊。【补】《钱录》金壶本,亦附《西清古鉴》后。
利津李佐贤《古泉汇》六十卷、《续》十四卷、《补遗》二卷,同治三
年家刻本。华亭马昂《货布文字考》四卷,道光二十二年金山钱
氏兰隐园刻本,民国十三年上虞罗振玉重印本。元和蔡云《癖
谈》六卷,道光七年苏州刻本,《式训堂丛书》本。杨守敬《古泉
薮》,原拓本。罗振玉《四朝宝钞图录》一卷,玻璃版影印本。

薛、阮、吴诸家款识,已入经部小学类

《小蓬莱阁金石文字》　无卷数。黄易。自刻本。【补】宜都杨
守敬重刻本。

《随轩金石文字》九种　无卷数。徐渭仁。自刻本。【补】钱坫
《十六长乐堂古器款识考》四卷,嘉庆元年自刻本。海盐张廷
济《清仪阁集古款识》一卷,东武刘氏《款识》一卷,并涵芬楼

影印写本。嘉兴徐同柏《从古堂款识学》十六卷，同文书局影印写本。海丰吴式芬《攈古录金文》三卷，自刻本。潍县陈介祺《簠斋吉金录》不分卷，上海神州国光社影印本。吴县潘祖荫《攀古楼彝器款识》不分卷，原刻本。吴县吴大澂《恒轩吉金录》不分卷，光绪十一年刻本；《愙斋集古录》附《释文賸稿》，涵芬楼影印原拓本。涥阳端方《匋斋吉金录》八卷，《续录》二卷，上海有正书局影印本。嘉鱼刘心源《奇觚室吉金文述》二十卷，影印本。杭县邹安《周金文存》六卷，上海广仓学宭玻璃版印《艺术丛编》本。罗振玉《殷文存》二卷，《殷墟古器物图录》一卷，《古器物范图录》三卷，《古明器图录》四卷，并《艺术丛编》本；《梦郼草堂吉金图》三卷，《续编》一卷，《隋唐以来官印集存》三卷，《齐鲁封泥集存》一卷，《历代符牌录》三卷，《后录》一卷，《古镜图录》三卷，并罗氏自印玻璃版本。东莞容庚《宝蕴楼彝器图录》不分卷，燕京大学玻璃版影印拓本。开封关百益《新郑古器图录》不分卷，二册，民国十八年玻璃版影印拓本。

以上金石图象之属缩摹百汉碑砚石刻拓本，较褚图为详，可考汉刻原式，非玩物也。

《古刻丛钞》一卷　明陶宗仪。平津馆本，读画斋本。【补】知不足斋本，光绪间葛氏学古斋刻《金石丛书》本。

《金薤琳琅》二十卷　明都穆。【补】乾隆四十三年卢文弨校刻本，葛氏学古斋刻本。

《石墨镌华》六卷，《附录》二卷　明赵崡。知不足斋本。【补】葛氏学古斋刻本。

《古志石华》三十卷　黄本骥。三长物斋本。

《金石存》十六卷　吴玉搢。道光刻本。【补】李调元刻,在《函海》内。嘉庆二十四年山阳李宗昉闻妙香室刻本,善。影印嘉庆刻本。

《金石文字记》六卷　顾炎武。《亭林遗书》本,借月山房本,《指海》本。【补】葛氏学古斋刻本。

《潜研堂金石跋尾》二十五卷　钱大昕。潜研堂本。钱师徵《金石文字管见录》二卷,未刊。

《金石三跋》十卷　武亿。授经堂本。【补】武亿《授经堂金石续跋》十四卷,嘉庆元年授经堂本。

《铁桥金石跋》四卷　严可均。《铁桥漫稿》内。【补】贵池刘世珩刻《聚学轩丛书》本。

《平津读碑记》八卷,《续记》一卷,《再续》一卷,《三续》二卷　洪颐煊。传经堂本。【补】光绪间德化李氏木犀轩、吴县朱氏槐庐皆刻正续九卷。

《古墨斋金石文跋》六卷　赵绍祖。《续泾川丛书》本。瞿中溶《官印考证》□卷,家刻本,未毕工。【补】赵书贵池刘世珩刻《聚学轩丛书》本。瞿中溶《集古官印考证》七卷,附《符考》一卷,光绪十五年刻成,近年东方学会有重印铅字本。《封泥考略》十卷,海丰吴式芬、潍县陈介祺同撰,光绪三十年上海石印本。

《秦汉瓦当文字》一卷　程敦。乾隆丁未刻本。【补】此书二卷,又《续》一卷。罗振玉《秦汉瓦当文字》五卷,自刻。临海宋经畬《砖文考略》四卷,上海广仓学窘排印本。

《吉金所见录》十六卷　祁书龄。嘉庆己卯刻本。钱坫《镜铭集录》四卷,钱东垣《丰宫瓦当文考》一卷,钱师徵《汉玉刚卯考》一卷,未刊。【补】《吉金所见录》乃钱谱,初尚龄撰,嘉庆己卯初氏家刻本,此作祁书龄,误。钱坫《浣花拜石轩镜铭集录》二卷,钱东垣《丰宫瓦当文考》一卷，并嘉庆间刻本，此云未刊，误。《镜铭集录》，近年有海宁陈氏编《百一庐金石丛书》影印原刻本。罗振玉《殷商贞卜文字考》一卷，宣统二年石印本。王国维《殷卜辞中所见先公先王考》一卷、《续考》一卷，上海广仓学宭排印本，亦在《观堂集林》内。《流沙坠简》三卷、《考释》三卷、《补遗》一卷，罗振玉、王国维同编释，宣统间罗氏玻璃版影印本。王国维《简牍检署考》一卷，罗氏《云窗丛刻》本，王氏《观堂遗书》本。龟甲、竹简，非金石，附此。

附录国朝各省金石书精审者 皆举有刻本者，其止考一碑者不录，目列后。

《京畿金石考》上下卷 孙星衍。【补】岱南阁刻单行本，道光间惜阴轩刻本，光绪间滂喜斋刻本，朱记荣刻本。 《江左石刻文编》□卷。 韩履卿。【补】十卷。韩氏名崶，字履卿，元和人。此书未刊，稿藏闽侯林氏石庐。缪荃孙《江苏金石志》二十四卷、《待访目》二卷，民国十六年石印，江苏通志稿单行本。 《两浙金石志》十八卷，《补遗》一卷 阮元。【补】道光间广州原刊本，光绪间杭州局重刻本。罗振玉《两浙佚金佚石集存》一卷，影印拓本。会稽顾燮光《两浙金石别录》三卷，石印本。钱塘丁敬《武林金石记》十卷，活字本。陆心源《吴兴金石记》十六卷，家刻本。乌程张鉴《墨妙亭碑目考》五卷，江苏局本。李遇孙《括苍金石志》十二卷、《续》四卷，同治间刻本，又道光间原刻本无续。海宁邹伯森《括苍金石志补遗》四卷，刘氏《聚学轩丛书》本。嘉善戴咸弼《东瓯金石志》十二卷，光绪八年瑞安孙衣言刻《永嘉丛书》本。临海黄瑞《台州金石录》十三卷、《砖录》五卷、《阙访》四卷，吴兴刘氏《嘉业堂丛书》本。海宁邹伯森《严州金石志》二卷，吴兴刘氏《嘉业堂丛书》本。　《湖北金石诗》一卷　严观。《连筠簃丛书》。意在考据。【补】蕲州陈诗《湖北金石存佚考》二十二卷，嘉庆二十四年江汉书院刻本。缪荃孙《湖北金石志》十四卷，附省志。　《中州金石记》五卷　毕沅。《经训堂丛书》。【补】归安姚晏《中州金石目》四卷、《补遗》一卷，咫进斋本。商城杨铎《中州金石目录》八卷，原刻本，南陵徐乃昌刻《积学斋丛书》本。祥符常茂徕《洛阳石刻录》一卷，罗氏排印《雪堂丛刻》本。罗振玉《洛阳存古阁藏石目》一卷，《雪堂丛刻》本。　《山左金石志》二十四卷。　毕沅、阮元同撰。《文选楼丛书》。【补】益都段松苓《山左碑目》四卷，光绪间武进李氏刻《圣译楼丛书》本。诸城尹彭寿《山左南北朝石刻存目》一卷，元和江标刻《灵鹣阁丛书》本。曲阜孔昭薰《至圣林庙碑目》六卷，南陵徐氏刻本。曲阜孔祥霖《曲阜碑碣考》四卷，排印本。　《关中金石记》八卷　毕沅。《经训堂丛书》。【补】渭南焦氏刻本。　《关中金石附记》一卷　焦汝霖。【补】此书渭南蔡汝霖撰，焦氏刻，附毕沅《关中金石记》后。黄本骥《隋唐石刻拾遗》二卷，补毕书之遗，刘氏聚学轩本。《雍州金石记》十卷　朱枫。【补】原刻本，惜阴轩本。甘泉毛凤枝《关中金石文字存逸考》十二卷，会稽顾氏刻本。侯官林侗《唐昭陵石迹考略》五卷，粤雅堂续刻本，石埭徐氏《观自得斋丛书》本。罗振玉《唐昭陵碑录》三卷、《校录杂记》一卷、《补》一卷，自刻本，又番禺沈氏刻《晨风阁丛书》本。长洲叶昌炽《邠州石室录》三卷，刘氏《希古楼金石丛书》本。　《粤东金石略》十二卷　翁方纲。《苏斋丛书》。《粤东金石略》十六卷　阮元。省志内抽印别行。　《粤西金石略》十六卷　谢启昆。省志内抽印别行。　《滇南古金石录》二十四卷　阮福。【补】单行本。　《常山贞石志》二十四

卷　沈涛。【补】《聚学轩丛书》本，灵溪精舍本。　《江宁金石考》十二卷　严观。【补】严观《江宁金石记》八卷、《待访目》二卷，嘉庆间赐书堂刻本，江宁局刻本。此作《金石考》，误。孙彤《江宁金石待访录》四卷，《问经堂丛书》本。　《泾川金石记》一卷。　赵良澍。《续泾川丛书》。【补】此书赵绍祖撰，《聚学轩丛书》本。　《金石文钞》八卷　赵绍祖。【补】嘉庆间古墨斋自刻本。《续钞》二卷，续刻本。是书意在续都氏《金薤琳琅》，所录不限一地，不应列此。　《会稽金石志》六卷　杜□□。【补】山阴杜春生《越中金石记》十二卷，家刻本。此但著杜氏，未详其名，书名、卷数又异，不知即春生书否。　《安阳金石录》十六卷　武亿。附县志。【补】止十二卷，抽印本。　《偃师金石录》□卷　武亿。附县志。【补】二卷。武别有定本十六卷，号《偃师金石遗文补录》，秀水王复《续补》，单行刻本。　《浚县金石录》上下卷　熊象阶。【补】原刻本。　《益都金石记》□卷　段赤亭。【补】四卷，光绪九年丁氏刻本。段氏名松苓，字赤亭。　《南汉金石志》二卷　吴兰修。《岭南遗书》。赵绍祖《安徽金石文编》八卷，瞿中溶《吴郡金石志》，钱大昭《嘉定金石文字记》四卷，未见传本。【补】吴兰修《南汉金石志》，《翠琅玕馆丛书》本。赵绍祖《安徽金石略》十卷，《聚学轩丛书》本。瞿中溶《湖南金石志》二十卷，省志内抽印别行。又光绪重修《湖南通志》内《金石志》，视瞿氏有增补，乃太仓陆增祥重纂。天门胡聘之《山右石刻丛编》四十卷，原刻本。高邮夏保晋《山右金石录》二卷，归安石氏刻本。《山右金石记》十卷，省志内抽印别行，不著撰人。会稽顾燮光《河朔新碑目》三卷，附《河南古物调查表正误》一卷，石印本。罗振玉《芒洛冢墓遗文》三卷，玻璃版印《云窗丛刻》本。刘喜海《三巴金石苑》不分卷，来凤阁原刻本，上海石印本。是书一名《三巴香古志》，乃刘撰《金石苑》全书中之一种，全书未尽刊行，稿藏上海涵芬楼。临桂况周颐《万县西南山石刻记》三卷，自刻本。冯登府《闽中金石志》十四卷，吴兴刘承幹希古楼刻本。晋江陈棨仁《闽中金石略》十五卷，未刊，稿藏闽侯林氏石庐。新城王树枏《新疆访古录》二卷，排印本。元和江标《和林金石录》一卷，自刻《灵鹣阁丛书》本。程祖庆《吴郡金石目》一卷，滂喜斋本。罗振玉《楚州金石录》一卷，石印本。《西陲石刻录》二卷、《后录》一卷，罗氏自刻本。《三韩冢墓遗文目录》一卷，《雪堂丛刻》本。《海外贞珉录》一卷，记中国石刻之流传海外者，《雪堂丛刻》本。以上三种并罗振玉撰。刘喜海《海东金石苑》八卷，《补遗》六卷，《附录》二卷，记录朝鲜金石，吴兴刘承幹希古楼刻本。又歙县鲍康观古阁刻本一卷，止刊跋语，未录金石全文，非完帙。德清傅云龙《日本金石志》五卷，载傅氏《游历日本图经》内。

考石经者，已入经部石经类。《隶释》、《隶续》、《汉隶字原》已入经部小学类。

以上金石文字之属

《金石例》十卷　元潘昂霄。【补】南陵徐乃昌影元至正鄱阳刻本，附《札记》一卷。

《墓铭举例》四卷　明王行。乾隆丙子王颖锐刻本。

《金石要例》一卷　黄宗羲。王颖锐刻本，借月山房本。以上通名《金石三例》，雅雨堂合刻本，小玲珑山馆本，嘉庆辛未郝懿行重刻本。【补】《金石三例》，光绪间读有用书斋刻本，《式训堂丛书》本。以上三种与郭麐《金石例补》合刻，通名《金石四例》，道光间李瑶刻本，光绪间冯氏刻本。朱记荣刻《金石全例》十一种，以上三种亦在其内。

《志铭广例》二卷　梁玉绳。《清白士集》本。【补】《式训堂丛书》本，坊间易名《校经山房丛书》。朱氏《金石全例》本，即式训堂版。

《碑版广例》十卷　王芑孙。自刻本。【补】《金石全例》本。

《金石例补》二卷　郭麐。《灵芬馆集》本。【补】道光间李瑶刻《金石四例》本，光绪间冯氏刻《金石四例》本，《式训堂丛书》本，朱氏《金石全例》本。

《汉石例》六卷　刘宝楠。连筠簃刻本，山东单刻本。【补】《金石全例》本。

《汉魏六朝墓铭纂例》四卷　李富孙。别下斋本。【补】《金石全例》本。

《金石综例》四卷　冯登府。自刻本。　《汉魏六朝志墓金石例》三卷，附《唐人志墓诸例》一卷　吴镐。道光己酉顾氏玲珑山馆本。【补】冯书《金石全例》本。吴书太仓张氏刻本，常熟鲍氏后知不足斋。常熟鲍振方《金石订例》四卷，后知不足斋本。梁廷枏《金石称例》四卷、《续》一卷，自著有《藤花亭十种》本。《金石全例》本。长洲叶昌炽《语石》十卷，论列古今石刻，极有条理。宣统元年自刻本。

　　以上金石义例之属

　右金石类

史评第十四

《史通通释》二十卷　唐刘知几。浦起龙释。原刻本。黄叔琳《史通训故补》二十卷，原刻本，亦可。【补】《通释》，上海文瑞楼影印原刻本。又《四部丛刊》影印明万历间张鼎思刻《史通》二十卷，无注，附录何焯、顾广圻校语，为《札记》一卷。象山陈汉章《史通补释》二卷，未刊。

《唐书直笔》四卷　宋吕夏卿。聚珍本，福本。【补】嘉庆间桐乡金德舆桐华馆刻本，吴兴张钧衡择是居影刻宋钞本，附《札记》。

《旧闻证误》四卷　宋李心传。《函海》本。【补】原本十五卷，久佚，此自《永乐大典》辑出。金氏桐华馆刻本，仪征张丙炎刻《榕园丛书》本，江阴缪荃孙刻《藕香零拾》本，附《佚文》一卷。

《史纠》六卷　明朱明镐。《函海》本。【补】金氏桐华馆刻本。

《文史通义》八卷，《校雠通义》三卷　章学诚。原刻本，粤雅堂本。以史法为主，间及他文字。【补】原刻本，道光十二年章华绂刻于开封，其版今归杭州局。道光间山阴杜氏翻原刻本。光绪三年华阳王秉恩贵阳校刻本，今版在山阴徐氏。光绪二十四年长沙坊刻本，民国十四年成都志古堂刻本。又光绪间元和江标灵鹣阁刻《文史通义补编》一卷。光绪二十四年丰城余氏宝墨斋合刻《文史通义正补编》九卷、《校雠通义》三卷。民国十一年吴兴刘承幹嘉业堂刻《章氏遗书》五十二卷，内《文史通义》九卷、《校雠通义》四卷、《方志略例》二卷，此本最足。《章氏遗书》，民国间杭州局排印本，二十四卷，收罗章氏著述，不如刘刻之备。《通义》外文字亦以论史法者为多，故补于此。

　　以上论史法

《涉史随笔》一卷　宋葛洪。知不足斋本，《金华丛书》本。【补】满洲荣誉刻《得月簃丛书》本。

《东莱博议》二十五卷　宋吕祖谦。道光己亥钱塘瞿氏重刻足本，《金华丛书》重刻瞿本足本，坊本未足。【补】贵池刘世珩宜春堂覆宋巾箱本。

《两汉解疑》二卷　明唐顺之。借月山房本。【补】《学海类编》本。

《三国杂事》一卷　宋唐庚。《函海》本。【补】《学海类编》本,石门顾修刻《读画斋丛书》本,江夏刘氏刻本。

《两晋解疑》一卷　明唐顺之。借月山房本。【补】《学海类编》本。

《唐鉴》二十四卷　宋范祖禹。吕祖谦注。明刻本,成都局本,武昌局本。【补】杭州局本,《金华丛书》本附《考异》一卷。

《唐史论断》三卷　宋孙甫。聚珍本,福本,粤雅堂本,珠尘本,学津本。【补】《学海类编》本,金氏桐华馆本,江夏刘氏刻本,吴兴张氏择是居影刻宋钞本。

《新旧唐书杂论》一卷　明李东阳。借月山房本。

《明史断略》一卷　借月山房本。【补】《琅琊山馆丛书》本。此书不著撰人名氏,殆明之遗民所作。」

〔以上断代为论〕

《御批通鉴辑览》一百二十卷　乾隆三十二年。互见编年类。以下论全史以御批为主,故史评亦恭录。

《读通鉴论》三十卷,《宋论》十五卷　王夫之。《船山遗书》本。

《空山堂十七史论》□卷　牛运震。自刻本。【补】十五卷。此书一名《读史纠谬》。

《史林测义》三十八卷　计大受。自刻本。」

〔以上统论〕

以上论史事史论最忌空谈苟论,略举博通者数种。宋人《历代名贤确论》一百卷,明刻本,今罕见。

右史评类

书目答问补正卷三　子部

周秦诸子，皆自成一家学术，后世群书，其不能归入经史者，强附子部，名似而实非也。若分类各冠其首，愈变愈歧，势难统摄。今画周秦诸子聚列于首，以便初学寻览，汉后诸家，仍依类条列之。此类若周秦诸子及唐以前儒家议论经济之属，宋以前儒家考订之属，唐以前之杂家、释、道家，宋以前之小说家，多在通行诸丛书内，此举善本。

周秦诸子第一　依四库次第，名、墨、纵横、杂合为一类。

秦以前诸子姓名不录。

《荀子》杨倞注二十卷　谢墉校本。通行苏州王氏刻《十子全书》本，即谢校本。儒。【补】杨倞，唐人。谢校出卢文弨手。杭州局《二十二子》本，定州王氏《畿辅丛书》本，皆据谢本重刊。杭州局《二十二子》，宝庆三味书坊皆有翻本。遵义黎氏《古逸丛书》覆宋台州刻本，其版今在苏州局。《四部丛刊》影印《古逸丛书》本。宋钱佃《荀子考异》一卷，江阴缪荃孙覆宋刻本，今版归吴兴张氏，汇入《择是居丛书》。中国学会辑印《周秦诸子斠注十种》，影印缪覆刻《对雨楼丛书》本。

《荀子补注》一卷　郝懿行。《郝氏遗书》本。【补】此书二卷。《齐鲁先哲遗书》本。中国学会辑印《周秦诸子斠注十种》，影印

153

《齐鲁先哲遗书》本。刘台拱《荀子补注》一卷,《端临遗书》本,中国学会影印本。长沙王先谦《荀子集解》二十一卷,已括上举二书在内,并录王念孙父子、刘台拱、陈奂、俞樾、郭嵩焘诸家校注,汇为一编,甚便学者。有光绪十七年长沙刻本,民国间涵芬楼影印本,光绪间坊间影印巾箱本。瑞安孙诒让校《荀子》二十九则,在《札迻》内。仪征刘师培《荀子补释》四卷,自刻本,亦载《国粹学报》;又辑《荀子逸文》一卷。

《孔丛子》七卷 浙江新刻影宋巾箱本,《汉魏丛书》本三卷。儒。有依托,不尽伪。【补】七卷本有宋宋咸注。《指海》续刻本七卷,《四部丛刊》影印明翻宋本七卷,潮州郑氏龙溪精舍重刻《汉魏丛书》本三卷。

《孙子》魏武帝注三卷 平津馆校本。兵。

《孙子十家注》十三卷 岱南阁校本。【补】此本孙星衍据《道藏》本重刊,附《叙录》一卷、《遗说》一卷。杭州局《二十二子》重刻孙本,涵芬楼《道藏举要》影印《道藏》本,《四部丛刊》影印明嘉靖谈恺刻本。

《吴子》一卷 平津馆校本。兵。【补】此本二卷,孙星衍据宋本影刻。新昌庄肇麟长恩书室刻本一卷。

《司马法》三卷,附《逸文》 《指海》本,又邢澍辑注浙江刻本,又平津馆本一卷。兵。【补】平津馆本孙星衍据宋本影刻三卷,非一卷。长恩书室重刻平津馆本,张澍二西堂校刻本一卷,江宁局仿宋本。吴县曹元忠辑《司马法古注》三卷,附《音义》一卷,光绪十八年自刻本。定海黄以周《司马法考征》二卷,杭州局本。

《六韬》六卷 平津馆校本。兵。【补】长恩书室重刻平津馆本。以上三种,《四部丛刊》皆有影印影宋钞本。

《管子》尹知章注廿四卷　旧题唐房玄龄注。明赵用贤校本,即管、韩合刻本,附刘绩《补注》。《十子》本同上,但多评语,不善。【补】法。《汉志》,《管子》列道家。尹知章,唐人。杭州局《二十二子》重刻明赵用贤本,光绪间张瑛覆宋绍兴间杨忱刻本,沔阳卢靖《湖北先正遗书》影印明刻刘绩《补注》本,《四部丛刊》影印宋杨忱刻本。

《管子义证》八卷　洪颐煊。传经堂本。【补】光绪间南陵徐乃昌积学斋重刻本。德清戴望《管子校正》二十六卷,家刻本,上海中国书店《清代学术丛书》影印本。宋翔凤《管子识误》一卷,原刻本,中国学会《周秦诸子斠注十种》影印。张佩纶《管子学》不分卷,十二册,影印原稿本。淮阴范耕研《管子集证》二十六卷,采王念孙父子、孙星衍、洪颐煊、戴望、张文虎、俞樾、孙诒让、刘师培、章炳麟诸家说,并附己见,其书未刊。

《弟子职集解》一卷　庄述祖。《珍艺宧遗书》本,遵义唐氏重刻本。即《管子》之一篇。【补】此篇《汉志》列六艺孝经家,此列子部,宜为儒。苏州局本,端溪书院本,章氏式训堂本,朱氏槐庐本,以上皆重刻珍艺宧本。又贵筑黄彭年校刻本,附《考释》、《释音》各一卷。

《弟子职正音》一卷　王筠。《鄂宰四种》本。【补】式训堂重刻本,福山王懿荣刻《天壤阁丛书》本。洪亮吉《弟子职笺释》一卷,武昌局《洪北江遗书》本。锺广《弟子职音谊》一卷,光绪十六年校补本,中国学会影印《周秦诸子斠注十种》本。

《慎子》一卷,附逸文　严可均校辑。守山阁本,又金壶本。法。【补】又江阴缪氏藕香簃钞本,据明慎懋赏刻本迻写,附《补遗》、《校记》,涵芬楼影印入《四部丛刊》。严可均辑《申子》,在《全上古三代文》内。又马国翰辑玉函山房本,近长沙王时润亦有辑逸文,排印本。

《商子》五卷　严可均辑。平津馆别刻本,《指海》本,又明吴勉学刻《二十子》本。法。【补】严可均辑当作严可均校。严本未刊,瑞安孙氏玉海楼有传录本,此注平津馆别刻本,误。《四部丛刊》影印明天一阁刻本。孙冯翼校本在《问经堂丛书》内。严万里校本在杭州局《二十二子》内。朱师辙《商君书解诂》四卷,王时润《商君书集解》五卷,近年排印本。

《邓析子》一卷　《指海》本。法。【补】严可均校刻本,江山刘氏覆宋巾箱本,《四部丛刊》影印明刻本,海宁陈氏影印明黑口本。杭县马叙伦《邓析子校录》一卷,自著《天马山房丛书》本。

《韩非子》二十卷,附《识误》三卷　吴鼒校刻本,汪氏重刻本,又明赵用贤校管、韩合刻本,即《十子》本。又明周孔教刻大字本。法。【补】有旧注,不著撰人。《提要》据元何犿本,谓注者当为李瓒。吴鼒本据宋乾道本影刻。《识误》三卷,顾广圻撰。杭州局《二十二子》重刻吴本,日本仿吴本,陈氏影印吴本,又涵芬楼《道藏举要》影印《道藏》本,又《四部丛刊》影印钱氏述古堂影宋钞校本。长沙王先慎《韩非子集解》二十卷,附《考证》、《佚文》一卷,王念孙父子、卢文弨、顾广圻、俞樾、孙诒让诸家校释,皆已采入,光绪二十二年长沙刻本。

《素问》王冰注廿四卷　互见下医家类。医。

《周髀算经》二卷　互见下天文算法类。天文算法。

《尹文子》一卷,附《校勘记》、《遗文》　守山阁本,又湖海楼本,又金壶本。名。【补】又江安傅氏双鉴楼影印《道藏》本,涵芬楼《道藏举要》影印《道藏》本,又《四部丛刊》影印明刻本。孙诒让《尹文子札记》十八则,附宋本《尹文子校文》,在《札迻》内。王时润《尹文子校录》一卷,排印本。

《公孙龙子》三卷　守山阁本,金壶本,明梁杰订本。名。【补】宋谢希深注。双鉴楼影印《道藏》本,涵芬楼《道藏举要》影印《道藏》本。俞樾、孙诒让、洪颐煊各校《公孙龙子》数则,在《诸子平议》、《札迻》、《读书丛录》内。番禺陈澧、万载辛从益皆撰《公孙龙子注》,有刻本,未见。近人日照王琯《公孙龙子悬解》不分卷,二册,中华书局聚珍本。

《墨子》十五卷,《目考》一卷　毕沅校。经训堂本。墨。【补】杭州局《二十二子》重刻毕校本,又涵芬楼《道藏举要》影印《道藏》本,又《四部丛刊》影印明嘉靖唐尧臣刻本。瑞安孙诒让《墨子间诂》十五卷、《目录》一卷、《附录》一卷、《后语》二卷,采集群说,断裁精核,《附录》、《后语》尤有统贯。光绪间自印活字本,又家刻本,民国间涵芬楼影印刻本。藤县苏时学《墨子刊误》二卷,原刻本,中华书局聚珍本,中国学会《周秦诸子斠注十种》影印原刻本。瑞安李笠、北流陈柱于孙氏《间诂》皆有《校补》,李书涵芬楼排印,陈书未刊。长沙曹耀湘《墨子笺》十五卷,虽不逮孙,而平实胜王闿运注,光绪间长沙排印本。新城王树枏《墨子斠注补正》二卷,自刻本。仪征刘师培《墨子拾补》上卷,排印入《国学丛刊》中,全书未刊。张惠言《墨子经说解》二卷,上海神州国光社影印手稿本。新会梁启超《墨经校释》一卷,涵芬楼排印本。长沙章行严《章氏墨学》排印《甲寅周刊》内。绩溪胡适《墨辩新诂》,未见传本。淮阴范耕研《辩经疏证》八卷,未刊。时人治墨者众,书不尽举。

《鬼谷子》陶弘景注一卷　秦恩复校刻两本。纵横。【补】陶弘景,南朝梁人。秦刻两本皆三卷,此题一卷,误。《四库》本作一卷。秦氏乾隆五十四年刻本,据《道藏》本刊。又嘉庆十年刻本,据述古堂钞本刊。《四部丛刊》影印秦氏乾隆刻本,涵芬楼《道藏举要》影印《道藏》本。

《尸子》二卷　章宗源辑。湖海楼注本,问经堂本,平津馆本。杂。
【补】湖海楼本乃萧山汪继培所辑,二卷,附《存疑》。杭州局《二十二子》重刻汪辑本。

《尸子》三卷,《附录》一卷　任兆麟辑。《心斋十种》本。

《鹖冠子》陆佃注三卷　聚珍本,福本,学津本。杂。【补】陆佃,宋人。仪征张丙炎刻《榕园丛书》重刻学津本,沔阳卢靖《湖北先正遗书》影印聚珍本,《四部丛刊》影印明刻本,涵芬楼《道藏举要》影印《道藏》本。洪颐煊、俞樾、孙诒让各有条校,在《读书丛录》、《诸子平议》、《札迻》内。湘潭王闿运《鹖冠子注》一卷,自刻《湘绮楼全书》本。

《燕丹子》三卷　章宗源辑。岱南阁本,又平津馆本,问经堂本一卷。杂。【补】湖北书局《百子全书》重刻平津馆本。

《吕氏春秋》高诱注二十六卷　经训堂校本。杂。【补】高诱,汉人。杭州局《二十二子》重刻经训堂本,又《四部丛刊》影印明云间宋邦乂刻本。

《吕子校补》二卷　梁玉绳。《清白士集》本。　《吕子校补献疑》一卷　蔡云。自刻本。【补】梁书章氏式训堂本,朱氏槐庐本。陈其荣《吕子续补》一卷,《槐庐丛书》本。陈昌齐《吕氏春秋正误》一卷,《岭南遗书》本。中国学会《周秦诸子斠注》,影印梁、蔡、二陈四家书。淮阴范耕研《吕氏春秋疏证》二十六卷、《附录》二卷,近代诸家校释亦并征及,其书未刊。

《老子》王弼注二卷　聚珍本,杭本,福本。河上公注,伪。道。
【补】南昌局重刻聚珍本,又杭州局《二十二子》校刻华亭张氏本,又遵义黎氏《古逸丛书》覆日本集唐字本,又涵芬楼《道藏举要》影印《道藏》本。王弼,晋人。河上公注二卷,盖魏晋间人伪造,亦可备考。《四部丛刊》影印宋刻本,涵芬楼《道藏举要》影印《道藏》本。

《老子道德经考异》上下卷　毕沅。经训堂本。【补】上虞罗振玉《道德经考异》二卷,自刻《永丰乡人稿续集》本。杭州马叙伦《老子核诂》四卷,民国十四年排印本。罗、马所校,足补毕书未备。严可均《老子唐本考异》,刘师培《老子校补》,未刊。王重民《老子考》七卷,民国十六年北京排印本。长沙杨树达《老子古义》二卷,征引秦汉以前诸子旧解,逐条关合,不参己意,中华书局排印本。

《关尹子》一卷　明吴勉学刻《二十子》本,《珠丛别录》本。道。【补】金壶本。

《列子》张湛注八卷,附殷敬顺《释文》　汪继培校。湖海楼本,任大椿燕禧堂本附《考异》。道。【补】张湛,晋人。《释文》,唐殷敬顺撰,宋陈景元《补遗》。又杭州局《二十二子》重刻明世德堂本,民国三年上海右文社影印明世德堂《六子》本,又《四部丛刊》影印宋刻本,长洲蒋氏铁华馆覆宋刻本。此四本皆八卷,无附。中国学会《周秦诸子斠注十种》,影印《释文》二卷、《考异》一卷。卢文弨、洪颐煊、俞樾、孙诒让各有条校,在《群书拾补》、《读书丛录》、《诸子平议》、《札迻》内。

《列子》卢重玄注八卷　秦恩复校刻本。【补】卢重玄,唐人。又涵芬楼《道藏举要》影印《道藏》白文本三卷,又《道藏举要》影印金高守元《冲虚至德真经四解》二十卷,附殷、陈《释文》二卷。此书集录张湛、卢重玄及宋徽宗、范致虚四家注,上举二书皆括其中。

《庄子》郭象注,附《释文》十卷　明邹之峄刻本,明胡氏世德堂大字本,《十子》本即世德堂本。道。【补】郭象,晋人。《释文》,

唐陆德明撰。杭州局校刻世德堂本,上海右文社影印世德堂《六子》本。《四部丛刊》影印世德堂本,附《札记》一卷,记宋本异同。涵芬楼《续古逸丛书》影印宋大字本。唐成玄英《南华真经注疏》三十五卷,涵芬楼《道藏举要》影印《道藏》本,又遵义黎氏《古逸丛书》覆宋本十卷。湘阴郭庆藩《庄子集释》十卷,此书具录郭注、成疏、陆氏《释文》,复辑晋、唐人逸注,及清代卢文弨、王念孙、洪颐煊、郭嵩焘、俞樾、李桢诸家校释,在《庄子》诸注本中,搜采最为繁博。光绪二十年长沙思贤讲舍刻本。长沙王先谦《庄子集解》八卷,简明便初学,宣统间长沙刻本,涵芬楼影印本。瑞安孙诒让校《庄子》五十三则,在《札迻》内。余杭章炳麟《庄子解故》一卷,杭州局刻《章氏丛书》本。当涂奚侗《庄子补注》四卷,南京排印本。仪征刘师培《庄子校补》一卷。

司马彪《庄子注》一卷,《补遗》一卷　孙冯翼辑。问经堂本,又茆辑十种本。

《文子》二卷,附《校勘记》　守山阁本,又金壶本,吴刻《二十子》本。道。【补】《校勘记》,金山顾观光撰。

《文子缵义》十二卷　宋杜道坚。聚珍本,福本。【补】杭州局重刻聚珍本,在《二十二子》中。聚珍本自《永乐大典》辑出,内阙五篇,非足本。涵芬楼《道藏举要》影印《道藏》本十二卷,附《释音》一卷,此本足。

《计然万物录》一卷　茆辑十种本。【补】又黄奭汉学堂辑本,潮州郑氏龙溪精舍重刻汉学堂本。

《孟子外书》熙时子注四卷　《函海》本,珠尘本,经苑本。据赵岐题辞,定为依托,然在汉前,故附此。《拜经楼丛书》辑刻晋綦毋邃《孟子外书注》一卷。【补】宋刘攽,号熙时子。林伯桐《孟子外书补证》一卷,竹柏山房本。贵阳陈矩《孟子外书补注》四卷,刻本。」

〔以上各家子书〕

《意林》五卷 唐马总。聚珍本,福本,学津本,别下斋补刻宋本第
六卷。此书所存古子佚文,不尽周秦,然古子为多。【补】仪征张
丙炎《榕园丛书》重刻学津本,《指海》续刻本五卷,武昌局本五
卷,涵芬楼《道藏举要》影印《道藏》本五卷。贵筑杨氏《训纂堂
丛书》刻《意林逸文》一卷。贵池刘世珩《聚学轩丛书》刻周广业
《意林注》五卷、《补遗》一卷。仁和许增刻《意林补注》六卷。
《四部丛刊》影印聚珍本,附别下斋补刻一卷、周广业辑逸文五
条。严可均手校本五卷、《补录》一卷,今在江宁龙蟠里图书馆,
此本未刊。

《玉函山房辑佚书子编》□□□种 马国翰。济南刻本。武昌
局刻《子书百家》,颇便翻检。【补】马辑《子编》一百五十三种,
《补编》一种,其属周汉者四十二种。光绪间济南重刻本,长沙重
刻大小字二本。黄奭辑《汉学堂丛书·子史钩沉》内子部十六
种,其属周秦者六种,光绪间甘泉黄氏修版本。严可均辑周秦诸
子书,刻《全上古三代文》内。武昌局《子书百种》,刻校不精,故
《书目答问》重刻本削去此条。」

〔以上采录各古子佚文〕

《诸子平议》三十五卷 今人。《俞氏丛书》本。【补】此书德清俞
樾撰,摘条校释诸子字句,体例与王念孙《读书杂志》相似。俞樾
《诸子平议补录》二十卷,双流李氏刻本。

　　右周秦诸子 《鹖子》、《子华子》皆伪书,《尉缭子》尤谬,不录。
《六韬》、《关尹》、《邓析》、《燕丹》,伪而近古。

儒家第二 《曾子》、《子思子》，乃宋汪晫割裂掇合，非原书，不录。

《法言》李轨注十三卷，《音义》一卷 汉扬雄。秦恩复仿宋大字本。又徐养原校李赓芸刻本。【补】李轨，东晋人。《音义》，不著撰人。杭州局《二十二子》重刻秦本，《四部丛刊》影印秦本。

《法言》五臣注十卷 世德堂本，《十子》本同。李轨、柳宗元、宋咸、吴秘、司马光。【补】柳，唐人，宋、吴、司马皆宋人。王念孙、洪颐煊、俞樾、孙诒让各校《法言》若干条，在《读书杂志》、《读书丛录》、《诸子平议》、《札迻》内。吴县汪荣宝《法言疏证》四卷，未见传本。汪东《疏证别录》，载《华国月刊》。仪征刘师培《法言校补》一卷，《逸文》一卷，未刊。

《新语》一卷 汉陆贾。《汉魏丛书》本。【补】《汉魏丛书》本一卷，他本多作二卷。《四部丛刊》影印明弘治间李仲阳刻本，沔阳卢氏《湖北先正遗书》影印明天一阁刻本。俞樾、孙诒让皆有条校。卢文弨手校本，今在江宁龙蟠里图书馆。宋翔凤校本，瑞安孙氏《玉海楼传录》，并未刊。

《新书》十卷 汉贾谊。卢文弨校。抱经堂校本。【补】杭州局《二十二子》本，潮州郑氏《龙溪精舍丛书》本，皆据抱经堂本重刻。又《四部丛刊》影印明正德间吉藩刻本。洪颐煊、俞樾、孙诒让皆有条校。德清戴望《新书校本》，仪征刘师培《新书校补》二卷，《佚文辑补》一卷，正定王耕心《贾子次诂》十六卷，光绪二十九年龙树精舍刻本。

《盐铁论》十卷，《考证》三卷 汉桓宽。张敦仁考证。岱南阁刻本，明张之象注本。【补】《考证》，顾广圻代张撰。浦江周心如刻《纷欣阁丛书》本,附张《考证》,即张氏原版。潮州郑氏龙溪精舍重刻张氏《考证》本,海宁陈氏影印张氏《考证》本。又长沙王先谦校刻本,附《校勘小识》一卷。又《四部丛刊》影印明刻本。卢文弨、洪颐煊、俞樾、孙诒让皆有条校。萧山王绍南《盐铁论注》,未刊。

《论衡》三十卷　汉王充。明刻单行本,《汉魏丛书》本。【补】《四部丛刊》影印明通津草堂仿宋本,潮州郑氏龙溪精舍重刻明通津草堂本,附诸家校识。蒋光煦、俞樾、孙诒让皆有条校。卢文弨手校本,今在江宁龙蟠里图书馆,未刊。

《潜夫论笺》十卷　汉王符。汪继培笺。湖海楼本,《汉魏丛书》本无笺。【补】《四部丛刊》影印钱氏述古堂写本,无笺。俞樾、孙诒让皆有条校。卢文弨手校明刻本,今在江宁龙蟠里图书馆,未刊。严可均辑汉仲长统《昌言》二卷,刻《全后汉文》内。又马国翰玉函山房辑本。

《新论》一卷　汉桓谭。问经堂辑本。【补】孙冯翼辑。《指海》续刻本,潮州郑氏龙溪精舍本,皆据问经堂本重刻。又《说郛》本。又严可均辑本三卷,刻《全后汉文》内。

《申鉴》五卷　汉荀悦。《汉魏丛书》本。【补】金山钱氏小万卷楼校刻本,附《补遗》、《札记》。潮州郑氏龙溪精舍重刻明黄省曾刻本,《四部丛刊》影印明黄省曾刻本。卢文弨、孙诒让皆有条校。」

〔以上汉〕

《典论》一卷　魏文帝。问经堂辑本。【补】又黄奭汉学堂辑本,潮州郑氏龙溪精舍重刻汉学堂本。又严可均辑本,刻《全三国文》内。

《中论》二卷　魏徐幹。《汉魏丛书》本。【补】金山钱氏小万卷楼校刻本,附《札记》、《逸文》。潮州郑氏龙溪精舍重刻元本,附陈鳣《校记》。《四部丛刊》影印明嘉靖间杜思刻本。俞樾、孙诒让皆有条校。

《人物志》三卷　魏刘邵。守山阁本,金壶本。旧入名家。【补】北魏刘昞注。《四部丛刊》影印隆庆间郑星刻本,《汉魏丛书》本,华阳傅世洵刻《益雅堂丛书》本,定州王灏刻《畿辅丛书》本,潮州郑氏龙溪精舍重刻乾隆间彭氏校本。

《傅子》一卷　晋傅玄。聚珍本,杭本,福本。【补】《指海》续刻本。又严可均辑本四卷,刻《全晋文》内。又湘潭叶德辉辑刻本三卷,《订误》一卷。

《物理论》一卷　晋杨泉。平津馆辑本。【补】孙星衍辑。潮州郑氏龙溪精舍重刻平津馆本。

《中说》十卷　旧题隋王通。宋阮逸注。世德堂本。即《文中子》。【补】光绪十六年贵阳陈氏重刻世德堂本,杭州局《二十二子》重刻世德堂本,民国三年上海右文社影印世德堂本,《四部丛刊》影印宋王氏取瑟堂刻本,涵芬楼《续古逸丛书》影印宋刻本。」

〔以上魏至六朝〕

《因论》一卷　唐刘禹锡。百川本。

《续孟子》二卷　唐林慎思。知不足斋本。【补】《函海》本。

《伸蒙子》三卷　唐林慎思。知不足斋本,珠尘本。【补】《函海》本。

《公是先生弟子记》一卷　宋刘敞。聚珍本,福本,知不足斋本。【补】南昌局重刻聚珍本。

《郁离子》二卷　明刘基。学津本。【补】杭州局《诚意伯文集》本。单行本。」

〔以上唐至明〕

《明夷待访录》二卷　黄宗羲。海山仙馆本,《指海》本,【补】《梨洲遗书》本,单行本。

《潜书》四卷　唐甄。王闻远刻本。【补】二卷。光绪间李氏重刻本。天门胡承诺《绎志》十七卷,道光十七年顾锡麟刻本,杭州局重刻本,武昌局《湖北丛书》本。又《读书说》四卷,附《年谱》一卷,《湖北丛书》本。

《法书》十卷　檀萃。刻本。」

〔以上国朝〕

《群书治要》五十卷　旧题唐魏徵。连筠簃本。阙三卷。以下二种为子钞之属,附此。此书兼有经史。【补】阙卷四、卷十三、卷二十。连筠簃本据日本宽政本重刻,粤雅堂本据日本天明本重刻,《四部丛刊》本据日本尾张刻本影印。

《古格言》十二卷　梁章钜。自刻本。

　　以上儒家类议论经济之属此类兼综事理,亦尚修辞,后世古文家,即出于此类。此类多唐以前书,故列前。

《周子通书注》一卷　李光地注。《榕村全集》本。【补】康熙庚午吴兴费丹枢刻《周子全书》本,方宗诚《周子通书讲义》刊本。

《二程全书》　《遗书》二十五卷,《附录》一卷,《外书》十二卷,《文集》十二卷,《遗文》一卷,《附录》一卷,《周易传》四卷,《经说》八卷,《粹言》二卷。同治十年求我斋江宁刻本,又宝诰堂吕氏刻本。【补】六安涂氏刻本。

《张子全书》十五卷　高安朱氏藏书本。【补】嘉庆十一年上元叶世倬补刻本。

《朱子语类》一百四十卷　宋黎靖德编。明刻本,日本刻本。【补】石门吕留良宝诰堂刻本,广州局本。

《朱子全书》六十六卷　康熙五十二年敕编。殿本，古香斋本，贵阳官本。【补】六安涂氏刻本，南昌局本，成都存古书局本。

《象山语录》四卷　宋陆九渊。附《象山全集》本，止二卷。【补】单行本。《象山先生集》三十六卷，《四部丛刊》影印明刻本。」

〔以上周、程、张、朱、陆学术〕国朝表章朱子，故《四库》退陆、王之书于别集，然程、朱、陆、王皆圣人之支派，各有所得，不必偏废，以启门户之争。后录《学蔀通辨》、《东莞学案》，亦此意。〕

《黄氏日钞》九十五卷　宋黄震。通行本。【补】乾隆三十二年新安汪佩锷芸晖阁重刻宋本，附《古今纪要》。

《大学衍义》四十三卷　宋真德秀。通行本。【补】康熙间刻本，乾隆四年尹会一刻本，汲古阁本，江宁局本，杭州局本。

《大学衍义补》一百六十卷　明邱濬。通行本，云阳重刻本。【补】汲古阁本。溧阳强汝询《大学衍义续》七十卷，刊本。

《读书录》十卷，《续录》十二卷　明薛瑄。《薛文清公集》本。【补】石门吕氏宝诰堂刻本。

《传习录》三卷　明王守仁。明刻单行本，《王文成公集》本。

《呻吟语选》二卷　明吕坤。阮福改辑。文选楼本。别有《呻吟语节录》，通行本。【补】《呻吟语节录》四卷、《补遗》二卷，陈宏谋辑，一名《吕子节录》，乾隆间陈氏刻《培远堂全集》本，南昌局本。吕坤《呻吟语摘》二卷，明万历四十四年刻本，此乃晚年自定之本，原书六卷。

《子刘子学言》三卷　明刘宗周。黄宗羲、姜希辙校刻本。【补】道光间山阴刻《刘子全书》本。

《三鱼堂賸言》十二卷　陆陇其。《全集》本，正谊堂本，同治浙江刻本。

《陆清献公日记》十卷　陆陇其。道光辛丑柳氏刻本,《指海》本
　　二卷,浙江刻本。

《五种遗规》十五卷　陈宏谋。通行本。《养正遗规》、《教女遗
　　规》、《训俗遗规》、《从政遗规》、《学仕遗规》。【补】乾隆间家刻
　　《培远堂全集》本,南昌、武昌、杭州三局,皆有刻本。

　《女教经传通纂》一卷　任启运。

　《妇学》一卷　章学诚。《文史通义》之一篇,旧别行,亦收《经
　　世文编》中。珠尘本。【补】吴兴刘氏嘉业堂刻《章氏遗书》亦
　　收入。

　《小学集注》六卷　旧题宋朱子。通行本。
　　　以上儒家类理学之属专书举其关系学派及其书简明切于人
　　　事者。胡居仁《居业录》,罗钦顺《困知记》,章懋《枫山语
　　　录》,皆有行本,余散见。【补】明胡直《胡子衡齐》八卷,明
　　　万历癸未刻本,光绪间新昌胡思敬刻《豫章丛书》本。王夫
　　　之《思问录》二卷,《船山遗书》本。戴望《颜氏学记》十卷,
　　　原刻本,光绪二十年李雒才重刻本,宣统间上海国学保存会
　　　排印本,近年影印原刻本。戴震《原善》三卷,《戴氏遗书》
　　　本,近年排印本。

《性理精义》十二卷　康熙五十六年敕编。通行本,殿本。

《近思录集注》十四卷　宋朱子、吕祖谦同撰。江永注。原刻本,
　　武昌局本,吴氏望三益斋本。【补】嘉庆间有京师、江西两刻本,
　　苏州、杭州、广州诸局,皆有重刻本。」
　　　　〔以上哀集宋儒精粹性理精义,兼采元儒〕

《重修宋元学案》□卷　黄宗羲原本,全祖望修。诸星杓校。慈
　　溪冯氏刻本。黄为陆、王之学,全为程、朱之学。

《增补宋元学案》一百卷　全祖望修。王梓材增补。道光丙戌何氏刻本。【补】道光丙午道州何绍基京师刻本，光绪五年长沙寄庐重刻本。

《明儒学案》六十二卷　黄宗羲。乾隆己未慈溪郑氏补刊本，又故城贾氏刻本。万氏原刻本未足。此书为陆、王之学。【补】会稽莫晋刻本，善。长沙刻本，江西刻本，又涵芬楼排印新会梁启超节录本。

《学蔀通辨》十二卷　明陈建。原刻本，《正谊堂全书》本。此书辨陆、王之学。

《东莞学案》　无卷数。吴鼎。此书攻陈建书，申陆、王之学。

《国朝学案小识》□卷　唐鉴。自刻本。此书为程、朱之学。孙奇逢《理学宗传》二十六卷，通行本，为陆、王兼程、朱之学。【补】《唐书》十五卷。孙书杭州局本。」

〔以上以朝代为断限〕

《正谊堂全书》四百七十八卷　张伯行编。福州局本。六十三种。此书为程、朱之学。【补】又《续编》十四卷，续刻本。

以上儒家类理学之属汇集书举其博通不腐陋者。此外若《北学编》、《洛学编》、《关学编》、《浙学宗传》、《闽中理学渊源考》，皆有刊本，亦可备考。

《独断》二卷　汉蔡邕。抱经堂校本，又百川本，《汉魏丛书》本，聊城杨氏刻附《蔡中郎集》本，扬州局刻附《疏证》。【补】潮州郑氏龙溪精舍重刻卢校本。《书目答问》重刻本无"扬州局刻附《疏证》"七字。

《风俗通义》十卷　汉应劭。《汉魏丛书》本，又仿宋单行本。《四库》本有《附录》一卷，即辑《姓氏篇佚文》，详见后。【补】南陵徐乃昌覆元大德本,《四部丛刊》影印元大德本。卢文弨、孙诒让皆有条校,在《群书拾补》、《札逐》内。

《补风俗通姓氏篇》一卷　张澍。二西堂本。钱大昕辑本在《群书拾补》中。【补】张书二卷。顺德龙氏知服斋重刻二西堂本。又江宁顾櫰三辑本,蒋氏刻《金陵丛书》本。

《古今注》三卷　晋崔豹。　附《中华古今注》三卷　五代马缟。《古今逸史》本,《汉魏丛书》本。【补】涵芬楼影印明《顾氏文房小说》本,定州王灏《畿辅丛书》本,覆宋大字本。上补三本及《汉魏丛书》本,皆无附。淮安顾震福《崔豹古今注校正》三卷,光绪间自刻本。」

〔以上汉至六朝〕

《封氏闻见记》十卷　唐封演。雅雨堂本,学津本。【补】《学海类编》本,乾隆五十七年江都秦黉刻本,道光十年江都秦恩复刻本,《指海》续刻本,《畿辅丛书》本。

《刊误》二卷　唐李涪。照旷阁本,青照堂本。【补】学津本,即照旷阁版。光绪间仪征张丙炎刻《榕园丛书》本。

《苏氏演义》二卷　唐苏鹗。珠尘本,《函海》本。【补】《榕园丛书》本。

《资暇集》三卷　唐李匡乂。续百川本。【补】《学海类编》本,金壶本,道光间渤海高承勋刻《续知不足斋丛书》本,涵芬楼影印明《顾氏文房小说》本。

《兼明书》五卷　五代邱光庭。明陈继儒刻《宝颜堂秘笈》本。」

〔以上唐至五代〕

《宋景文笔记》三卷　宋宋祁。百川本,学津本。【补】《榕园丛书》本。

《梦溪笔谈》二十六卷,《补》二卷,《续》一卷　宋沈括。津逮本,学津本。【补】津逮本无《补》、《续》。光绪间大关唐氏刻本。贵池刘世珩玉海堂覆宋乾道本,附《札记》,无《补》、《续》。

《靖康缃素杂记》十卷　宋黄朝英。守山阁本,金壶本,《唐宋丛书》本。【补】《唐宋丛书》本、《说郛》本,皆止节录为一卷。

《能改斋漫录》十八卷　宋吴曾。聚珍本,福本,守山阁本,金壶本。【补】《琅琊山馆丛书》本。

《西溪丛语》三卷　宋姚宽。津逮本,学津本。【补】光绪间仁和葛元煦《啸园丛书》本。此本及学津本皆作二卷,即三卷。《涵芬楼秘笈》第八集影印明临溪杨氏鸰鸣馆刊本。

《学林》十卷　宋王观国。聚珍本,福本,湖海楼本。【补】长沙余肇钧刻《明辨斋丛书》本。

《容斋随笔》十六卷,《续笔》十六卷,《三笔》十六卷,《四笔》十六卷,《五笔》十卷　宋洪迈。通行本。【补】康熙间洪璟刻本,乾隆间扫叶山房刻本。光绪壬辰洪氏刻本,今版在成都存古书局。

《云谷杂记》四卷　宋张淏。聚珍本,杭本,福本,海山仙馆本附一卷。【补】南昌局重刻聚珍本。

《示儿编》二十三卷　宋孙奕。明潘氏刻本,知不足斋本。

《考古编》十卷　宋程大昌。学津本,《函海》本,单行明刻本。

《演繁露》十六卷,《续》六卷　宋程大昌。学津本,《唐宋丛书》本。【补】《唐宋丛书》本、《说郛》本,皆止节录为一卷。

《纬略》十二卷　宋高似孙。守山阁本,金壶本。

《野客丛书》三十卷,附《野老纪闻》一卷　宋王楙。《唐宋丛书》本,《稗海》本。

《考古质疑》六卷　宋叶大庆。聚珍本,杭本,福本,海山仙馆本。【补】南昌局重刻聚珍本,《啸园丛书》本。

《习学记言》五十卷　宋叶适。《四库》传钞本,温州新刻本。

《老学庵笔记》十卷，《续》二卷　宋陆游。津逮本，学津本，《湖北新刻丛书》本。【补】涵芬楼《宋人小说》本。

《宾退录》十卷　宋赵与峕。单刻仿宋本。【补】此单刻本即乾隆十七年存恕堂本。《学海类编》本，吴兴张钧衡择是居仿宋本，贵池刘世珩玉海堂仿宋本。《泾川丛书》内《宾退录》四卷，乃明赵善政撰，与此非一书。

《坦斋通编》一卷　宋邢凯。守山阁本。

《翁注困学纪闻》二十卷　宋王应麟。翁元圻注。家刻本，长沙重刻巾箱本，此注更胜《七笺》本。【补】家刻本，即道光乙酉余姚守福堂刊本。

《困学纪闻七笺》，附《集证》二十卷　阎若璩、全祖望、程瑶田、何焯、钱大昕、屠继序笺。万希槐《集证》。通行本。【补】又涵芬楼影印元庆元路刻本，无注。

《敬斋古今黈》八卷　元李冶。聚珍本，杭本，福本，海山仙馆本。【补】南昌局重刻聚珍本，《畿辅丛书》本。」

〔以上宋元〕

《谭苑醍醐》九卷　明杨慎。《升庵集》本。【补】《指海》本八卷，亦足。

《丹铅总录》二十七卷　明杨慎。杨氏教忠堂刻本。又《升庵集》本分《余录》、《续录》、《摘录》、《总录》，共六十三卷。《函海》编刻《丹铅杂录》十卷。

《笔乘》六卷　明焦竑。粤雅堂本。《续》八卷，皆谈释理，无谓。【补】江宁蒋国榜刻《金陵丛书》本。

《井观琐言》三卷　明郑瑗。《唐宋丛书》本，秘笈本。【补】《学海类编》本，秘笈本，皆三卷。《唐宋丛书》本及《说郛》本，止节录一卷。

《少室山房笔丛》正集二十二卷,续集十六卷　明胡应麟。明刊本。【补】正集三十二卷,续集十六卷,此云正集二十二卷,非。广州局重刻本。

《通雅》五十二卷　明方以智。此藏轩刻本。【补】此藏轩本,康熙五年姚燮刻。日本刻本。光绪四年桐城方氏家刻本,附《刊误》一卷。

《厄林》十卷　明周婴。　《补遗》一卷　湖海楼本。」

〔以上明〕

《日知录集释》三十二卷　顾炎武。黄汝成笺。原刊本,广州重刻本,武昌局本,朝宗书室活字本。【补】扫叶山房刻本,坊刻巾箱本,诸本并附黄汝成《日知录刊误》四卷。又康熙三十四年潘耒福建刻本,无注释。又坊刻小字本,附《补遗》四卷。苏州局单刻《补遗》四卷,书名《日知录之余》。顾炎武《菰中随笔》三卷,光绪间吴县朱记荣重刻《亭林遗书》本。丁晏《日知录校正》□卷,光绪间南清河王锡祺排印《小方壶斋丛书》本。李遇孙《日知录补正》三卷,民国间上海广仓学宭排印本。

《群书疑辨》十二卷　万斯同。刻本。

《蒿庵闲话》二卷　张尔岐。《贷园丛书》本,粤雅堂本。

《潜邱札记》六卷　阎若璩。吴玉搢编刻本,家刻本,学海堂摘本二卷。【补】家刻本与吴刻编次不同,吴本善。

《义府》二卷　黄生。《指海》本,家刻本。【补】乾隆五十二年与《字诂》同刻,道光二十二年黄承吉重刊。

《白田杂著》八卷　王懋竑。刻本。【补】广州局刻《白田草堂存稿》八卷,杭州局刻《白田草堂存稿》二十四卷。同治刻《读书记疑》十六卷。学海堂摘本一卷。

《松崖笔记》二卷　惠栋。道光壬午徐氏刻本。【补】此书三卷。

刘氏《聚学轩丛书》本。惠栋《九曜斋笔记》三卷，刘亦刻。

《樵香小记》二卷　何琇。守山阁本。【补】定州王灏刻《畿辅丛书》本。

《掌录》二卷　陈祖范。家刻本。【补】光绪十七年广州局与《经咫》合刊本。

《管城硕记》三十卷　徐文靖。乾隆九年刻本，半亩园本。

《订讹杂录》十卷　胡鸣玉。湖海楼本。【补】戢箴书屋刻本。

《韩门缀学》五卷，《续编》一卷　汪师韩。《上湖文编》附刻本，丛睦《汪氏遗书》本。又《谈书录》一卷、《诗学纂闻》一卷。

《经史问答》十卷　全祖望。《鲒埼亭集》附刻本，学海堂摘本七卷。【补】单行本，《四部丛刊》影印附刻本。

《南江札记》四卷　邵晋涵。刻本。【补】会稽章寿康式训堂重刻本，会稽徐友兰编刻《绍兴先正遗书》本。

《钟山札记》四卷，《龙城札记》四卷　卢文弨。抱经堂本。【补】校经山房本，即式训堂版。学海堂摘本各一卷。

《蛾术编》一百卷　王鸣盛。陆氏刻本，未足。

《十驾斋养新录》二十卷，《余录》三卷　钱大昕。潜研堂本抽印单行，阮刻本无《余录》。【补】杭州局本附《年谱》一卷，学海堂摘本《养新录》、《余录》各二卷。

《晓读书斋杂录》八卷　洪亮吉。集外奕氏刻本。【补】道光二十二年洪氏苏州刻本，武昌局《洪北江全集》本。

《考古录》四卷　锺褱。阮刻本。

《读书脞录》七卷　孙志祖。嘉庆己未家刻本，学海堂本。【补】学海堂本止摘刻二卷。又《续编》四卷，家刻本。

《惜抱轩笔记》八卷　姚鼐。全集本。

《札朴》十卷　桂馥。原刻本。【补】光绪九年长洲蒋氏刻《心矩斋丛书》本。

《炳烛编》四卷　李赓芸。潄喜斋校录刻本。【补】上海古今图书
馆影印原刻本。

《溉亭述古录》二卷　钱塘。文选楼本。【补】学海堂本,式训
堂本。

《癸巳类稿》十五卷　俞正燮。何氏刻本。【补】道光十三年王藻
求日益斋刻本,式训堂单刻本,《续经解》摘刻六卷。

《癸巳存稿》十五卷　俞正燮。连筠簃本。【补】光绪十年重刻
本,《续经解》摘刻四卷。

《合肥学舍札记》八卷　陆继辂。自刻本。

《瞥记》七卷　梁玉绳。　《庭立纪闻》四卷　玉绳子学昌等辑。
《清白士集》本。【补】学海堂摘刻《瞥记》一卷。

《过庭录》十六卷　宋翔凤。浮溪精舍本。【补】式训堂单刻本,
《续经解》摘本四卷。

《筠轩读书丛录》二十四卷,《台州札记》十二卷　洪颐煊。传
经堂本。

《落帆楼初稿》四卷　沈垚。连筠簃本。

《经传考证》八卷　朱彬。学海堂本。

《拜经日记》十二卷　臧庸。自刻本,学海堂本止八卷。

《秋槎杂记》□卷　刘履恂。学海堂摘本。

《研六室杂著》□卷　胡培翚。学海堂摘本。【补】摘本一卷。
《研六室文钞》十卷,光绪戊寅刻本。

《吾亦庐稿》□卷　崔应榴。学海堂摘本。【补】摘本一卷。

《宝甓斋札记》□卷　赵坦。学海堂摘本。【补】摘本十卷。

《书林扬觯》二卷　方东树。盱眙吴氏刻本。【补】中国书店据仪

卫轩刻本,校印木活字本。

《古书疑义举例》七卷　今人。《俞氏丛书》本。此书甚有益于学者。【补】德清俞樾撰。《续经解》本,单行活字本。民国十三年长沙鼎文书社刻《古书疑义举例丛书》,俞撰七卷与刘师培《补》一卷、杨树达《续补》二卷、马叙伦《校录》一卷合刊。」

　　〔以上国朝〕

《四库全书考证》一百卷　乾隆四十一年敕撰。聚珍本,福本。以下十种,皆校勘之学。

《义门读书记》五十八卷　何焯。通行本。

《援鹑堂随笔》四十卷　姚范。家刻本。【补】书名《援鹑堂笔记》。道光间刻五十卷,附《刊误》、《补遗》。

《读书杂志》八十卷　王念孙。家刻本。【补】此书八十二卷,又《余志》二卷,共十八种。北京坊间补印家刻本,江宁局重刻本,坊间石印本,学海堂摘本止二卷。《续经解》抽刻此中《读逸周书杂志》四卷。德清俞樾《诸子平议》即仿王书而作,已见前。瑞安孙诒让《札迻》十二卷,光绪二十年自刻本。

《群书拾补》三十八种　卢文弨。抱经堂本。【补】蜚英馆石印本,光绪间会稽徐友兰刻《绍兴先正遗书》本三十七卷、《补遗》三卷、《识语》一卷。归安陆心源《群书校补》一百卷,四十种,光绪间家刻本。

《斠补隅录》十四种　蒋光煦。别下斋刻《涉闻梓旧》本。目列后:《尚书全解》二十一叶,《尔雅》十八叶,《续通鉴》七叶,《东汉会要》二十九叶,《吴越春秋》十二叶,《钱塘遗事》十二叶,《宣和奉使高丽图经》六叶,《管子》三十四叶,《荀子》九叶,《酉阳杂俎》十二叶,《唐摭言》十四叶,《芦浦笔记》四叶,《陈后山集》十三叶,《意林》十叶。

《竹汀日记钞》三卷　钱大昕。何元锡刻本,滂喜斋编录本二卷。
【补】式训堂重刻何编本三卷,《藕香零拾》刻张标编录本一卷。
《日记》六十卷,未刊。会稽李慈铭《越缦堂日记钞》二卷,不著
钞者名氏,宣统间上海神州国光社排印《古学汇刊》本,所录多有
关经籍,与何钞《竹汀日记》用意略似。《越缦堂日记》五十一
册,不分卷,有北京浙江会馆影印手写本。曾国藩《求阙斋日记》
四十册,光绪间上海影印手写本。王定安《求阙斋日记类钞》二
卷,长沙刻本。翁同龢《翁文恭公日记》四十册,民国十二年涵芬
楼影印手写本。王闿运《湘绮楼日记》三十二册,民国十六年涵
芬楼排印本。诸书同为日记,连类附此。

《拜经楼藏书题跋记》六卷　吴寿旸。别下斋本。【补】式训
堂本。

《经籍跋文》一卷　陈鳣。《涉闻梓旧》本。【补】式训堂本。

《曝书杂记》三卷　钱泰吉。《甘泉乡人稿》本,滂喜斋本,别下斋
本二卷。【补】式训堂本三卷。」

〔以上校勘。原注已言之〕

《瓮牖闲评》八卷　宋袁文。聚珍本,杭本,福本。【补】南昌局重
刻聚珍本。

《陔余丛考》四十三卷　赵翼。原刻本。

《恒言录》六卷　钱大昕。文选楼本。

176　《通俗编》三十八卷　翟灏。无不宜斋刻本,《指海》本。【补】
《指海》内无此书,《函海》本二十五卷。上虞朱亦栋《群书札记》
十六卷,云鹤堂刻本。周中孚《郑堂札记》五卷,赵之谦刻《鹤斋
丛书》本。凌曙《群书答问》二卷、《补遗》一卷,德化李氏刻《木
犀轩丛书》本。朱骏声《经史答问》二十六卷,家刻本。仁和劳格
《读书杂识》十二卷,归安丁氏刻《月河精舍丛钞》本。番禺陈澧

《东塾读书记》十五卷，广州局本，通行本。南汇张文虎《舒艺室随笔》六卷、《续笔》一卷、《余笔》三卷，同治间刻本。义乌朱一新《无邪堂答问》五卷，家刻《拙盦丛稿》本，广州局本，石印巾箱本。

以上儒家类考订之属录其有关经史者。此类各书，为读一切经史子集之羽翼。

右儒家

兵家第三 兵者人事，《太白阴经》、《虎钤经》之属，诡诞不经，不录。《登坛必究》、《武备志》多言占候，所言营陈器械，古今异宜，不录。《握奇经》、《三略》《心书》、《李卫公问对》，伪书，不录。《武编》、《兵法百言》之属，多空谈，不录。

《历代兵制》八卷 宋陈傅良。守山阁本，金壶本。

《读史兵略》四十六卷 胡林翼。武昌官本。【补】《续》二十八卷，光绪末上海坊间排印本。此书江宁汪士铎代胡撰。浏阳卢彤《中国历史战争形势图》四十四叶，附《说论》二卷，宣统二年武昌同伦学社印本。《中国历史四裔战争形势图》四十八叶，附《说论》二卷，民国间北京同伦学社印本，图石印，《说论》排印。

《读史方舆纪要》一百三十卷，《形势纪要》九卷 顾祖禹。通行刻本，湖北新刻本。活字版本不善。此书专为兵事而作，意不在地理考证。【补】宝庆三味书坊刻本。道光间成都龙万育敷文阁刻本一百三十卷，附图四卷，与顾炎武《天下郡国利病书》一百二十卷合刊。广州局重刻四川本，安康张鹏翮校刻本。

《草庐经略》十二卷 明失名人。粤雅堂本。」

〔以上论兵制、兵事〕

《练兵实纪》九卷,《杂集》六卷　明戚继光。守山阁本,金壶本。
　　【补】学津本即照旷阁版。道光间钱塘许乃钊刻《敏果斋七种》
　　本,无棣吴之勷刻本。

《纪效新书》十八卷　明戚继光。学津本。以上二书,通行本粗
　　恶。【补】《敏果斋七种》本,道光间仁和朱昌寿刻本,武昌局本。

《救命书》二卷　明吕坤。《指海》本,附《呻吟语》刻本;借月山
　　房本。

《洴澼百金方》十四卷　吴宫桂。据王芑孙序后自记,或云袁氏
　　撰。通行本。近人《金汤十二筹》,详于城守,亦切实有用。
　　【补】《洴澼百金方》题惠麓酒民撰。乾隆间嘉鱼堂刻本,苏州
　　局本。」

　　　　〔以上论练兵、临阵〕

《火攻挈要》三卷　明焦勖。海山仙馆本,单行本。李善兰《火器
　　真诀》一卷,见下《则古昔斋算学》内。

《新译西洋兵书》五种　上海制造局刻本。《克虏伯炮说》四卷、
　　《炮操法》四卷、《炮表》六卷,《水师操练》十八卷、附一卷,《行军
　　测绘》十卷,《防海新论》十八卷,《御风要术》三卷,皆极有用。
　　右兵家　凡兵家多与史学家相出入,地理尤要。

法家第四

178　《唐律疏议》三十卷　唐长孙无忌。　附《洗冤集录》五卷　宋
　　宋慈。岱南阁本。《唐律》旧入政书,附此,取便寻览。【补】苏州
　　局本。《刑统》三十卷,后周窦仪等撰,宋建隆四年颁行,与《唐
　　律》无甚出入。吴兴刘承幹刻《嘉业堂丛书》本。《永徽法经》三
　　十卷,元郑汝翼撰,未见刻本,《四库存目》系《永乐大典》本。
　　《大明律》三十卷,明洪武间官撰,万历间舒化等校刻本。《大清

律例》四十七卷,乾隆五年官撰,官本,又随时增修本。现行刑律,沿清宣统间所订新刑律,在《中华六法》中,有通行本。归安沈家本《历代刑法考》七十八卷,附《寄簃文存》八卷,民国间刻《沈寄簃先生遗书》本。闽县程树德《九朝律考》二十卷,民国十六年涵芬楼排印本。

《折狱龟鉴》八卷　宋郑克。守山阁本,金壶本。

《佐治药言》一卷,《续》一卷　汪辉祖。知不足斋本。【补】《汪龙庄遗书》本。

《学治臆说》二卷　汪辉祖。托氏刻本,读画斋本。二书合刻有阮氏本,武昌局本,贵阳官本。【补】《汪龙庄遗书》本,南昌局亦合刻二书。

《龙筋凤髓判》四卷　唐张鷟。湖海楼本,海山仙馆本,学津本。名似法家,实则词章,无类可归,附此。其目藉可考唐时律令公式。【补】明刘允鹏注。

《牧令书》二十三卷,《保甲书》四卷　徐栋辑。通行本。浅而切用。【补】苏州局本,武昌局本。

右法家

农家第五

《齐民要术》十卷　魏贾思勰。津逮本,学津本,《秘册汇函》本。【补】武昌局汇刻《四子》本,桐庐袁昶《渐西村舍丛书》本,潮州郑氏刻《龙溪精舍丛书》本,《四部丛刊》影印明钞本,上虞罗振玉吉石盦影印宋刻本第五、六两残卷。

《耒耜经》一卷　唐陆龟蒙。津逮本,学津本。在《甫里集》内。

《农书》三卷　宋陈旉。　附《蚕书》一卷　宋秦湛。知不足斋本。《蚕书》亦在道光重刻《淮海集》内,作秦观撰。【补】《函海》

本,《龙威秘书》本。

《农书》三十六卷　元王桢。明刻本。【补】又明初刻本二十二卷,又聚珍本二十二卷,福州局重刻聚珍本三十六卷。

《潞水客谈》一卷　明徐贞明。单行本,粤雅堂本。」

〔以上论农〕

《橡茧图说》二卷　刘祖震。道光七年刻本。

《樗茧谱》一卷　郑珍。道光十七年刻本。

《木绵谱》一卷　褚华。珠尘本。」

〔以上论茧、绵〕

《农桑辑要》七卷　元至元十年官撰。聚珍本,杭本,福本。【补】南昌局重刻聚珍本,袁氏《渐西村舍丛书》本。

《农政全书》六十卷　明徐光启。通行本。【补】贵州重刻平露堂本。

《授时通考》七十八卷　乾隆二年敕撰。殿本,四川布政司刻本。【补】南昌局本。

《农桑易知录》三卷　郑之任。乾隆六年刻本。」

〔以上通论农桑〕

《康济录》六卷　倪国琏。通行本,武昌局本。

《荒政丛书》十卷　俞森。守山阁本,金壶本。

《荒政辑要》九卷　汪志伊。嘉庆十一年刻本。【补】武昌局本。」

〔以上荒政〕

附:《泰西水法》六卷　明熊三拔。互见算法内。【补】熊三拔,西洋意大利国人。

右农家

医家第六　录初唐以前者。唐后方书，须专门经验定其是非，不录。

《素问》王冰注二十四卷　明仿刻宋高保衡等校本，近人重刻本。互见前古子。钱熙祚校，咸丰三年守山阁单行本。【补】王冰，晋人。镇江文成堂书坊重仿宋刻，杭州局《二十二子》重刻明顾从德仿宋嘉祐本，《四部丛刊》影印明顾氏仿宋本，涵芬楼《道藏举要》影印《道藏》高保衡等校本五十卷；守山阁单刻本，附金山顾观光《校勘记》一卷。绩溪胡澍《素问校义》一卷，吴县潘氏《滂喜斋丛书》本。俞樾、孙诒让条校在《读书余录》、《札迻》内。

《素问释义》十卷　张琦。道光十年宛邻书屋自刻本。【补】张琦《素灵微蕴》，未刊。

《难经集注》五卷　旧题周秦越人。明王九思注。借月山房本，《佚存丛书》本。【补】《四部丛刊》影印日本活字本。

《神农本草经》三卷　问经堂校本。【补】魏吴普等述，清孙星衍、孙冯翼同校。又顾观光校本四卷。德清傅云龙覆唐卷子本《新修本草》十卷、附《辑》一卷，在《籑喜庐丛书》中。宋唐慎微《证类本草》三十卷，《四部丛刊》影印金泰和甲子晦明轩刻本。明李时珍《本草纲目》五十二卷，采录最博，附此，有通行本。」

〔以上古医书〕

《伤寒论》十卷　汉张机。明吴勉学刻《古今医统》本。【补】金成无己注。日本影元本，南昌熊氏影印元刻本，《四部丛刊》影印明嘉靖乙巳汪氏校刻本。

《金匮要略》三卷　汉张机。《医统》本。【补】《四部丛刊》影印明刻本。

《华氏中藏经》三卷　平津馆本。【补】《医统》本。

《甲乙经》十二卷　晋皇甫谧。《医统》本。【补】吴县朱记荣刻《槐庐丛书》本。

《灵枢经》十二卷　晋人。《医统》本，通行本。钱熙祚校，咸丰三年守山阁合《素问》单行本。【补】或云唐王冰依托。此书与《素问》通号《内经》。杭州局《二十二子》本，《四部丛刊》影印明赵府翻宋本，涵芬楼《道藏举要》影印《道藏》本二十三卷。

《肘后备急方》八卷　晋葛洪。程永培刻《六醴斋医书》本。【补】涵芬楼《道藏举要》影印《道藏》本。

《脉经》十卷　晋王叔和。借月山房本，守山阁本。【补】宜都杨守敬覆宋刻本，《四部丛刊》影印元刻本。

《褚氏遗书》一卷　南齐褚澄。医统本，广百川本。

《千金宝要》六卷　唐孙思邈。平津馆本。【补】此乃《千金要方》摘本，宋郭思编。孙思邈《千金要方》九十三卷，康熙二十八年张、喻二氏刻本，涵芬楼《道藏举要》影印《道藏》本。

　右医家【补】《医籍考》八十卷，日本多纪元胤撰，体例与朱氏《经义考》相似，其书未刊，有传钞本。

天文算法第七　算书与推步，事多相涉，今合录。推步须凭实测，地理须凭目验，此两家之书，皆今胜于古。今日算学家，习中法者，以《算学启蒙》、《九章细草图说》、《九数通考》、《四元玉鉴》为要；兼习西法者，以《数理精蕴》、《梅氏丛书》、《新译数学启蒙》、《代数术》、新译十三卷《几何原本》为要。

戴校《算经十书》三十七卷　戴震校。微波榭本。目列后。

《周髀算经》二卷，　汉赵君卿注，北周甄鸾述，唐李淳风释。互见前古子。　《音义》一卷　宋李籍。又聚珍本，福本，又津逮本,学津本。【补】吴县朱记荣刻《槐庐丛书》本,据学津本重刻,附金山顾观光《校勘记》一卷。顾观光《校勘记》亦刻《武陵山人遗书》中。《四部丛刊》影印明刻本《周髀算经》二卷。瑞安孙诒让条校,在《札迻》内。

《九章算术》九卷，　汉人。晋刘徽注,唐李淳风释,戴震补图。

　《音义》一卷，　宋李籍。　附《策算》一卷　戴震。又聚珍本,福本,常熟屈氏重刻本。【补】《四部丛刊》影印微波榭本。又汪莱校正本,附戴氏《订讹》一卷,咸丰四年刻《衡斋遗书》中。

《海岛算经》一卷　晋刘徽。并注。又聚珍本,杭本,福本。【补】南昌局重刻聚珍本。

《孙子算经》三卷　　汉人。北周甄鸾注。唐李淳风释。又聚珍本,杭本,福本,又知不足斋本。【补】南昌局重刻聚珍本。

《五曹算经》五卷　六朝人。北周甄鸾注,又聚珍本,福本,又知不足斋本。【补】南昌局重刻聚珍本。

《夏侯阳算经》三卷　　六朝人。又聚珍本,杭本,福本。【补】南昌局重刻聚珍本。

《张邱建算经》三卷　北周甄鸾注,唐李淳风释,刘孝孙细草。又知不足斋本。

《五经算术》二卷　北周甄鸾。唐李淳风注。又聚珍本,杭本,福本。【补】南昌局重刻聚珍本。

《缉古算经》一卷　唐王孝通。并注。又知不足斋本。【补】《函海》本。

《数术记遗》一卷，　旧题汉徐岳。北周甄鸾注。伪书。又津逮本,学津本。　附《句股割圜记》一卷　戴震。【补】《槐庐丛书》本一卷,无附。

《九章算术细草图说》九卷　李潢。沈钦裴校。嘉庆庚辰家刻本。

《海岛算经细草图说》一卷　李潢。附前刻后。

《缉古算经考注》二卷　李潢。程矞采广州刻本,又南昌刻补草
附图本,非原书。

《测圆海镜细草》十二卷　元李冶。李锐校。【补】《书目答问》
原刻后　印本增印"又长沙荷池精舍刻本"九字。李善兰刻本。

《益古演段》三卷　同上。同上。【补】同上。

《弧矢算术细草》一卷　明顾应祥。李锐细草。

《透帘细草》一卷　阙名。

《续古摘奇算法》一卷　宋杨辉。

《丁巨算法》一卷　元丁巨。以上六种皆知不足斋本。

《数书九章》十八卷　宋秦九韶。　附《札记》　宋景昌。《宜稼
堂丛书》本。

《杨辉算法六种》七卷　宋杨辉。宋景昌校。《宜稼堂丛书》本。
目列后。

　《详解九章算法》,附《纂类》,　无卷数。　附《札记》　【补】
涵芬楼影印宜稼堂本,单行。　《田亩比类乘除捷法》二卷
《算法通变本末》一卷　《乘除通变算宝》一卷　《算法取用
本末》一卷　《续古摘奇算法》一卷,附《总札记》

《算学启蒙》三卷　元朱世杰。罗士琳校。《观我生室汇稿》本,
抽印单行本。【补】江宁局本。罗据朝鲜重刻本校正。互见。

《四元玉鉴细草》二十四卷　元朱世杰。罗士琳草。《观我生室
汇稿》本,抽印单行本。互见。【补】《书目答问》原刻后印本增
印"光绪乙亥长沙荷池精舍刻本"十二字。《四元玉鉴》原书三
卷,仁和何元锡覆元大德刻本。

《缉古算经细草》三卷　张敦仁。岱南阁本。　《求一算术》三

卷　同上。【补】《书目答问》原刻后印本于《细草》三卷下,增印
　　"长沙荷池精舍刻本"八字。《知不足斋丛书》内亦刻张敦仁《缉
　　古算经细草》。

《校缉古算经》一卷,《图解》一卷,《细草》一卷,《音义》一
　　卷　陈杰。成都龙氏刻本。【补】《图解》三卷。

《开方补记》六卷　张敦仁。道光十四年自刻本。原书九卷,未刻
　　毕。【补】《书目答问》原刻后印本本行下,增印"《求一术通解》
　　二卷。今人。长沙荷池精舍刻本"十七字。《通解》,新化黄宗
　　宪撰。

《割圆密率捷法》四卷　明安图。罗士琳校。天长岑氏刻本,观
　　我生室本。互见。

《三统术衍》三卷　钱大昕。《潜研堂集》本。董祐诚《三统术衍
　　补》一卷,在《董方立遗书》内。

《少广正负术内外篇》六卷　孔广森。《𪨊轩所著书》本。

《开方释例》四卷　骆腾凤。刻本。王元启《句股衍甲集》三卷、
　　《乙集》二卷、《丙集》四卷,未刊。【补】《开方释例》何锦刻。

《弧矢算术细草图解》一卷,《咸丰元年中星表》一卷　冯桂芬。
　　原刻本。

《句股六术》一卷　项名达。上海局本。【补】《书目答问》原刻后
　　印本于本行下增印"《百鸡术衍》二卷。今人。长沙荷池精舍刻
　　本"十六字。此书嘉定时日醇撰。

《笔算便览》一卷　纪大奎。《纪慎斋全集》内。【补】《书目答问》
　　原刻初印本于本行下,增印"《算法圆理括囊》一卷。今人。长沙
　　荷池精舍刻本"十八字。此书日本国人加悦传一郎俊兴撰。

《增删算法统宗》十一卷　梅毅成。

《九数通考》十三卷　屈曾发。乾隆癸巳刻本,同治十年广州学海

堂重刻本。原名《数学精详》。

　　以上中法

《新法算书》一百零三卷　明徐光启等。明刻本。三十种。原名《崇祯历书》。目列后。　《治历缘起》八卷　《奏疏》四卷　《八线表》一卷　《日躔表》一卷　《月离表》四卷　《五纬表》十卷　《交食表》九卷　《恒星纬表》二卷　《新历晓或》一卷　青照堂亦刻。　《历小辨》一卷　《测量全义》十卷　《远镜说》一卷　珠尘亦刻。《日躔历指》一卷　《月离历指》四卷　《五纬历指》九卷　《恒星历指》四卷　《交食历指》七卷　《恒星出没》二卷　《古今交食考》一卷　《黄赤正球》二卷　《浑天仪说》五卷　《测天约说》二卷　《天测》二卷　《几何法要》四卷　《新法历引》一卷　《历法西传》一卷　《新法表异》二本　《筹算指》一卷　《筹算》一卷　《测食略》二卷

《天学初函器编》三十卷　明徐光启等。明刻本。十种，目列后。《泰西水法》六卷　明熊三拔。【补】互见前农家。　《浑盖通宪图说》二卷　明李之藻。又守山阁本。　《几何原本》六卷　明徐光启译。又海山仙馆本。全书十五卷，余九卷未译，今始译行。【补】原书希腊欧几里得撰。　《表度说》一卷　明熊三拔。　《天问略》一卷　明阳玛诺。又珠尘本。【补】阳玛诺，葡萄牙国人。　《简平仪》一卷　明熊三拔。又守山阁本。《同文算指前编》二卷，《通编》八卷　明李之藻译。又海山仙馆本。明本有《别编》一卷。【补】原书意大利国利玛窦撰。《圜容较义》一卷　明李之藻。又海山仙馆本，守山阁本。《测量

法义》一卷　明徐光启。又海山仙馆本,《指海》本。　《句股
义》一卷　明徐光启。又海山仙馆本,《指海》本。

《测量异同》一卷　明徐光启。海山仙馆本,《指海》本。

《测算刀圭》三卷　《面体比例便览》一卷,《对数表》一卷,《对数
广运》一卷。年希尧。自刻本。

《视学》二卷　年希尧。自刻本。

《比例会通》四卷　罗士琳。刻本。

《新译几何原本》十三卷,《续补》二卷　李善兰译。上海刻本。
【补】江宁局本。

《代数术》二十五卷,卷首《释号》一卷　今人译。上海刻本。
【补】英国华里司撰,金匮华蘅芳译。

《代微积拾级》□卷　李善兰译。上海刻本。【补】此书十八卷,
美国罗密士撰。《书目答问》原刻后印本本行下,增印"《对数详
解》五卷。今人。长沙荷池精舍刻本"十六字。此书长沙丁取
忠撰。

《曲线说》一卷　李善兰译。则古昔斋刻本。【补】原书英国胡威
立撰。《书目答问》原刻后印本本行下,增印"《割圜缀术》四卷。
徐有壬撰,今人述草。长沙荷池精舍刻本"二十二字。此书南丰
吴嘉善述草。

《数学启蒙》一卷　西洋人伟烈亚力。上海活字版本。【补】伟烈
亚力,英国人。《书目答问》原刻后印本本行下,增印"《圆率考
真图解》一卷。今人。长沙荷池精舍刻本"十八字。此书湘乡曾
纪鸿撰。

《经天该》一卷　明利玛窦。珠尘本,亦在《高厚蒙求》内。【补】
《书目答问》原刻后印本本行下,增印"《数学拾遗》一卷。今人。
长沙荷池精舍刻本"十六字。此书长沙丁取忠撰。

《中星表》一卷　清徐朝俊。珠尘本,亦在《高厚蒙求》内。

　　以上西法

《御制数理精蕴》,《上编》五卷,《下编》四十卷,《表》八卷
　　康熙十三年殿本。

《御制历象考成》,《上编》十六卷,《下编》十卷,《后编》十卷,
　　《表》十六卷　康熙十三年殿本。乾隆二年殿本。【补】《上
　　编》、《下编》及《表》四十二卷,康熙间撰,《后编》十卷,乾隆间
　　撰。武昌官本。

《御定仪象考成》三十二卷　乾隆九年殿本。【补】《续编》三十
　　二卷,道光二十五年殿本。

《晓庵新法》六卷　王锡阐。守山阁本。【补】《翠琅玕丛书》本。
　　王锡阐《晓庵遗书》十五卷,光绪间德化李氏刻《木犀轩丛
　　书》本。

《五星行度解》一卷　同上。同上。

《天步真原》一卷　薛凤祚。守山阁本,《指海》本。

《勿庵历算全书》七十四卷　梅文鼎。魏念彤刻本。二十九种。
　　梅毂成重编为六十二卷,名《梅氏丛书》,序次尤善,附毂成《赤水
　　遗珍》一卷、《操缦卮言》一卷。目列后。【补】梅毂成重编本名
　　《梅氏丛书辑要》,此编最足,分二十种,附毂成二种。家刻本,泾
　　县洪氏刻本。又李光地刻本六种十八卷,蔡玺刻本十七种四十
　　三卷,皆不全。

　　《平三角举要》五卷　《句股阐微》四卷　《弧三角举要》五
　　卷　《环中黍尺》六卷　《堑堵测量》二卷　《方圆幂积》一
　　卷　《几何补编》五卷　《解割圆之根》一卷　杨作枚。

　　《历学疑问》三卷　《历学疑问补》二卷　珠尘亦刻。　《交

会管见》一卷　《交食蒙求》三卷　《揆日候星纪要》一卷
《岁周地度合考》一卷　《冬至考》一卷　《诸方日轨高度
表》一卷　《五星纪要》一卷　《火星本法》一卷　《七政细
草补注》一卷　《二铭补注》一卷　珠尘亦刻。　《历学骈
枝》四卷　《平立定三差解》一卷　《历学答问》一卷　珠尘
亦刻。《古算演略》一卷　珠尘亦刻。　《笔算》五卷　《筹
算》七卷　《度算释例》二卷　《方程论》六卷　《少广拾
遗》一卷

《勿庵历算书目》一卷　梅文鼎。知不足斋本。【补】亦附魏刻
《勿庵历算全书》后。

《中西经星同异考》一卷　梅文鼎。《指海》本。

江慎修《数学》八卷,《续》一卷　江永。守山阁本。海山仙馆本
用原名,题曰《翼梅》。目列后。

《历学补论》　《岁实消长辨》　《恒气注历辨》　《冬至权
度》　《七政衍》　《金水发微》　《中西合法拟草》　《算
賸》　《正弧三角疏义》

《推步法解》五卷　江永。守山阁本。

《李氏遗书》十七卷　李锐。道光癸未阮氏广州刻本。《算书十
一种》。【补】光绪十六年重刻本。目列后。《召诰日名考》一
卷,《汉三统术注》三卷,《汉四分术注》三卷,《汉乾象术注》二
卷,《补修宋奉元术注》一卷,《补修宋占元术注》一卷,《日法朔
余强弱考》一卷,《方程新术草》一卷,《勾股算术细草》一卷,《弧
矢算术细草》一卷,《开方说》三卷,下卷顺德黎应南补。

《董方立遗书·算术》七卷　董祐诚。家刻本,成都重刻本。《遗
书》共十四卷,余七卷为他著述。【补】光绪间上海制造局重刻

本。《遗书》九种，十六卷，内算术凡七卷，余八卷分见史部地理类、集部骈体文家集。又《兰石词》一卷，此中未收。

《割圆连比例术图解》三卷　　《椭圜求周术》一卷　《堆垛求积术》一卷　《斜弧三边求角补术》一卷　《三统术衍补》一卷

《里堂学算记》十六卷　　焦循。《焦氏丛书》本。五种，目列后。

《加减乘除释》八卷　　《天元一释》二卷　　《释弧》三卷　《释轮》二卷　《释椭》一卷　【补】焦循别有《开方通释》一卷，光绪间德化李氏刻入《木犀轩丛书》。

《宣西通》三卷　　许桂林。善化唐氏刻本。

《算牗》四卷　　同上。孙云樷刻本。

《翠微山房数学》三十八卷　　张作楠。原刻本。十五种，目列后。【补】光绪二十五年重刻本。一名《张丹村杂著》。

《量仓通法》五卷　《方田通法补例》六卷　《仓田通法续编》三卷　《八线类编》三卷　《八线对数类编》二卷　丁取忠校正。白芙堂本。　《弧角设如》三卷　《弧三角举隅》一卷【补】全椒江临泰。　《揣籥小录》一卷　《揣籥续录》三卷　《高弧细草》一卷　《新测恒星图表》一卷　《新测中星图表》一卷　《新测更漏中星表》三卷　《金华晷漏中星表》二卷　《交食细草》三卷

《数学五书》□卷　　安清翘。刻本。目列后。【补】十九卷。

《推步惟是》【补】四卷。　　《一线表用》【补】六卷。《学算存略》【补】三卷。　《笔算衍略》【补】《数学五书》内无此一种。　《矩线原本》　四卷。《乐律新得》【补】二卷。"新"当作"心"。

《衡斋算学》七卷　　汪莱。嘉庆间刻本。【补】咸丰四年刻《衡斋

遗书》本。《遗书》凡八种,十六卷,余七种,九卷,亦多系算书。《书目答问》原刻后印本本行下,增印"《粟布演草》二卷,《补》一卷。今人。长沙荷池精舍刻本"十九字。此书长沙丁取忠撰。

《六九轩算书》□卷　刘衡。家刻本。六种,目列后。【补】八卷。

《尺算日晷新义》【补】二卷。　《句股尺测量新法》【补】一卷。　《筹表开诸乘方捷法》【补】二卷。　《借根方法浅说》【补】一卷,罗士琳补。　《四率浅说》【补】一卷。　《缉古算经补注》【补】一卷。

《观我生室汇稿》二十四卷　罗士琳。阮刻本。十一种,目列后。

《句股容三事拾遗》三卷,附《例》一卷　《三角和较算例》一卷　《四元玉鉴细草》二十四卷　又单行。　《四元释例》二卷　《演元九式》一卷　《台锥积演》一卷　《校正算学启蒙》三卷　又单行。《校正割圜密率捷法》四卷　又单行。

《续畴人传》六卷　《周无专鼎铭考》一卷　《弧矢算术补》一卷　此外有《交食图说举隅》、《推算日食增广新术》、《春秋朔闰异同》、《缀术辑补》、《句股截积和较算例》、《淮南天文训存疑》、《博能丛话》,未刊。【补】《春秋朔闰异同》一卷,已刊,见前经部《春秋左传》之属。《句股截积和较算例》二卷,已刊入《连筠簃丛书》。

《夏氏算书遗稿》四种　夏鸾翔。附《邹徵君遗书》。刻本。目列后。

《少广缒凿》一卷　白芙堂亦刻。　《洞方术图解》二卷《致曲术》一卷　《致曲图解》一卷【补】夏鸾翔别有《万象一原》九卷,宣统间排印入《振绮堂丛书》,苏州局亦刻。

《务民义斋算学》七种　徐有壬。姚氏咫进斋刻本,有七种未刻。

徐别有《造各表简法》、《截球解义》、《椭圆求周术》各一卷,附刻
《邹徵君遗书》内。《堆垛测圆》三卷,《圆率通考》一卷,《四元算
式》一卷,《校正开元占经九执术》一卷,《古今积年解源》二卷,
《强弱率通考》一卷,此六种未刻。【补】《书目答问》原刻后印本
增印"长沙荷池精舍刻本"八字。目列后:《测圆密率》三卷;《垛
积招差》一卷,即《造各简表法》;《椭圆正术》一卷,即《椭圆求周
术》;《截球解义》一卷;《弧三角拾遗》一卷;《表算日食三差》一
卷;《朔食九服里差》三卷。又自刻本无《截球》、《造表》二种。
上列"徐别有"三字当删。

《邹徵君遗书》八种　邹伯奇。广州家刻本。目列后。

　《学计一得》二卷　《补小尔雅释度量衡》一卷　《格术补》
一卷【补】长沙荷池精舍亦刻。　《对数尺记》一卷　《乘方捷
术》三卷　《存稿》一卷　《舆地图》一册　《恒星图》赤道
南北二幅　附《夏氏算学》、《徐氏算学》。

《吴氏丁氏算书》十七种　今人吴氏、丁氏同撰。同治元年长沙白
芙堂刻本。目列后。【补】南丰吴嘉善、长沙丁取忠同撰。　《笔
算》　《今有术》　《分法》　《开方术》　《平方术》　《平圆
术》　《立方立圆术》　《句股术》　《平三角术》　《测量
术》　《方程术》　《天元一术》　《天元名式释例》　《天元
一草》　《天元问答》　《四元名式释例》　《四元草》　附
《借根方句股细草》一卷　李锡蕃。【补】又同治十二年刻本,
二十一种,视前刻多四种如下:《弧三角术》、《差分术》、《盈朒
术》、《方程天元合释》,皆吴嘉善撰。又光绪间刻本,合他算学二
十一种,经学二种,共四十四种,名曰《白芙堂算学丛书》。余二
十三种目列后:《八线对数表》,张作楠;《天元句股细草》,李锐;
《开方说》,李锐;《一少广缒凿》,夏鸾翔;《务民义斋算学》,徐有

壬;《百鸡术衍》,嘉定时日醇;《舆地经纬度里表》,丁取忠;《求一术通解》,新化黄宗宪;《割圆八线缀术》,吴嘉善;《数学拾遗》,丁取忠;《测圆海镜》,元李冶;《益古演段》,李冶;《圜率考真图解》,湘乡曾纪鸿;《圆理括囊》,日本国人加悦传一郎俊兴;《粟布演草》,丁取忠;《缉古算经细草》,张敦仁;《对数详解》,丁取忠;《缀术释明》,湘阴左潜;《缀术释戴》,左潜;《四元玉鉴》,元朱世杰;《格术补》,邹伯奇;《仪礼丧服辑略》,长沙张华理;《丧服今制表》,张华理。通行石印本,无末经学二种。

《则古昔斋算学》二十四卷　李善兰。江宁刻本。十三种,目列后。【补】江宁局刻。家刻本。

《方圆阐幽》一卷　《弧矢启秘》二卷　《对数探源》二卷【补】《指海》亦刻。《垛积比类》四卷　《四元解》二卷　《麟德术解》三卷　《椭圜正术解》二卷　《椭圜新术》一卷《椭圜拾遗》三卷　《火器真诀》一卷　《尖锥变法解》一卷　《级数回求》一卷　《天算或问》一卷　【补】李善兰别有《测圆海镜解》一卷,《考数根法》三卷,《造整句股级数法》二卷,未刊。

《畴人传》四十六卷　阮元。　《续畴人传》六卷　罗士琳。阮氏合刻本。阮《传》入《文选楼丛书》,《续传》亦入《观我生室汇稿》。学海堂阮《传》摘本九卷。【补】海盐张敬合刻本。钱塘诸可宝《畴人传三编》七卷,《南菁书院丛书》本。通行石印本合印阮、罗、诸三书,附金匮华蘅芳《近代畴人著述记》。澧州黄锺骏《畴人传四编》□卷,自刻《留有余斋丛书》本。

　以上兼用中西法

右天文算法家算学以步天为极功,以制器为实用,性与此近者,能加研求,极有益于经济之学。【补】此类诸书,多有通行石印本。善化刘铎辑《古今算学丛书》一千零八卷,收罗甚富,右举诸书多在其中。光绪二十四年上海算学书局影印未全。李善兰后,华蘅芳最著,有自刻《行素轩算稿》六种,又译撰数种,亦能融通中西,自名一家。今新书日出,西法大行,精深诚远过旧籍,然类皆直译稗贩,无心得可称,其书既通行习知,兹悉不录。

术数第八 举其雅驯合理者。

《易林》十六卷 旧题汉焦赣,依徐养原、牟廷相,定为汉崔篆。士礼居校宋本,单行重刻黄本,津逮本、学津本并为四卷。《火珠林》一卷,刻《格致丛书》百名家书中。【补】涵芬楼《道藏举要》影印《道藏》本《易林》十卷,《四部丛刊》影印元刻本十六卷,有注。潮州郑氏龙溪精舍重刻黄本。翟云升《易林校略》十六卷,道光间自刻本。丁晏《易林释文》二卷,《南菁书院丛书》本,广州局本。孙诒让校《易林》二十五则,在《札迻》内。

《太玄经》十六卷 汉扬雄。蜀范望注。明刻仿宋本,孙氏《古棠书屋丛书》本。【补】此书十卷。《四部丛刊》影印明万玉堂翻宋本,附唐王涯《说玄》一卷、宋林瑀《释文》一卷。俞樾、孙诒让皆有条校,在《诸子平议》、《札迻》内。

《太玄经集注》十卷 宋司马光。嘉庆庚午陶五柳仿宋本。【补】

前六卷光辑汉宋衷、吴陆绩、晋范望、唐王涯、宋宋维幹、陈渐、吴秘七家音释解义,撰为集注,后四卷则光录同时人许翰注也。成都存古书局刻本,涵芬楼《道藏举要》影印《道藏》本,无后四卷。

《太玄解》一卷 焦袁熹。珠尘本。

《五行大义》五卷 隋萧吉。《佚存丛书》本,知不足斋本,许宗彦校刻本。

《开元占经》一百二十卷　唐瞿昙悉达。长沙刻本。内有唐《九执历》。

《潜虚》一卷　宋司马光。　附《潜虚发微论》一卷　宋张敦实。知不足斋本。

《潜虚解》一卷　焦袁熹。珠尘本。

《皇极经世书》十二卷　宋邵雍。通行本。

右术数家东方朔《灵棋经》二卷,伪书,然是晋以前人作,刻《得月簃丛书》、《珠丛别录》、刘氏《述古丛钞》中。【补】《长恩书屋丛书》、《翠琅玕馆丛书》、涵芬楼《道藏举要》内,亦俱有《灵棋经》。

艺术第九　举其典要可资考证者,空谈赏鉴不录。

《法书要录》十卷　唐张彦远。津逮本,学津本。梁庾肩吾《书品》、唐张怀瓘《书断》,已收入此书内。

《墨池编》二十卷　宋朱长文。明青州李氏刻本,雍正癸卯朱氏刻本。

《书史会要》九卷,《补遗》一卷,　明陶宗仪。　《续编》一卷　明朱谋垔。三续百川本。钱坫《篆人录》八卷,未刊。【补】陶、朱书明刻本,三续百川本无卷数。

《书谱》一卷　唐孙虔礼。百川本。安氏石刻附释文本。

《续书谱》一卷　宋姜夔。三续百川本。以上二种,刻戈守智《汉溪书法通解》内。通行本。【补】广州局刻《白石四种》本。

《艺舟双楫》六卷,《附录》三卷　包世臣。《安吴四种》之一。活字版本,又单行本。此编实是杂文,因内有《论书》二卷,附此。【补】《翠琅玕馆丛书》本,上海有正书局排印本,皆无《附录》。

又咸丰十一年山阳吴璥观乐堂单刻本六卷,篇目略有异同。《安吴四种》,互见集部。南海康有为《广艺舟双楫》六卷,一名《书镜》,专论书法,以北碑为主,万木草堂自刻本,有正书局排印本。」

〔以上论书〕

《历代名画记》十卷　唐张彦远。津逮本,学津本,续百川本。上古至唐会昌。

《贞观公私画史》一卷　唐裴孝源。续百川本,《唐宋丛书》本。

《图画见闻志》六卷　宋郭若虚。津逮本,学津本。唐会昌至宋熙宁。

《画继》十卷　宋邓椿。津逮本,学津本。宋熙宁至乾道。

《图绘宝鉴》五卷　元夏文彦。上古至元。　《续编》一卷　明韩昂。津逮本。明初至嘉靖。又借绿草堂本第六卷,毛大伦增补,至明;七、八两卷,蓝瑛、谢彬纂,至国初。又附夏纂《补遗》一卷。【补】上虞罗振玉《宸翰楼丛书》影印元刻本五卷,附《补遗》一卷。坊刻本八卷,内有山阴冯仙湜二卷。

《读画录》四卷　周亮工。自刻本,海山仙馆本。明末国初。

《画征录》三卷,《续》二卷　张庚。通行本。国初至乾隆初。以上七书,皆考证历代画家大略,相续而成。近人有《画史汇传》,上古至道光,人数不少,考证无多。【补】《画史汇传》七十二卷、《附录》二卷,长洲彭蕴璨撰,邱氏刻本,扫叶山房刻本。会稽鲁骏《宋元以来画人姓氏录》三十六卷,原刻本,博赡胜彭书。

《南薰殿图象考》一卷　胡敬。自刻四种之一。」

〔以上论画〕

《佩文斋书画谱》一百卷　康熙四十七年敕撰。内府本。【补】坊间石印缩本。盖牟卞永誉《式古堂书画汇考》六十卷,卞氏原刻本,民国十年鉴古书社影印本。」

〔此统论书画〕

《东观余论》三卷　宋黄伯思。明项氏万卷楼仿宋本,津逮本,学
　津本。【补】杭州局《邵武徐氏丛书》本。

《广川书跋》十卷　宋董逌。津逮本。【补】朱氏《槐庐丛书》本,
　张氏《适园丛书》本。董逌别有《广川画跋》六卷,刻《十万卷楼
　丛书》、《翠琅玕馆丛书》中。

《法帖谱系》二卷　宋曹士冕。百川本,青照堂本。【补】嘉善程
　文荣《南村帖考》四卷,贵池刘世珩刻《聚学轩丛书》本,民国九
　年北京排印单行本。南海吴荣光《帖镜》六卷,未刊。

《阁帖释文考正》十二卷　王澍。自刻本。【补】光绪间常熟鲍氏
　刻《后知不足斋丛书》本。

《虚舟题跋》十卷,《补原》三卷　王澍。乾隆间刻本,海山仙馆
　本四卷。

《苏斋题跋》二卷　翁方纲。得月簃本。多考订。

《法帖题跋》三卷　姚鼐。《惜抱轩集》本。」

　　〔以上论法帖〕

《学古编》一卷　元吾邱衍。学津本,广百川本,秘笈本,《唐宋丛
　书》本。【补】此书一名《三十五举》。姚氏咫进斋本,丁氏《武林
　往哲遗著》本,顾湘刻《篆学丛书》本。

《续三十五举》一卷　桂馥。乾隆己巳重定自刻本,海山仙馆本,
　借月山房本。【补】咫进斋本,《篆学丛书》本,《指海》续刻本。
　黄子高《续三十五举》一卷,《学海堂丛刻》本。

《印人传》三卷　周亮工。自刻本。【补】《篆学丛书》、《翠琅玕馆
　丛书》,皆兼有歙县汪启淑《续》八卷。」

　　〔以上论印章〕

《琴史》六卷　宋朱长文。曹寅刻《楝亭十二种》本。

《乐府杂录》一卷　唐段安节。续百川本。」

〔以上论乐〕

右艺术家

杂家第十　学术不纯宗一家者入此。其杂记事实者入杂史,杂考经史者入儒家。

《淮南子》高诱注二十一卷　庄逵吉校本。《十子》本即此本。兼道家。【补】杭州局《二十二子》重刻庄校本,贵池刘世珩宜春堂影宋巾箱本。《四部丛刊》影印影宋钞本。涵芬楼《道藏举要》影印《道藏》本,误题汉许慎注,实仍高诱注本也。北平刘家立《淮南子集证》二十一卷,民国十年上海中华书局排印本。合肥刘文典《淮南鸿烈集解》,商务印书馆排印本。

许叔重《淮南子注》一卷　孙冯翼辑。问经堂本。【补】又黄奭、易顺鼎、叶德辉诸人辑本,皆有自刻本。丁晏辑本未刊。陶方琦《淮南许注异同诂》四卷,陶氏家刻本。

《淮南万毕术》一卷　孙冯翼辑。问经堂本,又茆辑十种本。【补】潮州郑氏龙溪精舍重刻问经堂本,又丁晏辑本在《南菁书院丛书》内。又长沙叶德辉观古堂辑本,又吴县王仁俊辑排印本。

《淮南天文训补注》二卷　钱塘。《指海》本。【补】道光八年刻本,武昌局本,亦附涵芬楼排印刘文典《淮南鸿烈集解》后。

《抱朴子内外篇》八卷　晋葛洪。平津馆本。兼道家。【补】《内篇》二十卷,《外篇》五十卷。光绪间吴县朱记荣重刻平津馆本,《四部丛刊》影印明嘉靖乙丑鲁藩刻本,涵芬楼《道藏举要》影印《道藏》本,《汉魏丛书》重刻五柳居陶氏本。俞樾、孙诒让皆有条校,在《诸子平议》、《札迻》内。

《抱朴子内篇校勘记》一卷,《佚文》一卷,《外篇校勘记》一卷,《佚文》一卷　严可均。《四录堂类集》本。

《金楼子》六卷　梁元帝。知不足斋本。兼释老。【补】潮州郑氏龙溪精舍重刻知不足斋本,武昌局汇刻百子本。孙诒让《札迻》校此书七则。

《刘子》十卷　梁刘昼。《汉魏丛书》本。兼道家。【补】唐袁孝政注。《旧唐志》云刘勰撰,晁《志》云刘昼撰。又有谓即袁孝政所伪作者,疑不能明也。《汉魏丛书》本题《刘子新论》。定州王灏刻《畿辅丛书》本,涵芬楼《道藏举要》影印《道藏》本,玻璃版影印明活字本。卢文弨、孙诒让皆有条校,在《群书拾补》、《札迻》内。

《颜氏家训注》七卷　北齐颜之推。赵曦明注。抱经堂本。又知不足斋本。兼释家。【补】潮州郑氏龙溪精舍重刻抱经堂本。又《四部丛刊》影印明刻二卷本。郝懿行《颜氏家训斠记》一卷,民国十年太原省立图书馆排印本。兴化李详补注若干则,载《国粹学报》。

《长短经》九卷　唐赵蕤。读画斋本。兼纵横家。【补】《函海》本。

《两同书》二卷　唐罗隐。续百川本,秘笈本。兼道家。【补】光绪间会稽章寿康刻《式训堂丛书》本。

《谭子化书》六卷　南唐谭峭。明吴刻《二十子》本,明单行仿宋本,《珠丛别录》本。兼道家。【补】金壶本,武昌局《正觉楼丛书》本,张氏《榕园丛书》重刻《道藏》本,涵芬楼《道藏举要》影印《道藏》本。

《激书》　无卷数,五十七篇。贺贻孙。江西刻本。兼道家。

　　右杂家

小说家第十一　唐以前举词章家所常用者，宋以后举
考据家所常用而雅核可信者，余皆在通行诸丛书中。

《汉武内传》一卷，附录《外传》、《校勘记》　齐王俭。守山阁本，又金壶本。【补】涵芬楼《道藏举要》影印《道藏》本。

《西京杂记》六卷　梁吴均。抱经堂校刻别行本，又津逮本，学津本，《汉魏丛书》本。【补】旧题汉刘歆撰，或题晋葛洪撰，皆误。龙溪精舍重刻抱经堂本，《四部丛刊》影印明嘉靖壬子孔天胤刻本，又武昌局《正觉楼丛书》二卷本。孙诒让校五则，在《札迻》内。

《博物志》十卷，附《逸文》　旧题晋张华。《指海》本，又士礼居本。《神异经》、《十洲记》、《洞冥记》、《搜神记》、《搜神后记》、《述异记》，皆伪书近古者。【补】《博物志》，道光七年浦江周心如刻《纷欣阁丛书》本，光绪间潮州郑氏龙溪精舍重刻士礼居本。《神异经》一卷，旧题汉东方朔撰，晋张华注。《十洲记》一卷，旧题汉东方朔撰，涵芬楼《道藏举要》影印《道藏》本，涵芬楼影印明《顾氏文房小说》本。《洞冥记》四卷，旧题汉郭宪撰，津逮本，《顾氏文房小说》本。《搜神记》二十卷，旧题晋干宝撰，津逮本，学津本。《搜神后记》十卷，旧题晋陶潜撰，津逮本，学津本。《述异记》二卷，旧题梁任昉撰，南陵徐乃昌《随庵丛书》仿宋太庙前尹家刻本。以上四种，亦在《汉魏丛书》、《龙威秘书》、汇刻《百子》中。

《世说新语》三卷　宋刘义庆。明袁氏仿刻宋本，道光戊子周氏纷欣阁重刻袁本，惜阴轩本。【补】梁刘孝标注。《四部丛刊》影印明袁褧仿宋本，附沈宝砚《校语》三册。长沙王先谦校刻本，附《考证》□卷。

《拾遗记》十卷　晋王嘉。《汉魏丛书》本。

《异苑》十卷　宋刘敬叔。津逮本,学津本。」

〔以上六朝〕

《国史补》三卷　唐李肇。得月簃翻明本,津逮本,学津本。

《明皇杂录》三卷,附《校勘记》　唐郑处诲。守山阁校本,又金壶本。

《杜阳杂编》三卷　唐苏鹗。学津本,《稗海》本。

《酉阳杂俎》二十卷,《续》十卷　唐段成式。津逮本,学津本,坊刻单行本。【补】湖北局刻《三十三种丛书》本。

《尚书故实》一卷　唐李绰。秘笈本,说荟本。【补】《书目答问》原刻后印本本行下,增印"《因话录》六卷,唐赵璘,《唐宋丛书》本,《说荟》本"十六字。《因话录》,《唐宋丛书》本三卷,不全。稗海本,百川本。

《北梦琐言》二十卷　五代孙光宪。雅雨堂本,广州刻本。

《茆亭客话》十卷　宋黄休复。琳琅秘室本,津逮本,学津本。【补】江阴缪荃孙《对雨楼丛书》本,据穴砚斋钞本刻。此版今归吴兴张氏择是居。

《唐语林》八卷,附《校勘记》　宋王谠。四库馆重编。守山阁校本,又聚珍本,福本,金壶本。【补】武昌局重刻守山阁本,惜阴轩本,涵芬楼校排印本。」

〔以上唐〕

《清异录》二卷　宋陶穀。海宁陈氏与《表异录》合刻本,惜阴轩本,秘笈本。

《归田录》二卷　宋欧阳修。学津本,欧集附刻本。【补】涵芬楼校排印本。

《铁围山丛谈》六卷　宋蔡绦。知不足斋本。

《侯鲭录》八卷　宋赵令畤。知不足斋本。

《续世说》十二卷　宋孔平仲。守山阁本。

《萍洲可谈》三卷,附《校勘记》　宋朱彧。守山阁本,金壶本。

《默记》一卷　宋王铚。知不足斋本。【补】涵芬楼校排印本。

《挥麈前录》四卷,《后录》十一卷,《三录》三卷,《余话》二卷
　　宋王明清。津逮本,学津本。

《闻见前录》二十卷　宋邵伯温。津逮本,学津本。【补】涵芬楼
　　校排印本。

《闻见后录》三十卷　宋邵博。津逮本,学津本。【补】涵芬楼校
　　排印本。

《鸡肋编》三卷　宋庄季裕。琳琅秘室本。【补】涵芬楼校排
　　印本。

《桯史》十五卷,《附录》一卷　宋岳珂。津逮本,学津本。

《癸辛杂识》、《前集》一卷,《后集》一卷,《续集》二卷,《别集》
　　二卷　宋周密。津逮本,学津本。」

《辍耕录》三十卷　元陶宗仪。明刻本,津逮本。【补】民国十二
　　年武进陶湘覆元刻本。

《山居新语》四卷　元杨瑀。知不足斋本。【补】知不足斋本一
　　卷。钱塘丁丙刻《武林往哲遗著》本一卷。」

　　　　　　〔以上元〕

《震泽纪闻》二卷,《震泽长语》二卷　明王鏊。借月山房本。
　　《纪闻》有珠尘本,《长语》有《指海》本。【补】《纪闻》,《说郛续
　　编》内亦刻。

《水东日记》四十卷　明叶盛。康熙间刻本。明刻本三十八卷。

《菽园杂记》十五卷　明陆容。守山阁本，金壶本。

《何氏语林》三十卷　明何良俊。明刻本。」

〔以上明〕

《钝吟杂录》十卷　冯班。守山阁本，《指海》本。

《居易录》三十四卷，《池北偶谈》二十六卷　王士禛。通行本。」

〔以上国朝〕

《太平广记》五百卷　宋李昉等。通行本。所引多唐以前逸书，可资考证者极多。【补】明刻大字二本，乾隆十八年天都黄晟刻小字本，江西巾箱本。此亦一类书，所引皆汉以来稗史、传记、小说之属，民国十二年北京大学研究所悉为辑出，得书凡四百余种，存校中，未刊。

右小说家今人杂记，若阮葵生《茶余客话》、王应奎《柳南随笔》、法式善《槐厅载笔》、《清秘述闻》、童翼驹《墨海人名录》之属，皆资考核，均有刻本。【补】《茶余客话》，南清河王锡祺排印《小方壶斋丛书》足本二十二卷，通行本止十二卷。《柳南随笔》六卷、《续笔》四卷，借月山房本。《槐厅载笔》二十卷，原刻本。《清秘述闻》十六卷，附常熟王家相《续》十六卷、《补》一卷，嘉善钱氏刻本。《墨海人名录》□卷，原刻本。大兴刘献廷《广阳杂记》五卷，吴县潘氏《功顺堂丛书》本，定州王氏《畿辅丛书》本。

释道家第十二　举其有关考证事实者。

《弘明集》十四卷　梁僧祐。明刻本。【补】光绪二十二年金陵刻经处刻本，成都存古书局本，《四部丛刊》影印明万历间汪道昆刻本。

《广弘明集》三十卷　唐释道宣。明吴勉学刻本。【补】《四部丛

刊》影印明万历间汪道昆刻本，民国元年常州天宁寺重刻释藏
本，作四十卷。

《佛国记》一卷　宋释法显。津逮本，学津本，《汉魏丛书》本。
《唐宋丛书》本。【补】潮州郑氏龙溪精舍重刻学津本。仁和丁
谦《佛国记地理考证》一卷，《浙江图书馆丛书》本。

《大唐西域记》十二卷　唐释玄奘。守山阁本，金壶本，津逮本，
学津本。此书与《佛国记》意在纪述释教，不为地理而作，故入
此类。【补】宣统元年常州天宁寺刻本，《四部丛刊》影印南宋
刻藏经本。丁谦《大唐西域记地理考证》一卷，《浙江图书馆丛
书》本。《大慈恩寺三藏法师传》十卷，唐释慧立撰，纪玄奘经
历，与上书相表里，常州天宁寺刻本，南京支那内学院校刻本。

《南海寄归内法传》四卷，唐释义净撰，日本刻本，江宁支那内
学院新刻本。此上《佛国记》等四书，西文皆有译文考证，为研究
印度史之要籍。唐释慧超《往五天竺传残本》一卷，上虞罗振玉
影印南丰赵氏临写敦煌石室本。

《高僧传》十三卷，《序录》一卷　梁释慧皎。海山仙馆本。【补】
金陵刻经处本分十五卷，《序录》一卷。汉永平至梁天监。《续高
僧传》四十卷，唐释道宣撰，扬州刻经处本，梁天监至唐贞观。
《宋高僧传》三十卷，宋释赞宁撰，扬州刻经处本，唐贞观至宋端
拱。《明高僧传》六卷，明释如惺撰，扬州刻经处本。南宋、元、明
以上四书，刻经处本，更名《高僧传初集》，《续高僧传》二、三、四
集。《补续高僧传》二十六卷，明释明河撰，民国十一年涵芬楼影
印日本续藏经本。《释迦谱》十卷，齐释僧祐撰，金陵刻经处本。
《佛本行集经》六十卷，隋天竺人阇那崛多译，视《释迦谱》为详，
金陵刻经处本。《佛祖通载》二十二卷，元释念常撰，叙述释家故
实，扬州刻经处本。

《法苑珠林》一百二十卷　唐释道世。燕园蒋氏刻本。【补】蒋氏刻本一百卷,常州天宁寺本一百卷,《四部丛刊》影印明万历间刻支那撰述本一百二十卷,苏州玛瑙经房本。

《五灯会元》二十卷　宋释普济。释藏本。【补】贵池刘世珩玉海堂仿宋宝祐本。

《开元释教录》二十卷　唐释智昇。释藏本。

《翻译名义》十四卷　宋释法云。云栖寺刻本。【补】此书名《翻译名义集》。金陵刻经处本二十卷,《四部丛刊》影印宋刊本七卷,又无锡丁福保改编排印本。《一切经音义》已见前经部小学类。《佛学大辞典》十六册,无锡丁福保编,民国间上海医学书局排印本。」

〔以上释家〕

《列仙传》二卷　旧题汉刘向。王照圆校。《郝氏遗书》本,又《古今逸史》本,琳琅秘室本。【补】《指海》续刻本,汲古阁重刻《道藏》本,涵芬楼《道藏举要》影印《道藏》本。瑞安孙诒让校十三条,在《札迻》内。《续仙传》三卷,南唐沈汾撰,汲古阁本,涵芬楼《道藏举要》影印《道藏》本。

《神仙传》十卷　晋葛洪。龙威本。【补】《汉魏丛书》本,汲古阁本。

《参同契考异》一卷　汉魏伯阳,宋朱子《考异》。守山阁本;《汉魏丛书》,本无《考异》。【补】《朱子遗书》本。道光间浦江周心如刻《纷欣阁丛书》本,分三卷。涵芬楼《道藏举要》影印《道藏》本三卷,题《周易参同契注》。

《道藏目录详注》四卷,附《阙经目录》二卷　明白云霁。《道藏》本。【补】袖珍本,涵芬楼《道藏举要》影印《道藏》本,天津徐世昌退耕堂影印文津阁《四库》书写本。」

〔以上道家〕

右释道家《阴符经》、《素书》、《道德指归论》皆伪书,《真诰》、《云笈七签》多诡诞,不录。【补】《云笈七签》一百二十卷,宋张君房撰,涵芬楼《道藏举要》影印《道藏》本,《四部丛刊》影印明张萱清真馆刻本。此书与释家之《法苑珠林》相类,可考见道教思想之大略,亦不可废。《大藏经》共八千余卷,宋初刻本今已亡阙,南宋淳祐间高丽重刊本,其版犹在。近代有雍正十三年刻本,光绪间日本东京弘教书院活字本,上海哈同花园重印活字本。日本《续藏经》共一千七百五十种,七千一百四十余卷,光绪间日本藏经书院活字本,民国十二年上海涵芬楼影印。《道藏》五千二百卷,明正统、万历间刻本,北京白云观藏有全帙,民国十三年天津徐世昌属涵芬楼影印。涵芬楼抽印此中一百七十六种别行,名《道藏举要》。右列书目,有举《释藏》本及《道藏》本者,因附注二藏诸刻于此。

类书第十三　类书实非子,从旧例附列于此,举其有本原者。

《皇览》一卷　魏缪袭。问经堂辑本。【补】此本孙冯翼辑。《修文殿御览》,北齐祖珽等撰,上虞罗氏《鸣沙石室古佚书》影印唐写残卷本。珽书尚存传钞本,有百余册。

校明初写本《北堂书钞》五十五卷　唐虞世南。严可均校。四录堂本,罕见。今通行刻本一百六十卷,乃明陈禹谟删补者。【补】南海孔氏刻本。

《艺文类聚》一百卷　唐欧阳询。明仿宋小字本,明王元贞校大字本。【补】明锡山华氏兰雪堂活字本,成都刻大字本。此中引书一千四百余种,民国十二年北京大学研究所尽为辑出,存校中,未刊。

《初学记》三十卷　唐徐坚。明无锡安氏仿宋本，古香斋袖珍本。明徐氏万历丁亥刻大字本。【补】上海江左书林影印古香斋本。严可均校本，未刊。陆心源为校勘记，刻《群书校补》中。

《白孔六帖》一百六卷　唐白居易，宋孔传。通行本。

《太平御览》一千卷　宋李昉等。鲍校刻宋小字本，张刻大字本，又明汪昌序校活字版本。最要。【补】嘉庆丙寅扬州汪氏活字本，广州局重刻鲍本，日本刻本。此中引书二千八百余种，民国十一年北京大学研究所尽为辑出，存校中，未刊。《御览》存古佚书最富，故为类书之冠。

《册府元龟》一千卷　宋王钦若等。明崇祯李嗣京刻本。【补】康熙十一年黄九锡五绣堂刻本。

《山堂考索》二百一十二卷　宋章如愚。明正德慎独斋刻本。《前集》六十六卷，《后集》六十五卷，《续集》五十六卷，《别集》二十五卷。

《玉海》二百卷　宋王应麟。嘉庆丙寅康基田校。江宁藩库刻本，又明正德以来修补本。原附《词学指南》四卷。又附刻十三种，目列后：《诗考》一卷，《诗地理考》六卷，《汉艺文志考证》十卷，《通鉴地理通释》十四卷，《汉制考》四卷，《急就篇》四卷，《姓氏急就篇》二卷，《周易郑康成注》一卷，《王会解注》一卷，《践阼篇》一卷，《小学绀珠》十卷，《六经天文篇》二卷，《通鉴答问》五卷。【补】四川刻小字本附十三种。杭州局本附十三种，及张大昌《校补玉海琐记》二卷，《王深宁年谱》一卷。《诗考》、《诗地理考》、《急就篇》、《六经天文篇》四种，互见前经部。《汉艺文志考证》、《通鉴地理通释》、《汉制考》、《姓氏急就篇》、《通鉴答问》五种，互见前史部。

《天中记》五十卷　明陈耀文。明刻本，罕见。原书六十卷。以上各书，不惟文家所用，可考古书佚文异本，其用甚大。【补】《天中记》有光绪戊寅重刻本。古类书不特所引佚文足资考证，即见存诸书，亦可订正文字异同。清代严可均、马国翰、黄奭诸人，辑佚补亡，大都取材于此，但皆侧重佚文，实犹未尽类书之用。今北京大学用剪辑之法，不论存佚，悉行录出，并加雠校，其法至善，惜已辑成者尚未刊也。

《唐类函》二百卷　明俞安期。明刻本。

《锦绣万花谷》　宋阙名。明仿宋刻本。《前集》四十卷，《后集》四十卷，《续集》四十卷。【补】又《别集》三十卷。嘉靖十五年秦氏绣石书堂合刊四集本。此书不著撰人名氏，《天一阁书目》云宋萧贲元撰，《提要》云宋萧恭文撰。

《合璧事类》　宋谢维新。明刻本。《前集》六十九卷，《后集》八十一卷，《续集》五十六卷，《别集》九十四卷，《外集》六十六卷。以上二书，虽未大雅，取其多存旧书及宋人轶事遗文。

右类书类书若国朝官撰之《渊鉴类函》、《骈字类编》、《子史精华》、《韵府》、《字锦》之属，士林咸知，不复胪列。【补】清代类书，其引用之书，今皆完在，故止有村俗獭祭之用，于考证学无与。清代官修类书，以《古今图书集成》为最巨，凡一万卷，有乾隆间铜活字本，光绪间影印、石印、排印三本。

书目答问补正卷四　集部

楚辞第一　《楚辞》兼有屈、宋、杨、刘诸人作，义例实
　　是总集，但从前著录，皆自为一类，冠于别集之前，今
　　仍旧例。

《楚辞补注》十七卷　汉王逸注。宋洪兴祖补。汲古阁毛表校
　　本。《楚辞章句》十七卷，大小雅堂刻本，止王注。【补】同治十
　　一年江宁局翻毛校补注本，《四部丛刊》影印明翻宋补注本。道
　　光间三原李锡麟刻补注本，在《惜阴轩丛书》内。仪征刘师培《楚
　　辞考异》十七卷，长沙易培基《楚辞校补》十七卷，未刊。

《楚辞集注》八卷，《辨证》二卷，《后语》六卷　宋朱子。明成化
　　吴氏刻本，明闵刻本无《辨证》、《后语》。【补】光绪间遵义黎庶
　　昌《古逸丛书》影元至正本，今版在苏州局。上海扫叶山房石印
　　本。武昌局、苏州局刻本，皆无《后语》。

《离骚集传》一卷　宋钱杲之。知不足斋本，《龙威秘书》本。
　　【补】武昌局本，南陵徐乃昌《随庵徐氏丛书》覆宋本，常熟瞿氏
　　铁琴铜剑楼影印宋本。

《离骚草木疏》四卷　宋吴仁杰。知不足斋本，龙威本。【补】乾
　　隆四十四年海昌祝氏刻本，附祝德麟《辨证》四卷。武昌局本，仪

征张丙炎《榕园丛书》本。

《离骚草木疏辨证》四卷　祝德麟。自刻本。

《山带阁楚辞注》六卷,《余论》二卷,《楚辞说韵》一卷　蒋骥。
通行本。【补】康熙五十二年原刻本。

《屈宋古音义》三卷　明陈第。学津本。【补】长沙余肇钧刻《明
辨斋丛书》本,武昌张氏刻本。清儒考《楚辞》韵,精于陈氏书,见
经部小学类。

《天问补注》一卷　毛奇龄。《西河集》本。【补】补朱注。丁晏
《楚辞天问笺》一卷,广州局本。戴震《屈原赋注》七卷、《通释》
二卷、《音义》三卷,原刻本,光绪十七年广州局刻本,民国间沔阳
卢靖编《湖北先正遗书》影印钞本。王念孙、俞樾、孙诒让各校
《楚辞》若干条,在《读书杂志》、《诸子平议》、《札迻》内。《楚
辞》注家极众,大抵逞臆说,不根训故,其书不复胪列,但补雅正
者数家于此。

右楚辞类

别集第二　汉魏六朝举隋唐著录原有专集之名者,
其后人采集者,具在《百三家集》中,不及。唐至
明举最著而单行者。国朝人除诗文最著数家外,
举其说理纪事、考证经史者。

210　《蔡中郎集》六卷　汉蔡邕。聊城杨氏仿宋本,附《独断》二卷。
通行三本皆逊此本。严可均校补《蔡中郎集》十四卷、《录》一
卷,未刊。【补】聊城杨氏本十卷,附《外集》四卷。归安陆心源
十万卷楼本十卷、《外传》一卷,据明华氏活字本刊。《四部丛
刊》影印明华氏活字本。仁和劳格、瑞安孙诒让皆有条校,在《读
书杂识》、《札迻》内。钱塘罗以智《蔡中郎集举正》二卷,未刊,

稿藏瑞安孙氏玉海楼。

《诸葛忠武侯文集》四卷　汉诸葛亮。　《附录》二卷,《诸葛故
　　事》五卷　张澍编。沔县祠堂本。【补】湖南新刻本。

《曹子建集》十卷　魏曹植。明仿宋刻附《音义》本,明安氏活字
　　本,汉阳朝宗书室活字版本。【补】《四部丛刊》影印明活字本,
　　涵芬楼《续古逸丛书》影印宋大字本,吴兴蒋汝藻《密韵楼丛书》
　　覆宋刻本。丁晏《曹集诠评》十卷,附《年谱》,江宁局本。上元
　　朱绪曾《曹子建集考异》□卷,民国间江宁傅春官刻《金陵丛刻》
　　本。顺德黄节《曹子建诗注》,商务印书馆排印本。

《嵇中散集》十卷　魏嵇康。明黄省曾刻本,明汪士贤刻《汉魏六
　　朝二十名家集》本。【补】《四部丛刊》影印明黄省曾刻本。光绪
　　间长沙寄生草堂重刻明汪士贤校本。

《陆士衡集》十卷　晋陆机。《二十名家集》本。【补】《四部丛
　　刊》影印明正德刻本,长沙寄生草堂重刻明汪士贤校本,金山钱
　　培名小万卷楼活字本,附《札记》。

《陆士龙集》十卷　晋陆云。《二十名家集》本。【补】《四部丛
　　刊》影印明正德刻本,长沙寄生草堂重刻汪士贤校本。

《陶渊明文集》十卷　晋陶潜。汲古阁仿宋大字本,何氏成都刻
　　翻毛本。【补】光绪二年桐城徐椒岑仿缩刻宋本,会稽章寿康仿
　　宋本,德清傅云龙籑喜庐覆唐刻卷子本。宋李公焕笺注《陶渊明
　　集》十卷,贵池刘世珩玉海堂覆宋刻本,《四部丛刊》影印宋
　　刻本。

《陶靖节诗注》四卷　宋汤汉注。拜经楼校本。【补】会稽章寿康
　　仿拜经楼本。《陶渊明诗》,《续古逸丛书》影印宋本。陶诗注家
　　颇众,汤注最先。

《鲍参军集》十卷　宋鲍照。明朱应登刻本,《二十名家集》本。

【补】嘉、道间扬州刻本,《四部丛刊》影印毛斧季校宋本。卢文弨《群书拾补》内有条校。顺德黄节《鲍参军集校注》,商务印书馆排印本。

《谢宣城集》五卷　齐谢朓。拜经楼校本。《二十名家集》本。

【补】会稽章寿康仿拜经楼本,扬州刻本,同治间永康胡凤丹刻《六朝四家全集》本,《四部丛刊》影印明钞本。

《昭明太子集》六卷　梁萧统。明叶绍泰编刻《萧梁文苑》本。

【补】光绪间武进盛康刻《常州先哲遗书》本,据影宋钞本刊。贵池刘世珩玉海堂覆宋淳熙贵池本,附《考异》、《札记》。《四部丛刊》影印明辽府宝训堂刻本。此三本皆五卷。

《江文通集》四卷　梁江淹。梁宾校刻本。【补】扬州江氏刻本十卷。《四部丛刊》影印明翻宋本十卷,附《校勘记》一卷。

《江文通集汇注》十卷　明胡之骥注。刻本。《二十名家集》本十卷,无注。

《何水部集》一卷　梁何逊。明张纮刻本。【补】又乾隆十九年汪昉刻本,又雍正间项道晖刻本。

《庾子山集注》十六卷　周庾信。倪璠注。通行本。【补】附《年谱》一卷、《总释》一卷。康熙二十六年原刻本,民国间沔阳卢靖编《湖北先正遗书》影印原刻本。又《四部丛刊》影明屠隆刻本十六卷,无注。

《徐孝穆集笺注》六卷　陈徐陵。吴兆宜注。原刻本,阮氏困学书屋重刻本。吴亦有庾注,倪行吴废。【补】又《四部丛刊》影印明屠隆刻本十卷,无注。

以上汉魏六朝

《初唐四杰集》　唐王勃、杨炯、卢照邻、骆宾王。通行本。《王子安集》十六卷，《盈川集》十卷、《附录》一卷，《卢昇之集》七卷，《骆丞集》四卷。【补】乾隆辛丑星渚项家达豫章斋刻本，江宁局本。《王子安集佚文》一卷，上虞罗振玉辑，排印本。

《骆丞集》四卷　顾广圻校。秦恩复刻本。合李元宾、吕衡州为《三唐人集》。【补】《金华丛书》本四卷、《考异》二卷。

《骆宾王集》十卷　顾之逵小读书堆校刻足本。【补】《四部丛刊》影印明刻本。

《骆临海集注》十卷　陈熙晋注。原刻本。

《陈伯玉文集》三卷，《诗集》二卷　唐陈子昂。杨国桢辑刻本。明新都杨春刻本，虽依旧本题十卷，未足。此本搜辑较多，亦不尽。【补】《四部丛刊》影印明弘治间杨澄校刻杨春本十卷。

《张燕公集》二十五卷　唐张说。聚珍版辑补本，福本。【补】《文集》十五卷、《补遗》五卷。仁和朱氏《结一庐丛书》本，《四部丛刊》影印明嘉靖刻本，附汪小米校记。

《曲江集》二十卷　唐张九龄。通行祠堂本。【补】《四部丛刊》影印明邱浚刻本二十卷、《附录》一卷。

《李北海集》六卷，《附录》一卷　唐李邕。明崇祯庚辰刻本。【补】道光间潘锡恩刻《乾坤正气集》本六卷。

《李太白集》三十卷　唐李白。缪曰芑仿宋临川本。【补】武昌局翻缪本，上海文瑞楼书庄影印缪本。贵池刘世珩玉海堂覆宋咸淳本二十卷，附《札记》一卷。《四部丛刊》影印《分类补注李太白诗集》三卷，元杨齐贤集注，萧士赟补注，据明郭刻本影印。

《李太白集注》三十六卷　王琦注。通行本。【补】乾隆二十四年原刻本，光绪三十四年上海扫叶山房石印本。

《杜诗详注》二十五卷，《附编》二卷　唐杜甫。仇兆鳌注。通行本。【补】康熙间原刻本。

《杜诗镜铨》二十卷　杨伦注。　《杜文注解》二卷　张溍注。
成都合刻本。杜诗注本太多,仇、杨为胜。【补】常熟钱谦益《杜
工部集注》二十卷,原刻本,上海神州国光社排印本。嘉庆间玉
勾草堂刻巾箱本《杜集》二十卷,无注。遵义黎庶昌覆麻沙本《草
堂诗笺》四十卷,《年谱》二卷,在《古逸丛书》内,今版存苏州局。
贵池刘世珩覆宋本《杜陵诗史》三十二卷,附《札记》。《四部丛
刊》影印宋刊本《分门集注杜工部诗》二十五卷。沔阳卢靖影印
明玉几山人本《杜工部集》二十卷、文二卷,在《湖北先正遗
书》内。

《王右丞集注》二十八卷　唐王维。赵殿成注。乾隆二年刻本。
【补】翻刻赵注本。明顾起经《王右丞集笺》十四卷,明嘉靖间刻
本。《四部丛刊》影印元刻本六卷,无注。

《孟襄阳集》三卷　唐孟浩然。汲古阁本,明闵齐伋刻本,又明刻
本四卷。【补】上海医学书局影印汲古阁本,《四部丛刊》影印明
刻本四卷,沔阳卢靖影印明活字本三卷,胡凤丹刻本。

《元次山集》十二卷　唐元结。刻本。明湛若水校本十卷。【补】
《四部丛刊》影印湛校本。

《颜鲁公内集》十二卷,《外集》八卷,《书评》十卷　唐颜真卿。
黄本骥编辑。三长物斋本,聚珍本,福本止十六卷,较黄本少文
四十四首及《年谱》。【补】广州局重刻聚珍本十七卷,《乾坤正
气集》本十四卷。嘉庆间颜氏重刻明安氏本十五卷,《附录》六
卷。《四部丛刊》影印明翻安氏活字本。

《刘随州集》十卷,《补遗》一卷　唐刘长卿。席氏本。【补】《四
部丛刊》影印明正德间刻本,定州王灝刻《畿辅丛书》本。

《钱考功集》十卷　唐钱起。席氏本。【补】《四部丛刊》影印明活
字本。

《韦苏州集》十卷　唐韦应物。项绚翻刻宋本,席启寓编刻《唐百家诗》本,汲古阁本后有《拾遗》一卷。【补】同治间永康胡凤丹刻本,合王、孟、柳集为《唐四家诗集》。上海自强书局影印宋刊本,《四部丛刊》影印明太华书院刻本。

《毗陵集》二十卷　唐独孤及。亦有生斋校刻本。【补】《四部丛刊》影印本。

《李君虞集》二卷　唐李益。席氏本。张澍有辑本,未刊。

《华阳集》三卷,附《顾非熊诗》一卷　唐顾况。明姚士粦辑。顾端刻本,席氏本。【补】席氏本五卷。咸丰间双峰堂刻本三卷,《补遗》一卷。

《权文公集》五十卷　唐权德舆。嘉庆间校刻足本,明嘉靖辛丑刘大谟刻本止十卷。【补】《四部丛刊》影印嘉庆间校刻足本。

《重刻东雅堂韩昌黎集》四十卷,《外集》十卷,附《点勘》　唐韩愈。宋廖莹中辑注。苏州翻刻本。陈景云点勘。明徐氏东雅堂原刻本,今尚有。【补】民国十七年上海蟫隐庐影印宋廖氏世彩堂原刻本。

《韩文考异》十卷　宋方崧卿举正,朱子校定。李光地刻本。宋王伯大重(音释合)编《韩文考异》,《正集》、《外集》、《遗文》共五十一卷,明刻本,非朱子原书。【补】光绪间新阳赵元益刻《韩文考异》十卷,涵芬楼影印宋刻本,附《五百家注韩集》后。《四部丛刊》影印元刻朱文公校《昌黎全集》五十一卷,即宋王伯大重编本。

《昌黎诗笺注》十一卷　顾嗣立补注。秀野草堂原刻本,吴廷榕重刻本。

《昌黎诗增注证讹》十一卷　黄钺。家刻本。

《朱墨本昌黎诗注》十一卷　怡刻本。

《编年昌黎诗注》十二卷　方世举。雅雨堂本。【补】上海扫叶山房影印本。

《韩集点勘》四卷　陈景云。《文道十书》本。《重刊五百家注韩集》四十卷，乾隆甲辰富氏仿宋本，虽逊东雅堂本，雕印尚好。【补】陈氏《韩集点勘》，亦附苏州局翻刻《东雅堂韩集》后。陈氏手校《东雅堂韩集》，今藏南京龙蟠里图书馆，视刻本点勘为详。涵芬楼影印宋刻本《五百家注韩集》四十卷、《外集》十卷、《附录》一卷、《类谱》十卷、《考异》十卷。吴县沈钦韩《韩集补注》一卷，广州局本。瑞安方成珪《韩文笺正》五卷，附《年谱》一卷，瑞安陈准排印本。

《柳集》四十五卷，《龙城录》二卷，《外集》二卷，《附录》二卷，《集传》一卷　唐柳宗元。明嘉靖郭云鹏重刻宋本，天启壬戌柳氏再刻本。廷桂永州新刻本，附《年谱》，无《龙城录》。陈景云《柳集点勘》四卷，未刊。【补】上海蟫隐庐影印宋世彩堂本《柳集》四十五卷、《外集》二卷、《补遗》一卷、《附录》八卷。《外集》二卷，合肥蒯氏有影宋刊本。《四部丛刊》影印元刻本《增广注释音辩柳集》四十三卷、《别集》二卷、《外集》二卷、《附录》一卷。

《柳河东集辑注》四十五卷，《外集》五卷，附录扬子注《龙城录》一卷　明蒋之翘辑。杨廷理刻本。此本通行，宋人《柳文音辩五百家注》，已括此书内。

《刘宾客文集》三十卷，《外集》十卷　唐刘禹锡。《正集》通行本，《外集》传钞本。【补】仁和朱氏《结一庐丛书》本，武进董康覆宋刻本，《四部丛刊》影印董氏覆宋本，珂罗版影印宋刻本，定州王氏《畿辅丛书》本，吴兴刘氏嘉业堂本。上补诸本，《正集》、《外集》俱全。

《吕衡州集》十卷　唐吕温。顾校秦刻足本，粤雅堂重刻本。

【补】《四部丛刊》影印钱氏述古堂钞本十卷、《附录》一卷。

《张司业集》八卷,《拾遗》一卷,《附录》一卷　唐张籍。席氏《唐百家诗》本,明万历张尚儒刻本八卷。【补】涵芬楼《续古逸丛书》影印宋蜀本,《四部丛刊》影印明毗陵蒋氏刻本八卷。

《皇甫持正集》六卷　唐皇甫湜。汲古阁本。【补】上海医学书局影印汲古阁本,同治间南海冯焌光重刻本,涵芬楼《续古逸丛书》影印宋蜀本,《四部丛刊》亦影印。

《李文公集》十八卷　唐李翱。汲古阁本。【补】上海医学书局影印汲古阁本,冯焌光重刻本,《四部丛刊》影印明成化间刻本。

《欧阳行周集》十卷　唐欧阳詹。明万历丙午刻本,明闵刻本八卷。【补】嘉庆间福鼎王遐春麟后山房刻本八卷、《附录》一卷。《四部丛刊》影印明正德间刻本十卷。

《李元宾文编》三卷,《外编》二卷,《补》一卷　唐李观。顾校秦刻足本,粤雅堂重刻本。【补】《畿辅丛书》刻足本。

《孟东野集》十卷　唐孟郊。席氏本,汲古阁本,明闵刻本。【补】上海医学书局影印汲古阁本,《四部丛刊》影印明弘治间刻本。

《玉川子诗注》五卷　唐卢仝。孙之騄注。自刻本。【补】《畿辅丛书》本三卷,无注。《四部丛刊》影印旧钞本三卷,无注。

《长江集》十卷,《附录》一卷　唐贾岛。席氏本,汲古阁本。【补】《畿辅丛书》本十卷、《附录》一卷。《四部丛刊》影印明翻宋本十卷。

《李长吉歌诗》四卷,《外集》一卷　唐李贺。王琦汇解。通行本。【补】王氏《汇解》,乾隆二十五年宝笏楼原刻本,崇新书局影印原刻本。常熟瞿氏铁琴铜剑楼珂罗版影印金刻本四卷。《四部丛刊》影印金刻本四卷,附印《外集》一卷。武进董康诵芬室覆宋本四卷,吴兴蒋汝藻密韵楼覆宋本,涵芬楼《续古逸丛书》影印宋本。

《樊绍述集注》二卷　唐樊宗师。孙之䟊注。自刻本。【补】杭州局本。元赵仁举《绛守居园池记注》一卷,明赵师尹《绛守居园池记补注》一卷,并杭州局本。山阴樊氏绵绛书屋刻《樊谏议集五家注》四卷、《附录》三卷。

《王司马集》八卷　唐王建。胡介祉校刻本,席氏本十卷,汲古阁本。

《沈下贤集》十二卷　唐沈亚之。明万历丙午刻本。罕见。【补】《四部丛刊》影印明万历丙午刻本,湘潭叶德辉观古堂刻本十卷。

《会昌一品集》二十卷,《别集》十卷,《外集》四卷　唐李德裕。明天启吴兴茅氏刻本;明袁州刻本,止十四卷。【补】《四部丛刊》影印明刻本,《畿辅丛书》本,附《补遗》一卷。

《元氏长庆集》六十卷,《补遗》六卷　唐元稹。【补】《四部丛刊》影印明董氏刻本六十卷,附《集外文》一卷。卢文弨校元集若干条,在《群书拾补》内。

《白氏长庆集》七十一卷　唐白居易。明元白合刻通行本。【补】《四部丛刊》影印日本活字本。

《白香山诗集》四十卷,附录《年谱》二卷　汪立名编校。一隅草堂刻本。

《姚少监诗集》十卷　唐姚合。汲古阁本,席氏本。【补】《四部丛刊》影印明钞本。

《樊川文集注》二十卷,《外集》一卷,《别集》一卷　唐杜牧。冯集梧注。原刻本。【补】宜都杨守敬观海堂覆宋本,贵池刘世珩玉海堂覆宋本,《四部丛刊》影印明翻宋本。此三本无冯注。

《玉谿生诗详注》三卷　唐李商隐。冯浩注。原刻本。胜于朱鹤

龄、姚培谦注本。【补】上海扫叶山房影印汲古阁本三卷。钱谦
益写校宋本三卷,上海神州国光社影印本,上虞罗氏影印本。嘉
庆间扬州汪全泰校刻本六卷,《四部丛刊》影印明毗陵蒋氏刻本
六卷。上补诸本,俱无冯注。

《樊南文集详注》八卷　同上。胜于徐树毂、徐炯笺注本。【补】
又《四部丛刊》影印旧钞本五卷。

《樊南文集补编》十二卷　今人。清河刻本。【补】此书归安钱振
伦辑。

《温飞卿集笺注》九卷　唐温庭筠。顾予咸、顾嗣立注。秀野草
堂本。【补】《四部丛刊》影印钱氏《述古堂钞本》七卷,《别集》一
卷。万轴山房翻秀野草堂本。上海医学书局影印汲古阁本,题
《金荃集》,凡七卷,《别集》一卷。

《丁卯集》二卷,《续集》二卷,《续补》一卷,《集外遗诗》一卷
唐许浑。席氏《百家唐诗》足本。【补】丹徒陈善余横山草堂刻
本二卷,《诗真迹录》一卷。《四部丛刊》影印宋写本二卷。沔阳
卢靖影印汲古阁本二卷。此诸本俱无续。涵芬楼《续古逸丛书》
影印宋蜀刻本《许用晦文集》二卷,《遗诗拾遗》附。

《文泉子集》一卷　唐刘蜕。别下斋本。【补】《四部丛刊》影印明
吴氏问青堂刻本,题《唐刘蜕集》,六卷。

《孙可之集》十卷　唐孙樵。汲古阁本。【补】道光海虞俞氏翻汲
古阁本,上海医学书局影印汲古阁本,涵芬楼《续古逸丛书》影印
宋蜀本,《四部丛刊》影印明吴氏问青堂刻本,涿州孙氏刻本。

《麟角集》一卷　唐王棨。知不足斋本。【补】嘉庆间福鼎王遐春
麟后山房刻本,光绪间福山王懿荣天壤阁刻本。

《皮子文薮》十卷　唐皮日休。明正统庚辰袁氏刻本。【补】《四
部丛刊》影印明刻本。

《笠泽丛书》四卷，《补遗》一卷　唐陆龟蒙。仿宋刻本。【补】碧
　　筠堂覆元本，大叠山房覆元本，咫进斋刻本。

《笠泽丛书》七卷，《补遗》一卷，附《考》一卷　许槤编。刻本。
　　【补】丰城熊氏、海昌陈氏皆影印。

《甫里集》二十卷　唐陆龟蒙。明万历乙卯许自昌刻足本。【补】
　　《四部丛刊》影印黄丕烈校本二十卷。

《司空表圣文集》十卷　唐司空图。席氏本。【补】仁和《朱氏结
　　一庐丛书》本。吴兴刘氏嘉业堂本《文集》十卷、《诗集》三卷。
　　《四部丛刊》影印旧钞本《文集》十卷，题《一鸣集》。又影印《司
　　空表圣诗集》五卷，据明胡氏《唐音统签》本。

《韩内翰别集》一卷　唐韩偓。汲古阁本。别有《香奁集》三卷，
　　《四库》著录本删去。【补】上海医学书局影印汲古阁本《香奁
　　集》一卷，《四部丛刊》影印旧钞本，福鼎王氏麟后山房刻本。

《黄御史集》十卷，《附录》一卷　唐黄滔。明崇祯刊本。【补】福
　　鼎王氏麟后山房刻本，福山王懿荣天壤阁刻本，《四部丛刊》影印
　　明万历间曹氏刻本，俱八卷，《附录》一卷。

《罗昭谏集》八卷　唐罗隐。张瓒辑刻本。【补】常熟俞氏南郭草
　　堂刻本八卷，道光间吴墉《增补》一卷。汲古阁本、席氏本罗隐
　　《甲乙集》十卷，《四部丛刊》影印宋陈道人书籍铺本《甲乙集》
　　十卷。

　《谗书》五卷　唐罗隐。拜经楼校本。【补】杭州局《邵武徐氏丛
　　书》本，会稽章氏式训堂本。

《禅月集》二十五卷，《补遗》一卷　蜀释贯休。汲古阁本，《金华
　　丛书》本。【补】《四部丛刊》影印影宋钞本。

《浣花集》十卷，《补遗》一卷　蜀韦庄。汲古阁本，席氏本。
　　【补】《四部丛刊》影印明朱子儋刻本。韦庄《秦妇吟》一篇，不载

集中,其诗久佚,近年自敦煌复出,海宁王国维校本,排印入北京大学《国学季刊》。

《桂苑笔耕》二十卷　唐高丽人崔致远。朝鲜刻本,海山仙馆本。【补】《四部丛刊》影印朝鲜刻本。

汲古阁《三唐人文集》、《三唐人诗》、《五唐人集》、《六唐人集》、《八唐人集》、《唐三高僧诗》之属。明刘云份刻《十三唐人诗集》、《八刘诗》之属。国朝席启寓刻《唐诗百名家集》,虽汇刻,多单行。【补】又汲古阁《四唐人集》,传本罕见,长沙叶氏曾付影印。汲古阁《三唐人文集》、《六唐人集》、《八唐人集》、《唐三高僧诗》,涵芬楼皆影印。汲古阁《五唐人集》,上海医学书局、涵芬楼皆影印。《唐人五十家小集》,光绪二十一年元和江标覆南宋陈道人刻本。

　　以上唐至五代　唐之诗家,如高适、岑参之类,文家如李华、萧颖士之类,今无单行本,详《全唐诗》、《文》中。【补】《高常侍集》八卷,《四部丛刊》影印明活字本,又《畿辅丛书》本。《岑嘉州诗》四卷,《四部丛刊》影印明正德刻黑口本。《李遐叔文集》四卷,传钞本。《萧茂挺文集》一卷,光绪间武进盛康刻《常州先哲遗书》本。

《骑省集》三十卷　宋徐铉。明有刻本,今不可见。在南唐以前所作,已收入《全唐文》,合入宋以后作者,止有传钞本。铉为北宋初文学之最,故举其名。【补】此书今有刻本。南京李光明书庄校刻本,附《校记》一卷、《补遗》一卷。南陵徐乃昌影宋明州本,附《补遗》一卷、《校记》一卷。《四部丛刊》影印黄丕烈校钞本。王锡元、李鸿年撰《徐集校勘记》,皆有单行刻本。

《河东集》十五卷,《附录》一卷　柳开。国朝人校刻本。【补】宋柳开。乾隆间兰溪柳渥川校刻。光绪间巴陵方功惠碧琳琅馆刻本,合穆修、尹洙二家为《三宋人集》。《四部丛刊》影印旧钞本。

《小畜集》三十卷,《外集》七卷　宋王禹偁。聚珍本,福本,平阳赵氏刻本无《外集》。【补】广州局重刻聚珍本,《四部丛刊》影印经鉏堂钞本三十卷,又影印影写宋本《外集》七卷。

《武夷新集》二十卷,附《西昆酬唱集》　宋杨亿。祝氏留香室刻本。《西昆酬唱集》,亦刻《浦城遗书》及《邵武徐氏丛书》内。

《和靖诗集》四卷　宋林逋。吴调元校刻本。【补】同治长洲朱氏刻本,《四部丛刊》影印钞本。

《宋元宪集》四十卷　宋宋庠。聚珍本,福本。【补】广州局重刻聚珍本。

《宋景文集》六十二卷,《补遗》二卷,《附录》一卷　宋宋祁。聚珍本,福本。【补】广州局重刻聚珍本。又日本刻《佚存丛书》本三十二卷。沔阳卢靖影印聚珍本,附会稽孙氏辑《补遗》二十二卷,在《湖北先正遗书》中。

《文恭集》五十卷,《补遗》一卷　宋胡宿。聚珍本,杭本,福本。【补】南昌局、广州局皆重刻聚珍本,武进盛氏刻《常州先哲遗书》本,皆四十卷,《补遗》一卷。

《文正集》二十卷,《别集》四卷,《补编》五卷　宋范仲淹。通行本。近范氏后裔以范文正及范忠宣集合刻。【补】合刻本康熙四十六年范时崇刻,视元明旧本尤备。《四部丛刊》影印明翻元天历本。

《河南集》二十七卷　宋尹洙。长洲陈氏校刻本。【补】光绪间巴陵方功惠刻《三宋人集》本,《四部丛刊》影印春岑阁钞本二十八卷。

《蔡忠惠集》三十六卷　宋蔡襄。国朝人校刻本。【补】雍正间蔡
　　见魁刻本，附二卷。乾隆间蔡氏刻本二十九卷。

《苏学士集》十六卷　宋苏舜钦。宋荦校刻本，震泽徐氏刻本。【补】
　　《四部丛刊》影印震泽徐氏刻本，附何焯《校记》一卷。

《华阳集》六十卷，《附录》十卷　宋王珪。聚珍本，福本。【补】
　　广州局重刻聚珍本。聚珍本止四十卷。

《司马文正集》八十卷　宋司马光。刘绳远刻乾隆修补本。陈宏
　　谋刻本附《年谱》。翻陈本。【补】《四部丛刊》影印宋绍兴三年
　　刻本，鹅湖孙氏古棠书屋单刻诗集。

《盱江集》三十七卷，《年谱》一卷，《外集》三卷　宋李觏。明左
　　赞重编刻本，江西祠堂本。【补】民国间南城李之鼎宜秋馆刻宋
　　人集本，《四部丛刊》影印明正德间孙甫刻本。

《公是集》五十四卷　宋刘敞。聚珍本，福本。【补】广州局重刻
　　聚珍本。

《彭城集》四十卷　宋刘攽。聚珍本，福本。【补】广州局重刻聚
　　珍本。

《元丰类稿》五十卷　宋曾巩。顾崧龄刻本。【补】光绪十六年慈
　　利重刻本，丰城熊译元影印顾刻本，《四部丛刊》影印元黑口本。

《宛陵集》六十卷，《附录》五卷　宋梅尧臣。震泽徐氏刻本，又
　　梁中孚刻本。【补】《四部丛刊》影印明万历间梅氏刻本六十卷、
　　《拾遗》一卷、《附录》一卷。上海扫叶山房影印康熙间宋荦刻本
　　六十卷。

《文忠集》一百五十三卷，《附录》五卷　宋欧阳修。欧阳衡编刻
　　本。【补】欧阳衡嘉庆二十四年校刻。康熙间曾弘校刊本，乾隆
　　间欧阳世和重刻本，《四部丛刊》影印元刻本。

《苏老泉先生集》二十卷，《附录》二卷　宋苏洵。邵仁泓刻本。

原名《嘉祐集》。【补】又《四部丛刊》影印孙氏平津馆影宋钞本
十五卷。

《东坡七集》一百一十卷　宋苏轼。《集》四十卷,《后集》二十
卷,《奏议》十五卷,《内制集》十卷,《外制》附《乐语》三卷,《应
诏集》十卷,《续集》十二卷。明成化四年江西布政司重刻宋本,
嘉靖十三年江西布政司又重刻,此本为最古。又大全集本一百
十五卷,分体编次,易于检寻,明刻、今刻多有。【补】光绪间浭阳
端方覆明成化间刻七集本,影印端方刻七集本。又《经进东坡文
集事略》六十卷,宋郎晔注,《四部丛刊》影印宋刻本。又上海蟫
隐庐排印本,附《嘉祐》、《栾城文集事略》各一卷,郎氏《事辑》一
卷,《考异》五卷。

**《栾城集》五十卷,《后集》二十四卷,《第三集》十卷,《应诏
集》十二卷**　宋苏辙。明刻本。右三集近人合刻本不善。【补】
《四部丛刊》影印明活字本《栾城集》八十四卷,又影印影宋钞本
《应诏集》十二卷。

《苏诗合注》五十卷,《附录》五卷　冯应榴注。自刻本。苏诗,
宋施元之注最有名,查慎行《补注》亦善。冯、王、翁三注更详备。
【补】宋王十朋《集注分类东坡先生诗》二十五卷,《四部丛刊》影
印宋务本堂刻本。宋施元之注《苏诗》四十二卷、《东坡年谱》一
卷,《王注正讹》一卷、《苏诗续补遗》一卷,康熙间商邱宋氏刻
本,古香斋刻巾箱本,上海文瑞楼影印宋荦本。查慎行补注《东
坡编年诗》五十卷,乾隆间家刻本。沈钦韩《苏诗查注补正》四
卷,光绪间长洲蒋氏心矩斋刻本,广州局本。

《苏诗编注集成总案》四十五卷,《诗》四十六卷,《杂缀》一卷
王文诰注。自刻本。冯详事实,王兼论诗。【补】杭州局本。

《苏诗补注》八卷　翁方纲注。《苏斋丛书》本,粤雅堂本。

《斜川集》六卷，《附录》上下二卷　宋苏过。四库馆辑。赵怀玉校刻本，知不足斋本。附三苏集本，不善。

《临川集》一百卷　宋王安石。明嘉靖三十九年何氏翻宋本，万历再刻本。【补】光绪九年听云馆重刻本，《四部丛刊》影印明嘉靖何刻本。上虞罗振玉辑《临川集拾遗》一卷，排印本。沈钦韩《王荆公文集笺注》八卷，民国十六年吴兴刘承幹嘉业堂刻本。

《王荆公诗注》五十卷　宋李壁注。张宗松清绮斋校刻本。【补】上海会文堂书坊影印清绮斋校刻本，涵芬楼影印元大德间刻本。沈钦韩《王荆公诗集补注》四卷，吴兴刘氏嘉业堂刻本。

《山谷内集》三十卷，《外集》十四卷，《别集》二十卷，《词》一卷，《简尺》二卷，《年谱》三卷　宋黄庭坚。明嘉靖刻本，聚珍本，福本。【补】乾隆三十年江西宁州缉香堂刻本七十九卷，附《伐檀集》二卷。乾隆间陈守诚刻巾箱本六十四卷，《四部丛刊》影印宋刻本《豫章先生文集》三十卷。

《山谷内集注》二十卷　宋任渊。　《外集注》十七卷　宋史容。　《别集注》二卷，《外集补》四卷，《年谱》十四卷　宋史季温。翁方纲校刻本，聚珍本无末二种。【补】道光间黄氏摆板本，广州局重刻聚珍本，光绪间义宁陈三立四觉草堂仿宋本，无末二种，上海扫叶山房影印四觉草堂本。

《后山集》二十四卷　宋陈师道。赵鸿烈学稼山庄刻本。【补】学稼山庄本，雍正八年刻。光绪间广州赵氏刻本，吴兴张钧衡刻《适园丛书》本，三十卷。

《后山诗注》十二卷　宋任渊注。聚珍本，福本。【补】南昌局、广州局皆重刻聚珍本，《四部丛刊》影印高丽活字本，上海医学书局、文明书局皆影印宋钞本。又雍正间嘉善陈唐辑刻无注本六卷，《逸诗》五卷，《诗余》一卷。

《柯山集》五十卷　宋张耒。聚珍本,福本。【补】广州局重刻聚珍本,附《拾遗》十二卷,福本亦附《拾遗》。《柯山集拾遗》十二卷,归安陆心源辑,亦刻《群书校补》内。《四部丛刊》影印旧钞本《张右丞集》六十卷。张耒《宛丘集》七十六卷,今无刻本,南京龙蟠里图书馆有钞本二部。

《淮海集》四十卷,《后集》六卷,《长短句》三卷　宋秦观。明李之藻刻乾隆修补本,道光丁酉高邮重刻本,改并二十卷,《补遗》一卷,附《年谱》。【补】《四部丛刊》影印明嘉靖间张綖刻小字本。

《鸡肋集》七十卷　宋晁补之。明崇祯刻本。李廌《济南集》八卷,四库传钞本,无刻本。秦、黄、张、晁、陈、李诸家文,有《苏门六君子文钞》七十卷,明崇祯韩氏刻本。【补】《鸡肋集》,《四部丛刊》影印明崇祯刻本。《济南集》,民国间南城李之鼎宜秋馆刻《宋人集》本。《苏门六君子文粹》七十卷,不著编辑人名氏,此书不名“文钞”。汲古阁亦刻,题《苏门六君子集》。

《西台集》二十卷　宋毕仲游。聚珍本,福本。【补】广州局重刻聚珍本。

　　以上北宋

《李忠定公集》□卷　宋李纲。活字本,通行本。原名《梁溪集》。【补】一百八十卷,附录六卷。福州刻本。刻本皆未全。邵武徐氏刻《李忠定公别集》十卷,今版在杭州局。《李忠定公集选》四十八卷,明左光先、李嗣立选,明刻本,康熙间李荣芳重刻本。

《浮溪集》三十六卷　宋汪藻。聚珍本,福本。【补】聚珍本三十二卷。广州局重刻聚珍本,《四部丛刊》影印聚珍本。

《石林居士建康集》八卷　宋叶梦得。【补】咸丰间苏州叶云鹏刻本，光绪间长沙叶德辉校刻本。

《简斋集》十六卷　宋陈与义。聚珍本，福本。【补】广州局重刻聚珍。南城李之鼎宜秋馆刻《简斋诗外集》一卷。《四部丛刊》影印《简斋外集》一卷。《四部丛刊》影印宋刻本宋胡穉《笺注简斋诗集》三十卷，附《无住词》一卷。江宁蒋国榜重刻宋本笺注《简斋诗集》三十卷，《无住词》一卷，《外集》一卷，《附录》一卷，《校勘记》一卷。

《鸿庆居士集》四十二卷　宋孙觌。明翻宋本止周必大原定十二卷。【补】光绪间武进盛康刻《常州先哲遗书》本四十二卷、《补遗》一卷。江阴缪荃孙辑《鸿庆集补》二十卷，《常州先哲遗书》本。

《茶山集》八卷　宋曾几。聚珍本，杭本，福本。【补】南昌局、广州局皆重刻聚珍本。

《文定集》二十四卷　宋汪应辰。聚珍本，福本。【补】广州局重刻本。

《朱子大全集》一百一十二卷　宋朱子。蔡方炳刻本。《朱子古文》□卷，贵阳官本。【补】咸丰间徐树铭刻本，《四部丛刊》影印明闽中官本《正集》一百卷、《续集》十一卷、《别集》十卷、《目录》二卷。《朱子古文》六卷，桐城周大璋编，康熙间宝旭斋刻本，长沙琅嬛山馆重刻本。《朱夫子诗集》五卷，康熙间刻本，近时坊间影印本。

《雪山集》十六卷　宋王质。聚珍版辑本，福本。【补】广州局重刻聚珍本。

《周益公大全集》二百五卷　宋周必大。【补】江西刻庐陵欧阳棨校本二百五卷，又咸丰元年江西续刻《周益公集》二十三卷，《书稿》十五卷，《附录》五卷。

《止斋文集》五十一卷，《附录》一卷　宋陈傅良。陈用光重刻本。【补】光绪间瑞安孙衣言校刻本，《四部丛刊》影印明弘治间刻本。

《攻媿集》一百一十二卷　宋楼钥。聚珍版删定本，福本。【补】广州局重刻聚珍本，《四部丛刊》影印聚珍本。

《盘洲集》八十卷　宋洪适。洪氏家刻本，宜黄黄氏刻本。【补】《四部丛刊》初印本影印影宋钞本八十卷，《附录》一卷，《拾遗》一卷。《四部丛刊》重印本影印宋刻本八十卷，《附录》一卷，《拾遗》一卷。

《浪语集》三十五卷　宋薛士龙。止见传钞本，今温州人议刻。【补】同治间温州孙衣言刻本，在《永嘉丛书》内。

《石湖诗集》三十四卷　宋范成大。秀野草堂刻本。南宋四家，《萧千岩诗集》已佚，尤袤止存《梁溪遗稿》一卷，尤侗辑本。【补】秀野草堂本三十卷，康熙间顾氏刻，乾隆间刻本。

《诚斋集》一百三十卷　宋杨万里。乾隆乙卯吉安刻本，八十五卷。《函海》刻《诗集》十卷，嘉庆庚申徐氏编刻《诗集》十六卷。【补】《四部丛刊》影印日本影宋钞足本一百三十三卷。光绪间新昌胡思敬刻《诚斋策问》二卷，在《豫章丛书》内。

《渭南文集》五十卷，《逸稿》二卷，《剑南诗稿》八十五卷　陆游。汲古阁本。【补】广州覆汲古阁本。

《水心集》二十九卷　宋叶适。通行本。【补】温州孙衣言刻《永嘉丛书》本，《四部丛刊》影印明正统刻本。

《水心别集》十六卷　同上。温州新刻本，武昌局本。【补】长沙叶氏合刻本。

《龙川文集》三十卷，《补遗》一卷，《附录》二卷，《札记》一卷　宋陈亮。同治八年永康应氏刻本，又活字版本，《金华丛书》本。

【补】湖北书局刻本。

《严沧浪集》六卷　宋严羽。明潘氏编刻《宋元名家诗集》本。

【补】杭州局《邵武徐氏丛书》本,吴兴张钧衡《适园丛书》本。

《白石诗集》一卷,附《诗说》一卷　宋姜夔。扬州鲍刻本。【补】
《四部丛刊》影印乾隆间江都陆氏刻本,道光间姜氏祠堂本,广州
局刻《白石四种》本,华氏刻本。

以上南宋此外宋人集,若吕陶、刘挚、彭龟年,聚珍本有之。宗
泽、吕祖谦,在《金华丛书》内。"永嘉四灵",在《南宋群贤
小集》内。【补】吕陶《净德集》三十八卷,广州局重刻聚珍
本。刘挚《忠肃集》二十卷,《畿辅丛书》本,广州局重刻聚
珍本,附《拾遗》一卷。彭龟年《止堂集》十八卷,广州局重
刻聚珍本。宗泽《宗忠简集》,《金华丛书》本七卷,同治间
半亩园刻《宗岳二公集》本七卷,述荆堂刻本四卷、《遗事》
二卷,康熙间刻本八卷,道光间潘氏刻《乾坤正气集》本四
卷。吕祖谦《东莱文集》,《金华丛书》本四十卷。"永嘉四
灵",翁卷《苇碧轩集》一卷,赵师秀《清苑集》一卷,徐照《芳
兰轩集》一卷,徐玑《二薇亭集》一卷,皆在顾修重刻《群贤
小集》内。《徐照集》,光绪间归安陆心源据影宋钞本录出顾
刻所遗三卷,又录《徐玑集》一卷,并刻入《群书校补》内。
照、玑集,民国十四年南陵徐乃昌覆刻汲古阁钞残宋本四
卷,附《补阙》一卷、《札记》一卷。民国间南城李之鼎校刻
宋人集甲乙丙丁四编,收南北宋人专集五十五种,皆《聚珍
版丛书》、《群贤小集》所无。

《拙轩集》六卷　金王寂。聚珍本,福州、杭州重刻本,又新刻本。

赵秉文《滏水集》二十卷,王若虚《滹南遗老集》四十五卷,有传

钞本，无刻本。【补】《拙轩集》，南昌局重刻聚珍本，广州局重刻聚珍本《九金人集》本。光绪三十一年海丰吴氏石莲庵合刻王寂、赵秉文、王若虚、李俊民、元好问、蔡松年、段成己、白朴诸人全集，号《九金人集》。《滏水集》，定州王灏刻《畿辅丛书》本二十卷、《补遗》一卷、《附录》一卷，海丰吴氏刻《九金人集》本二十卷、《札记》二卷、《附录》一卷，《四部丛刊》影印汲古阁钞本二十卷。《湝南遗老集》，《畿辅丛书》本四十五卷，附《续编诗》一卷，《九金人集》本四十五卷，《四部丛刊》影印旧钞本四十五卷。

《遗山集》四十卷，《附录》一卷　金元好问。张穆校补刻本，又康熙间无锡华氏刻本。【补】海丰吴氏《九金人集》本四十卷、《附录》一卷、《补载》一卷、《年谱》四卷、《新乐府》五卷、《续夷坚志》四卷，此本即张穆校刻版。《四部丛刊》影印明弘治间刻本四十卷、《附录》一卷。

《元遗山诗注》十六卷　施国祁注。原刻本。【补】石印本。

《剡源集》三十卷，附《札记》一卷　元戴表元。宜稼堂本。【补】《四部丛刊》影印明万历间戴洵刻本三十卷。光绪间孙锵校刻本三十卷，附《佚诗》六卷、《佚文》二卷。

《金渊集》六卷　元仇远。聚珍本，杭本，福本。王恽《秋涧集》一百卷，有传钞本，无刻本。【补】《金渊集》，南昌局、广州局皆重刻聚珍本。《秋涧集》，《四部丛刊》影印明弘治间翻元本一百卷，《附录》一卷。

《牧庵文集》三十六卷　元姚燧。聚珍本，福本。明刘昌编《中州名贤文表》三十卷，宋荦刻本，内有姚燧文八卷。【补】广州局重刻聚珍本。《四部丛刊》影印聚珍本，附《年谱》一卷。

《清容居士集》五十卷，附《札记》一卷　元袁桷。宜稼堂本。【补】《四部丛刊》影印元袁氏家刻本五十卷。

《道园学古录》五十卷　元虞集。通行本。仁寿新刻本六十卷，仍少文遗稿八卷。【补】成都存古书局本，《四部丛刊》影印明景泰间刻本五十卷，乾隆间崇仁陈氏刻本。汲古阁刻《虞伯生诗》八卷、《补遗》一卷，翁方纲刻《虞文靖诗》十卷、《年谱》一卷，上虞罗振玉《云窗丛刻》影印元刻《虞伯生诗续编》三卷。

《杨仲弘诗》八卷　元杨载。留香室刻本。【补】武进董康诵芬室覆元本，《四部丛刊》影印明嘉靖间翁氏刻本。

《范德机诗》七卷　元范梈。【补】《四部丛刊》影印影元钞本。

《揭曼硕诗》三卷　元揭傒斯。以上三家集，均汲古阁摘本。又《宋元名家诗集》本。【补】《宋元名家诗集》本五卷，明潘是仁刻。海山仙馆重刻汲古阁本，《四部丛刊》影印旧钞本《揭文安公全集》十四卷、《补遗》一卷。

《渊颖集》十二卷，《附录》一卷　元吴莱。国朝人校刻本，明嘉靖卓氏刻本。【补】乾隆四年吴守俶校刻，明嘉靖本祝氏刻。《四部丛刊》影印明祝氏刻本。锡山王邦采《吴渊颖诗笺》十二卷，雍正间刻本。

《雁门集》三卷，《集外诗》一卷　元萨都剌。汲古阁本。【补】涵芬楼元人十种诗本，《四部丛刊》影印明弘治间刻黑口本二册，不分卷。嘉庆十二年刻萨龙注十四卷足本。

《九灵山房集》三十卷　元戴良。戴殿江家刻本，《金华丛书》本。【补】《金华丛书》本附《补编》二卷、《遗稿》四卷。《四部丛刊》影印明正统间刻黑口本三十卷，又康熙间傅旭元刻本五卷，又道光间潘锡恩刻《乾坤正气集》本十九卷。

《铁崖古乐府注》十六卷　元杨维桢。卜瀍注。乾隆甲午刻本，西安王氏刻本四卷，无注。【补】卜瀍姓楼氏。楼卜瀍注本《乐府》十卷、《逸编》八卷、《咏史》八卷，共二十六卷。扫叶山房石印卜瀔注本,光绪间德清傅云龙刻本四卷。武进董康覆明刻本《铁崖古乐府》十卷、《复古诗集》六卷,《四部丛刊》影印明刻本《古乐府》十卷、《诗集》六卷。元杨维桢《东维子文集》三十卷、《附录》一卷,《四部丛刊》影印鸣野山房钞本。

以上金元聚珍本诸集,如张说、宋庠、宋祁、胡宿、王珪、刘敞、刘攽、张耒、毕仲游、汪藻、曾几、汪应辰、王质、楼钥、仇远、姚燧诸家,皆世无刻本,或传本太略,搜辑排印者。

《宋文宪全集》五十三卷,卷首四卷　明宋濂。严荣刻本。【补】严氏本嘉庆十五年刻,此本最足。《四部丛刊》影印明正德间张潽刻本,七十五卷。

《青邱诗集注》十八卷,附《凫藻集》五卷　明高启。金檀注。雍正六年刻本。【补】上海文瑞楼书庄影印文瑞楼原刻本。又《四部丛刊》影印明景泰间徐庸刻《高太史大全集》十八卷,又影印明正统间长洲刻《凫藻集》五卷,此本无注。

《逊志斋集》二十四卷　明方孝孺。明刻本,台州刻本,《乾坤正气集》本。【补】《四部丛刊》影印嘉靖辛酉刻本二十四卷、《附录》一卷。明正德刻本三十卷、《拾遗》十卷、《附录》一卷,与二十四卷本不同。

《怀麓堂集》一百卷　明李东阳。重刻本。【补】康熙二十一年廖方达重刻,嘉庆八年茶陵重刻。

《篁墩集》九十三卷　明程敏政。明刻本。

《空同集》六十六卷　明李梦阳。明刻本。今多诗集单行。【补】邓云霄校刻本六十六卷。《诗集》三十三卷,光绪间长沙张氏湘雨楼刻本。

《大复集》三十八卷　明何景明。河南重刻本。【补】乾隆间何氏重刻,咸丰间重刻本。《诗集》二十六卷,光绪间长沙张氏湘雨楼刻本。

《王文成全书》三十八卷　明王守仁。明刻本,又通行本亦称《阳明全集》。【补】湖南翻刻本,杭州局重刻本。又《四部丛刊》影印明崇祯间施氏刻《集要》本十五卷,附《年谱》一卷。

《俨山集》一百卷,《续集》十卷,《俨山外集》三十四卷　明陆深。明刻本。《外集》皆杂著,别行,附此。

《升庵全集》八十一卷,《外集》一百卷,《遗集》□卷　明杨慎。通行本不善。【补】《遗集》二十六卷。《全集》八十卷,明万历间张士佩刻本,乾隆六十年养拙山房重刻本。明陈大科重刻《升庵文集》四十六卷。《外集》明万历间杨有仁刻本,道光二十四年新都重刻本。《遗集》,明万历间汤日昭刻本,道光二十四年新都重刻本。《外集》所收杂著,亦刻《函海》内。

《遵岩集》二十五卷　明王慎中。明刻本。

《荆川集》十二卷　明唐顺之。国初刻本。康熙壬辰家刻本。【补】康熙间唐氏刻十八卷。光绪间武进盛氏重刻康熙本,附《补遗》一卷。江宁局本十二卷。《四部丛刊》影印明万历间重刻本《文集》十七卷,《外集》三卷。

《沧溟集》三十卷,《附录》一卷　明李攀龙。明刻本。【补】道光间重刻本。

《弇州山人四部稿》一百七十四卷,《续稿》二百七卷　明王世贞。明刻本。胡应麟《少室山人类稿》,今罕见。【补】广州局刻《弇山堂别集》一百卷。广州局刻《少室山房集》六十四卷。

《震川文集》三十卷,《别集》十卷　明归有光。归氏家刻本。【补】康熙间归庄刻。《四部丛刊》影印归庄刻本,光绪间归氏重刻本。

《四溟集》十卷　　明谢榛。明刻本,《盛明百家诗》本。【补】明刻本二十四卷。

袁凯《海叟集》、边贡《华泉集》、徐祯卿《迪功集》、高叔嗣《苏门集》、皇甫汸《司勋集》、皇甫涍《少玄集》,皆明诗家最著者,有刻本,不常见,并收《盛明百家诗》内。边、徐、高三家,王士祯有选刻本。【补】袁凯《海叟诗集》四卷,曹炳曾城书室刻本,石埭徐氏观自得斋刻本。边贡《华泉集》七卷、《附录》一卷,徐祯卿《迪功集》四卷、《附录》一卷、《外集》三卷、附《谈艺录》一卷,并光绪间长沙张氏湘雨楼刻本,与李梦阳、何景明集合刻,名《弘正四杰诗集》。高叔嗣《苏门集》八卷,明嘉靖间刻本。皇甫汸《司勋集》六十卷,明刻本。皇甫涍《少玄集》二十六卷、《外集》十卷,明刻本。《盛明百家诗前集》一百五十一种一百五十三卷,《后集》一百六十一种一百五十卷,明俞宪编,明刻本。王士祯编刻《高徐二家诗选》二卷,边贡《华泉集选》四卷,附《边仲子诗集》一卷,并在《渔洋山人著述》内。

以上明

国朝人集,流别太多,今为分类列之,各标所长,以便初学寻求。其诗文集分刻者分之,本合刻不别行者,仍牵连录之,皆有刻本,不胪列　　词章考订,多有兼长者,此从其重者言之。

《夏峰先生集》十六卷　　孙奇逢。【补】《集》十四卷,《答问》二卷。道光间大梁书院刻本,《畿辅丛书》本。

《二曲集》二十二卷　　李中孚。【补】道光间恽珠重刻。同治间重刻巾箱本,附《历年纪略》一卷。

《三鱼堂文集》十二卷,《外集》六卷,《附录》一卷　　陆陇其。

【补】同治间重刻。

《重订杨园集》五十四卷，《年谱》一卷　张履祥。同治十年万氏
　　重编苏州局本。【补】原刻未足。

《汤子遗书》十卷　汤斌。【补】十二卷，附《年谱》一卷、《事略》
　　一卷。乾隆间树德堂刻，咸丰元年重刻。

《榕村文集》四十卷　李光地。【补】乾隆丙辰家刻，道光间
　　重刻。

　　　以上国朝理学家集【补】颜元、李塨二家遗书，民国十一年北
　　　京四存学会排印本，最备，光绪间定州王氏《畿辅丛书》
　　　亦刻。

《梨洲集》□卷　黄宗羲。靳治荆刻。【补】七十卷。近年坊间排
　　印全书本。

《南雷文定前集》十一卷，《后集》四卷，《诗历》一卷　黄宗羲。
　　在《粤雅堂丛书》内。【补】《粤雅堂丛书》刻《南雷文定前集》十
　　一卷，《后集》四卷，《三集》三卷，《诗历》四卷。《四部丛刊》影印
　　原刻本《南雷文案》十卷，《外集》一卷，《吾悔集》四卷，《撰杖集》
　　一卷，《子刘子行状》二卷，《南雷诗历》一卷，附《学箕初稿》二
　　卷。宣统间上海神州国光社排印《南雷余集》。

《亭林文集》六卷　顾炎武。【补】《四部丛刊》影印原刻本，光绪
　　间梁鼎芬刻《端溪丛书》本，吴县朱记荣重刻《亭林遗书》本。
　　《亭林余集》一卷，光绪间合肥蒯氏重刻本，《四部丛刊》影印蒯
　　刻本，《端溪丛书》本，朱刻《遗书》本。《亭林诗集》五卷，《四部
　　丛刊》影印原刻本，附《校补》一卷，朱刻《遗书》本五卷。《亭林
　　集外诗》附《诗集校文》，宣统间上海神州国光社排印，校文系孙
　　诒让原稿。山阳徐嘉《顾诗笺注》二十卷，刻本。

《曝书亭集》八十卷,《附录》一卷　朱彝尊。【补】《四部丛刊》影印原刻本八十卷,附《笛渔小稿》十卷。《诗集》有杨谦、汪浩然、孙银槎三家注,皆有刻本。

《曝书亭集外稿》八卷　冯登府辑。【补】道光间刻。嘉善孙福清重刻本,在《槜李丛书》内。

《薑斋文集》十卷,《诗集》十卷　王夫之。并杂著合刻为《船山遗书》三百二十四卷。【补】《四部丛刊》影印《船山遗书》本《诗文集》二十八卷。

《西河文集》一百三十三卷　毛奇龄。并杂著合刻为《西河合集》,四百九十八卷。【补】康熙间书留草堂刻。

《上湖分类文编》十卷　汪师韩。【补】光绪间汪氏重刻《丛睦汪氏遗书》本,刻于长沙。

《樊榭山房文集》八卷,《诗集》八卷,《词集》二卷,《续诗集》十卷　厉鹗。分刻。【补】乾隆五十七年钱塘汪氏振绮堂刻,广州局重刻本。光绪十年振绮堂重刻,是本三十五卷,较原刻《诗集》多二卷,《词集》多二卷,又附《集外诗》三卷。今版在杭州局。《四部丛刊》影印汪刻本。《樊榭山房集外诗》一卷,光绪间石埭徐氏观自得斋刻本。

《果堂集》十二卷　沈彤。【补】乾隆己巳家刻。

《东原集》十卷　戴震。《戴氏遗书》内,亦附《经韵楼丛书》。【补】《戴氏遗书》本十卷,经韵楼本十二卷,附《年谱》一卷。宣统间渭南严氏重刻经韵楼本,《四部丛刊》影印经韵楼本。

《鲒埼亭集》三十八卷,《经史问答》十卷,《外集》五十卷　全祖望。《正集》史梦蛟刻,《问答》万氏刻,《外集》、《别集》别一人刻,《诗集》郑氏刻。【补】《四部丛刊》影印原刻本,《问答》互见前子部儒家目。光绪间端溪书院刻《全谢山遗诗》一卷。《四部丛刊》影印旧钞本《鲒埼亭诗集》十卷。

《南江文钞》四卷　邵晋涵。【补】《文钞》十二卷,《诗钞》四卷。
　　道光十二年胡敬刻。

《抱经堂文集》三十四卷　卢文弨。《抱经堂丛书》。【补】《四部
　　丛刊》影印抱经堂本。诗集名《鸂鶒庵集》,未刊,有传钞本
　　一册。

《道古堂文集》四十八卷,《诗集》二十六卷　杭世骏。【补】乾
　　隆五十五年钱塘汪氏振绮堂刻,今版在杭州局。

《学福斋文集》□卷,《诗集》三十八卷　沈大成。【补】《文集》
　　二十卷。乾隆间刻。

《潜研堂文集》五十卷,《诗集》二十卷　钱大昕。【补】嘉庆十
　　一年刻。光绪十年湖南龙氏重刻本,《四部丛刊》影印原刻本。

《春融堂诗文集》六十八卷　王昶。【补】嘉庆十二年刻,光绪十
　　八年补版。

《存悔斋集》□卷　刘凤诰。【补】二十八卷,《外集》四卷,并道光
　　庚寅家刻。

《述学内外篇》六卷,附《校勘记》　汪中。扬州局本,又初刻小
　　字本,文选楼本、学海堂本二卷。【补】扬州局本,版归江宁局。
　　《四部丛刊》影印家刊本,上海中国书店影印《汪氏丛书》本。
　　《汪容甫遗诗》七卷,家刻本,《四部丛刊》、中国书店并影印。
　　《遗诗》别有木活字本,不善。

《校礼堂集》三十六卷　凌廷堪。【补】全集本。

《东壁遗书》八十八卷　崔述。三十五种。【补】道光四年陈履和
　　刻于金华。《畿辅丛书》内止刻《考信录》。

《授堂集》□卷　武亿。【补】此书名《授堂诗文钞》,《文钞》八卷,
　　《续》二卷,《诗钞》八卷,《附录》二卷,嘉庆间刻,道光二十三年

重刻。粤雅堂刻《文钞》八卷。

《顨轩所著书》六十卷　孔广森。七种。【补】嘉庆丁丑家刻。

《拜经堂文集》四卷　臧庸。【补】六卷。中国书店影印钞本五卷,学海堂摘本一卷。

《经韵楼集》十二卷　段玉裁。【补】光绪甲申秋树根斋重刻。学海堂摘本六卷。

《问字堂集》五卷,《岱南阁集》五卷,《五松园文集》一卷　孙星衍。【补】此目未尽,诗文集凡二十一卷,附其配王采薇《长离阁集》一卷。嘉庆间孙氏刻,分列岱南阁、平津馆两丛书内。《四部丛刊》影印原刻本,光绪间长沙王先谦重刻本,光绪间吴县朱氏槐庐重刻《文集》十二卷。

《卷施阁文甲集》十卷,《乙集》十卷,《更生斋文甲集》四卷,《乙集》四卷　洪亮吉。【补】诗文集凡六十六卷,乾隆嘉庆间刻。《四部丛刊》影印原刻本。光绪己卯洪用勤重刻《洪北江遗书》本,今版在武昌局。

《更生斋续集》□卷　倪良勋刻。【补】二卷。亦在重刻遗书内。

《雕菰楼集》二十四卷　焦循。【补】阮氏文选楼刻,江氏《文学山房丛书》木活字本。《焦里堂遗文》一卷,光绪间南陵徐乃昌刻《鄦斋丛书》本。

《复初斋集》□卷　翁方纲。【补】《文集》三十五卷,道光十六年家刻,光绪三年侯官李以炬重校刻。《诗集》六十六卷,嘉庆十九年家刻。《集外诗》二十四卷,《文》四卷,民国间吴兴刘承幹刻。

《空山堂集》□卷　牛运震。【补】《诗集》六卷,《文集》十二卷。家刻《空山堂丛书》中。

《祇平居士集》□卷　王元启。【补】三十卷。全书本。

《揅经室集》六十卷　阮元。《一集》十四卷，《二集》八卷，《三集》五卷，《四集》二卷，《诗集》十卷，《外集》五卷，《续集》九（十一）卷，《再续集》六卷。【补】原刻本，广州局重刻本，并五十六卷。《四部丛刊》影印原刻本四十七卷，无《再续集》。

《思适斋集》十八卷　顾广圻。徐渭仁刻《春晖堂丛书》中。【补】江氏《文学山房丛书》木活字本。

《养素堂文集》三十五卷　张澍。【补】道光丁酉刻。

《鉴止水斋集》十二卷　许宗彦。广州翻刻。【补】《文集》十二卷，《诗集》八卷，嘉庆二十四年广州刻，咸丰八年重刻。学海堂摘刻《文集》二卷。

《晚学集》八卷，《诗》五卷　桂馥。【补】光绪间会稽章寿康式训堂重刻《晚学集》八卷，《诗集》四卷。民国四年上海同文图书馆石印。

《铁桥漫稿》八卷　严可均。全稿未刻。【补】光绪九年长洲蒋氏重刻本，在《心矩斋丛书》内。

《清白士集》二十八卷　梁玉绳。【补】蔡云《清白士集校补》四卷，贵池刘世珩刻《聚学轩丛书》本。

《七经楼文钞》□卷　蒋湘南。【补】六卷。《春晖阁诗钞》六卷，并同治八年马氏刻。

《董方立文甲集》二卷　董祐诚。《董方立遗书》之一。【补】《遗书》，家刻。成都重刻，光绪间上海制造局重刻。

《左海文集》二十卷　陈寿祺。【补】《左海诗集》六卷，原刻本。

《衍石斋记事稿》十卷，《记事续稿》十卷　钱仪吉。【补】道光甲午家刻，光绪己卯钱氏重刻。

《甘泉乡人稿》二十四卷　钱泰吉。【补】咸丰四年刻，光绪乙酉青黢官舍重刻。

《幼学堂诗集》十七卷,《文集》八卷　沈钦韩。【补】道光间刊。
广州局刻《幼学堂文稿》一卷。未刊稿本《文集》一百卷,旧藏独
山莫氏。

《月斋文集》二卷　张穆。【补】《文集》八卷,《诗集》四卷,咸丰
八年寿阳祁氏刻。

《诂经精舍文钞初集》十四卷,《续集》八卷,《三集》□卷　杭
州诂经精舍诸生。《初集》刻《文选楼丛书》内。【补】《三集》九
卷。《续集》、《三集》,同治间刻,《四集》以下诸集,光绪间刻。

《学海堂初集》十六卷,《二集》二十二卷,《三集》二十四卷　广
州学海堂诸生。【补】《四集》二十八卷。版并在广州局。

　　以上国朝考订家集　若纪昀、陆锡熊、彭元瑞、赵佑、朱筠、赵
怀玉、王芑孙诸家集,既工词章,间有考订,此类不可枚举,
以此例之。

《壮悔堂集》十卷　侯方域。【补】同治间裔孙重刻本,附《诗集》
六卷,《遗稿》一卷。

《宁都三魏集》七十二卷　魏礼、魏禧、魏祥。附魏世杰、魏世效、
魏世俨。三魏合彭士望、林时益、李腾蛟、邱维屏、曾灿、彭任为
易堂九子,有《九子文钞》。【补】《宁都三魏集》,道光二十五年
绂园书塾重刻。

　《水田居文集》□卷　贺贻孙。【补】五卷。同治九年重刻。

《钝翁类稿》一百一十八卷　汪琬。【补】又《钝翁文钞》五十卷,
康熙三十二年林佶写刻本。吴江叶燮《汪文摘谬》一卷,上海医
学书局排印本。

《午亭文编》五十卷　陈廷敬。【补】乾隆间林佶写刻。

《湛园集》十卷　姜宸英。【补】此即黄叔琳重编本八卷,附《札

记》二卷。光绪间毋自欺斋重刻《姜西溟全集》三十二卷。二老阁刻《湛园未定稿》六卷。

《遂初堂诗文集》三十九卷　潘耒。【补】附《补遗》一卷,共四十卷。康熙庚寅刻。

《解春文钞》十二卷,《补遗》二卷,《诗钞》二卷　冯景。《抱经堂丛书》之一。【补】学海堂摘本止二卷。

《改亭文集》十六卷,《诗》六卷　计东。

《存砚楼集》十六卷　储大文。【补】《文集》十六卷,《二集》二十三卷。乾隆间刻,光绪元年储沆重刻。

《鹿洲初集》二十卷　蓝鼎元。【补】雍正二年刻。重刻通行。

《穆堂类稿》五十卷,《续稿》五十卷,《别稿》五十卷　李绂。【补】乾隆间家刻,道光重刻。

《小仓山房文集》三十五卷　袁枚。【补】重刻,通行。

《梅崖居士集》三十卷　朱仕琇。【补】又《外集》八卷。

《山木居士集》□卷　鲁九皋。【补】《文集》十二卷、《外集》二卷,道光十四年家刻。又乾隆间单刻《外集》四卷,非足本。

《尊闻居士集》八卷　罗有高。【补】乾隆四十七年彭氏刻,光绪间重刻。

《汪子文录》□卷　汪绂。【补】《汪子遗书》六卷、《二录》二卷、《三录》三卷,婺源振儒社刻。

《二林居集》二十四卷,《测海集》六卷　彭绍升。【补】家刻,苏州玛瑙经房重刻,武昌局《正觉楼丛书》刻《二林居集》二卷。

《小岘山人集》三十六卷　秦瀛。【补】《诗集》二十六卷,《文集》六卷,《续集》二卷。嘉庆二十二年家刻。

《龚海峰文集》□卷　龚景瀚。【补】此书名《澹静斋文钞》。《文钞》六卷,《外集》二卷,《诗钞》六卷,道光六年刻,同治间重刻。

《安吴四种》 《中衢一勺》七卷,《艺舟双楫》九卷,《管情三义》八卷,《齐民四术》十二卷。包世臣。道光丙午活字版本,武昌局本。【补】咸丰辛亥刻本,同治、光绪并重刻。《艺舟双楫》互见前子部艺术家。包世臣《小倦游阁文稿》二卷,菊饮轩排印本。

《定盦文集》□卷,《诗》□卷 龚自珍。分刻。【补】《定盦文集》三卷,《续集》四卷,《补文》一卷,《诗》二卷,《杂诗》一卷,《无著词选》一卷,《小奢摩室词选》一卷,钱塘吴煦刻。《定盦文集补编》四卷,平湖朱之榛刻。吴、朱二刻,《四部丛刊》并影印。《定盦别集》一卷、《诗词定本》二卷,上海神州国光社石印。《娟镜楼丛刻》内有《定盦遗著》及《年谱》、《外纪》。

《曾文正公文集》四卷 曾国藩。青浦初刻本,又直隶再刻本,非全集。又长沙新刻本,合刻诗集四卷。此传忠书局编刻本,合他撰述及《年谱》,共一百五十六卷。【补】《全集》十余种,同治、光绪间长沙传忠书局刻,内《诗》、《文集》各四卷。又家刻《全书》本,《文集》三卷、《诗集》三卷,《四部丛刊》影印。

　　以上国朝不立宗派古文家集古文家多兼经济家。

《望溪文集》十八卷,《集外文》十卷,《补遗》二卷,《年谱》二卷 方苞。戴钧衡补编。【补】戴编本咸丰元年刻。乾嘉间原刻本,未足。《四部丛刊》影印戴氏刻本。《望溪文集补遗》一卷,荣成孙氏山渊阁刻。

《海峰文集》□卷 刘大櫆。【补】《文集》十卷,《诗集》八卷,《补遗》一卷。《文集》有乾隆缥碧轩原刻本,不分卷,光绪戊子桐城吴氏重刻。张惠言选《刘海峰文钞》一卷,大亭山馆刻本。

《惜抱轩文集》十六卷,《后集》十卷,《诗》十卷 姚鼐。【补】尚有《诗后集》一卷,《诗外集》一卷。同治间合肥李氏重刻。光绪癸未桐城徐氏重刻。嘉庆六年原刻《文集》十六卷、《诗集》十卷,《四部丛刊》影印。

《刘孟涂集》四十四卷　《文》十卷,《骈体文》二卷,《诗前集》十卷,《后集》二十二卷。刘开。【补】道光间姚氏刻。慈溪童氏刻《文集》十卷、《骈体文》二卷。光绪间王锡元刻《遗集》二卷,皆全集所无。

《太乙舟文集》□卷　陈用光。【补】八卷,道光间吴县潘氏清颂堂刻。《太乙舟诗集》十三卷,咸丰间刻。光绪乙未长沙重刻本《文集》八卷,附《诗钞》二卷。

《初月楼集》□卷　吴德旋。【补】书名《初月楼文钞》。道光间原刻十卷。光绪间四明张寿荣重刻《文钞》十卷,《文钞续》八卷,《诗钞》四卷,《古文绪论》一卷,并在《花雨楼丛钞》内。

《仪卫堂文集》十二卷,《诗》五卷　方东树。【补】同治七年合肥李鸿章刻本,附《外集》一卷、《年谱》一卷。

《东溟文集》二十六卷　姚莹。【补】道光十三年刻,同治六年安福县署重刻。诗名《后湘诗集》,凡二十三卷。《全集》十余种,名《中复堂全书》。

《柏枧山房集文》六十卷,《诗》十五卷　梅曾亮。【补】《文集》十六卷,《诗集》十五卷,此云六十者误。咸丰间刻。

《管异之文集》□卷　管同。【补】书名《因寄轩文集》。《初集》十卷,《二集》六卷,《补遗》一卷,子嗣复《小异遗文》一卷附。光绪间合肥张氏重刻。

以上国朝桐城派古文家集

《大云山房初集》四卷,《言事》二卷,《二集》四卷　恽敬。【补】嘉庆间卢氏刻。同治间重刻本,多《补编》一卷,《四部丛刊》影印。

《茗柯文编》五卷　张惠言。【补】嘉庆十四年刻。重刻本多种。
宣统间上海神州国光社影印手写稿本,武昌局本有恽敬评点,
《四部丛刊》影印。《茗柯文补编》二卷、《外编》二卷,道光间仁
和陈善刻本,《四部丛刊》影印。

《养一斋文集》二十六卷　李兆洛。活字版本。【补】光绪间江阴
刻本。

《崇百药斋集》二十卷,《续集》四卷　陆继辂。【补】嘉庆间合
肥学舍刻。光绪四年陆光迨重刻本,多《三集》十二卷。

《齐物论斋文集》六卷　董士锡。【补】新昌胡心敬问影楼重
刻本。

　　以上国朝阳湖派古文家集

《湖海楼集》五十卷　陈其年。程师恭《检讨四六注》,选择未善。
【补】康熙间原刻本五十四卷,《四部丛刊》影印。光绪间重刻本
六十卷。《湖海楼文集拾遗》,上海神州国光社排印。《陈检讨四
六》二十卷,康熙三十二年刻本,翻刻本。太仓顾张思《陈检讨四
六补注》,未见传本。

《林蕙堂集》二十六卷　吴绮。陆繁弨《善卷堂四六》,章藻功《思
绮堂四六》,皆非至者。【补】吴集乾隆间衷白堂刻巾箱本,重
刻本。

《石笥山房文集》六卷,《补遗》一卷,《诗集》十二卷　胡天游。
此本未足。【补】道光二十六年家刻。咸丰二年胡氏补刻足本,
多《补》四卷。

《玉芝堂文集》六卷,《诗》三卷　邵齐焘。【补】光绪重刻袖
珍本。

《绿萝山庄四六》□卷　胡浚。【补】二十四卷。乾隆间刻。一名
　　《华萼堂四六》。

《小仓山房外集》八卷　袁枚。别行。【补】吴县石韫玉《袁文笺
　　正》十六卷，仁和魏大缙《增订袁文笺正》四卷，泰州王广业《袁
　　文合笺》十六卷，益阳黎光地《随园骈体文注》十六卷，皆有
　　刻本。

《仪郑堂骈体文》二卷　孔广森。文选楼本，又附刻所著书本。
　　此集本别行。【补】又湖南合刻《孔洪骈体文》本，《仪郑堂骈体
　　文》三卷。

《述学外篇》　汪中。互见。

《知足斋集》□卷　朱珪。【补】《文集》六卷，《诗》二十卷，《诗
　　续》四卷，《进呈文稿》二卷。广州局重刻本，光绪间定州王灏刻
　　《畿辅丛书》本，无《诗集》。

《问字堂外集》　孙星衍。互见。此集皆骈文。

《卷施阁乙集》十卷，《更生斋乙集》二卷　洪亮吉。互见。此
　　集皆骈文。【补】又湖南合刻《孔洪骈体文》本《卷施阁乙集》八
　　卷、《续编》一卷、《更生斋乙集》四卷。

《夫容山馆集》　无卷数，《文》八十三篇，《续》三十五篇。
　　《诗》八卷，《补遗》一卷，《词》二卷　杨芳灿。【补】嘉庆十
　　年刻。

《有正味斋集》七十三卷　吴锡麒。《初集骈体文》二十四卷，
　　《续集骈文》八卷。【补】嘉庆十三年吴氏重刻。王广业《有正味
　　斋骈体文笺》二十四卷，叶联芳《有正味斋骈体文注》十六卷，皆
　　有刻本。

《尚絅堂集文》二卷，《诗》五十二卷，《词》二卷　刘嗣绾。【补】道
　　光六年家刻。四明张寿荣重刻文二卷，在《花雨楼丛钞》内。

《小谟觞馆集》　《文》四卷,《诗》八卷,《诗余》一卷,《续集·文》二卷,《诗》二卷。彭兆荪。姚燮《复庄骈俪文榷》八卷,体与彭近,逊于彭。【补】彭集嘉庆间刻,光绪间汪氏重刻。孙培元注六卷,有刻本。

《赏雨茅屋诗集》二十二卷,《骈体文》二卷　曾燠。【补】嘉庆二十四年家刻。光绪间鄞县郭氏单刻《外集》一卷。

《夕葵书屋集》□卷　吴鼐。【补】一名《吴学士集》,《文》四卷,《诗》五卷。

《樗华馆骈体文》四卷　董基诚、董祐诚。别刻,又附《董方立遗书》内。【补】《遗书九种》,家刻,成都重刻,上海制造局重刻。

以上国朝骈体文家集

《梅村集》四十卷　吴伟业。欲详知国朝诗家者,具郑方坤《国朝诗钞小传》、王昶《湖海诗传》、张维屏《诗人征略》中。【补】《梅村集》四十卷,康熙间刻。《梅村家藏稿》五十八卷、《补》一卷、《年谱》四卷,宣统间武进董康刻本,此本足,《四部丛刊》影印。郑方坤《国朝名家诗钞小传》四卷,原刻本,郑氏春华堂重刻本,光绪间李氏万山草堂重刻本。王昶《湖海诗传》,互见总集类。张维屏《国朝诗人征略》,互见诗文评类。

《吴诗集览》二十卷,《谈薮》一卷　吴伟业。靳荣藩注。【补】乾隆四十年刻。有通行本。长洲吴翌凤《梅村诗集笺注》十八卷,嘉庆间沧浪吟榭刻本,武昌局重刻本。

《变雅堂集》四卷　杜濬。濬文集罕传,武昌新刻。【补】原刻五卷、附一卷。道光重刻《全集》十四卷。同治武昌重刻十卷、附一卷。

《学余堂文集》二十八卷,《诗集》五十卷,《外集》二卷　施闰章。

【补】有康熙、乾隆二刻。宣统间上海国学扶轮社石印。

《曝书亭诗注》二十二卷 朱彝尊。杨谦注。孙银槎注本,不如杨注本,别行。互见。【补】互见前考订家集。杨、孙前有江浩然注本,不善。

《西河诗集》五十六卷 毛奇龄。互见。【补】同上。

《带经堂集》九十二卷 王士祯。合他著述统名《渔洋山人著述三十八种》。【补】《渔洋山人集外诗》二卷,光绪间石埭徐氏刻《观自得斋丛书》本。

《渔洋山人精华录训纂》十卷 惠栋注。【补】红豆斋刻。《训纂》二十卷,《精华录》十卷。康熙间林佶写刻本无注,《四部丛刊》影印。金荣《渔洋山人精华录笺注》十二卷、《补遗》一卷,凤翔楼原刻本,上海文瑞楼影印。

《白茅堂集》四十六卷 顾景星。【补】康熙戊寅刻,附《耳提录》一卷。

《安雅堂诗集》 无卷数。 《拾遗文》二卷 宋琬。【补】《诗文集》十五卷,康熙间刻。未刻稿十卷,乾隆元年汪邦宪刻。

《松桂堂集》三十七卷,《延露词》三卷,《南淮集》三卷 彭孙遹。【补】乾隆八年家刻。

《冯定远集》十一卷 冯班。【补】康熙间自刻。

《饴山堂文集》六卷,《诗集》十七卷 赵执信。【补】一名《因园集》。乾隆间刻。

《西陂类稿》三十九卷 宋荦。【补】康熙五十年家刻。

《古欢堂集》三十六卷 田雯。【补】康熙戊寅家刻。

《莲洋诗钞》十卷 吴雯。【补】乾隆十六年汾阳刘组刻,乾隆二十九年山东孙锷重刻。又王士祯评点本二十二卷,嘉庆间大兴翁方纲校刻,此本最足。

《溉堂集》二十三卷　孙枝蔚。

《冯舍人遗诗》六卷　冯廷櫆。

《敬业堂集》五十卷　查慎行。【补】乾隆间刻附《续集》六卷，《四部丛刊》影印。《敬业堂集补遗》皆集中未刊之作，在涵芬楼排印《秘笈》第四集内。又《敬业堂文集》二册，不分卷，仁和姚氏据传钞本刻，未见。

以上国朝诗家集　诗家太多，读不胜读，止举国初最著数家，余多行本，泛览不难，此后最著者，厉鹗《樊榭山房诗集》，黄景仁《两当轩集》。【补】《樊榭山房集》互见前考订家集。《两当轩集》，光绪二年黄氏家塾重刻足本二十二卷、《附录》四卷、《考异》二卷。

《珂雪词》　曹贞吉。【补】二卷，又《补遗》一卷，与《珂雪诗集》合刻。

《曝书亭词注》七卷　朱彝尊。李富孙注。【补】梅里忻氏刻本，别下斋本。光绪间湘潭叶德辉观古堂刻《曝书亭删余词》一卷，附原稿《目录》一卷、《校勘记》一卷。

《乌丝词》　陈维崧。【补】四卷。通行本。《迦陵词全集》三十卷，患立堂原刻本。顾贞观、蒋景祁同编《陈检讨词钞》十二卷，刻本。

《弹指词》　顾贞观。【补】三卷。家刻。

《饮水词》、《侧帽词》　纳兰性德。【补】康熙三十年刻《通志堂集》十八卷，内《词》四卷。梁章钜刻本，粤雅堂本。光绪间仁和许增刻《纳兰性德词》五卷、《补遗》一卷，在《榆园丛书》内。

《樊榭山房词》　厉鹗。【补】四卷。在钱塘汪氏重刻《樊榭山房全集》内。《全集》见前考订家集。原刻《全集》内词止二卷。

《蘅梦楼词》 郭麐。【补】二卷。《灵芬馆全集》本。《榆园丛书》刻郭麐词四种,《蘅梦楼词》二卷、《浮眉楼词》二卷、《忏余绮语》二卷、《爨余词》一卷。

《茗柯词》 张惠言。【补】一卷。全书本。

《疏影楼词》 姚燮。【补】五卷。在家刻《大楳山馆全集》内。

《金梁梦月词》 周之琦。【补】二卷,又《怀梦词》一卷,见《云自在龛丛书》及《食旧斋丛书》内。又《鸿雪词》、《退庵词》各一卷,均见《食旧斋丛书》内。

《冰蚕词》 承龄。【补】一卷。家刻。

《空青词》 边浴礼。【补】三卷。道光戊戌与《健修堂诗集》二十二卷合刻。

　　以上国朝词家集今人之词,不能叶律,乃长短句,非曲也,故附集部诗后。词乃小道,略举最精者数家,以备文体之一。

右别集类

总集第三　近世选本,举大雅者。

《文选》李善注六十卷,附《考异》十卷　胡克家仿宋本,武昌局翻本,广州翻本。叶氏《海录轩评注》本六十卷,亦佳,汲古阁本较可。【补】胡本《考异》十卷,顾广圻撰。胡本有坊间影印本多种,叶本广州翻刻,汲古阁本江宁局重刻。贵池刘世珩玉海堂仿宋淳熙贵池本《文选》六十卷,附《札记》。德清傅云龙纂喜庐仿日本延喜刻本《文选》第五卷残卷,今版在上虞罗氏。

《文选理学权舆》八卷　汪师韩。读画斋本。【补】《丛睦汪氏遗书》本。

《文选理学权舆补》一卷　孙志祖。同上。

《文选李注补正》四卷　同上。同上。【补】番禺陶氏刻本。

《文选考异》四卷　同上。同上。陈景云《文选举正》六卷,未刊。【补】孙书番禺陶氏刻本。

《文选音义》八卷　余萧客。静胜堂刻本。此书乃少作,未尽善。余后又撰《文选杂题》三十卷,未见传本。【补】余萧客三十卷,书名《文选纪闻》,光绪间巴陵方功惠刻入《碧琳琅馆丛书》。

《文选集释》二十四卷　朱珔。自刻本。【补】江西重刻本。

《文选旁证》四十六卷　梁章钜。榕风楼刻本。【补】光绪间重刻本。绩溪胡绍煐《文选笺证》三十卷,贵池刘世珩刻《聚学轩丛书》本。

《文选古字通疏证》六卷　薛传均。刻本。原书十二卷。【补】光绪间华阳傅世洵刻《益雅堂丛书》本。旌德吕锦文《文选古字通补训》四卷,附《补遗》,光绪辛酉怀砚斋刻本。

《选学胶言》二十卷　张云璈。三影阁刻本。

《文选补遗》四十卷　宋陈仁子。长沙刻本。

《文选六臣注》六十卷　唐吕延济、刘良、张铣、吕向、李周翰、李善。明新都崔氏大字本。不如李善单注,已有定论,存以备考。【补】《四部丛刊》影印宋刻本。

　　以上总集类《文选》之属

250　《汉魏六朝百三家集》一百一十八卷　明张溥编。重刻本。明汪士贤刻《汉魏六朝二十名家集》,在张前。【补】张编《百三家集》,汲古阁重刻,光绪间亦重刻,杭州林氏又编刻汲古阁本。《汉魏六朝二十名家集》一百零三卷,明万历间刻,并《陶靖节集》十卷,一名《二十一名家集》。无锡丁福保重编《汉魏六朝名家集初集》四十家,上海医学书局排印本。

《文纪》一百五十九卷　明梅鼎祚编。原刻本。皇霸、西汉、东汉、三国、西晋、宋、南齐、梁、陈、北齐、后周、隋、释。《三国文纪》亦有刻本，《四库》未收。【补】原刻本明末刻。《后魏文纪》二十卷，江宁龙蟠里图书馆有钞本。《文纪》足本内尚有《东晋文纪》一种，今罕见。《三国文纪》凡二十四卷，《魏》十八卷，《吴》四卷，《蜀汉》二卷。严可均编《全上古三代秦汉三国六朝文》七百四十六卷，光绪十三年黄冈王毓藻广州刻本，此书搜采宏富，备载出处，远胜汪、张、梅、丁诸书。王刻前，乌程蒋氏尝刻严书《目录》一百零三卷，单行。

《古文苑》二十一卷　宋章樵注。明成化壬寅刻本，守山阁校本。又岱南阁本九卷，无注。【补】《惜阴轩丛书》本，金壶本，苏州局本，《四部丛刊》影印明成化本并二十一卷，有章注。此书不著编者名氏，九卷本乃宋韩元吉重编。岱南阁本据宋淳熙本影刻，飞青阁覆岱南阁本，潮州郑氏龙溪精舍重刻岱南阁本，光绪间宜都杨守敬亦刻九卷本。

《续古文苑》二十卷　孙星衍编。平津馆本。【补】苏州局本。

《文馆词林》四卷　唐许敬宗等编。《佚存丛书》本，粤雅堂重刻本。此残本，原书一千卷。【补】遵义黎庶昌《古逸丛书》覆旧钞本十三卷半，今版在苏州局。宜都杨守敬刻本五卷。吴兴张钧衡刻本二十五卷，在《适园丛书》内。武进董康珂罗版影印唐写本二十二卷。

《文苑英华》一千卷　宋李昉等编。明刻本。【补】上虞罗振玉《宋椠文苑英华残本校记》一卷，载北平《北海图书馆月刊》卷二第五号。

《文苑英华辨证》十卷　宋彭叔夏。聚珍本，福本，知不足斋本。【补】南昌局重刻聚珍本，《学海类编》本。」

〔以上汇选文〕

《全唐文》一千卷　嘉庆十九年敕编。扬州官本。【补】广州局本。归安陆心源《唐文拾遗》七十二卷、《续拾》十六卷，十万卷楼别刻本，此书专录《全唐文》未收之文。

《唐文粹》一百卷　宋姚铉编。顾广圻校刻大字本，明晋藩刻本，又明刻小字本。【补】苏州局本，光绪间仁和许增校刻本，《四部丛刊》影印元翻宋刻小字本。

《唐文粹补遗》二十六卷　郭麐编。刻本。【补】嘉庆间刻。苏州局本，许增刻本，并附《唐文粹》后。

《宋文鉴》一百五十卷　宋吕祖谦编。明胡韶修补本。明晋藩刻本。【补】苏州局本。《四部丛刊》影印宋刻本。

《南宋文范》七十卷　庄仲方编。道光十七年活字版本。【补】附《外编》四卷。苏州局本。

《金文雅》十卷　同上。同上。【补】苏州局本。常熟张金吾《金文最》一百二十卷。广州局本。江阴缪荃孙《辽文存》六卷，家刻本。南海黄任恒《辽文补录》一卷，民国八年广州排印本。

《元文类》七十卷，《目录》三卷　元苏天爵编。明晋藩刻本，又明修德堂本。《文粹》、《文鉴》、《文类》三种，明张溥皆有删削刻本。【补】《元文类》苏州局本，《四部丛刊》影印元至正二年西湖书院刻本。

《明文衡》九十八卷　明程敏政编。原刻本。【补】《四部丛刊》影印明嘉靖间重刻本。

《明文授读》六十二卷　黄宗羲编。刻本。【补】黄宗羲编《明文海》四百八十二卷，未刊，浙江图书馆有钞本。

《明文在》一百卷　薛熙编。倪霱写刻本。【补】苏州局本。」

〔以上唐至明文〕

《皇清文颖》一百二十四卷　乾隆十二年敕编。殿本。【补】《续编》一百六十四卷,嘉庆十五年敕编,殿本。

《国朝文录》一百卷　姚椿编。朱琦编《国朝诂经文钞》一百卷,未刊。【补】姚编咸丰间刻本。朱编《国朝古文汇钞初集》一百七十三卷、《二集》一百卷,道光吴江沈氏世美堂刻本。

《湖海文传》七十五卷　王昶编。家刻本。【补】经训堂刻石印本。」

〔以上国朝文〕

《历代赋汇》一百四十卷,《外集》二十卷,《逸句》三卷,《补遗》二十二卷　康熙四十五年敕编。扬州诗局本,重刻通行本。

《赋汇录要笺略》二十八卷,附《补题注》,《外集》、《补遗题注》吴光昭。通行本。杭世骏有《赋汇解题》,通行。」

〔以上赋〕

《御选唐宋文醇》五十八卷　乾隆三年。内府大字本,广州重刻大字本。【补】苏州局本。

《古文辞类纂》七十五卷　姚鼐编。道光五年江宁吴氏刻大字定本同治八年间竹轩翻吴本,兴县康氏刻小字本,又大字本,苏州局翻康本。【补】此书七十四卷。康氏重刻大字本无圈点,不善。吴氏刻本,桐城萧穆校本,长沙思贤讲舍刻本。又铜山徐树铮辑评本,民国间北京排印。桐城吴汝纶《姚氏古文辞类纂点勘记》三卷,北京排印本。长沙王先谦《续古文辞类纂》三十四卷,思贤讲舍本,与姚书合刻,合刻有通行本。遵义黎庶昌《续古文辞类纂》上中下三编,二十八卷,光绪二十一年江宁李光明书庄刻本。黎《续》失姚意,不逮王。

《骈体文钞》三十一卷　李兆洛编。康刻本,合《类纂》,合肥徐氏重刻本。【补】成都存古书局本。长沙王闿运《八代文粹》□卷，富顺考隽堂刻本。长沙王先谦《骈文类纂》下逮清末作家，思贤书局刻本。

《七十家赋钞》六卷　张惠言编。康刻本。以上三种选本，最古雅有法。【补】苏州局本附《校勘记》。曾国藩《经史百家杂钞》二十六卷、《简编》二卷，光绪间长沙传忠书局刻《曾文正公全集》本，以古文为主，间录骈体文。吴汝纶《曾氏百家杂钞点勘记》一卷，北京排印本。

《国朝骈体正宗》十二卷　曾燠编。原刻本，广州重刻本。【补】光绪间四明张氏花雨楼刻小字本。张鸣珂《国朝骈体正宗续编》八卷，寒松阁自刻本。

《唐宋十大家文集》五十一卷　储欣编。八家外，增李翱、孙樵。明茅坤《八大家文钞》，锺惺《八大家文选》，旨趣略同。【补】储编苏州局重刻本。茅编一百六十四卷，锺编二十四卷，皆有通行本。

《元明十大家文集》□卷　国朝人编。【补】宜黄刘肇虞编《元明八大家古文选》十三卷。虞集、揭傒斯、杨士奇、王守仁、归有光、唐顺之、王慎中、艾南英。乾隆间刻本。上列书疑即指此。

李选《国朝文录》八十二卷，《续录》六十三卷　李祖陶编。共八十八家，体例未精，评语尤陋，取其各存大略。【补】道光十九年瑞州凤仪书院刻本。山阴沈粹芬编《国朝文汇》二百卷，书成宣统，采录稍广，涵芬楼排印本。

《金元明八大家文选》五十三卷　李祖陶编。元好问、姚燧、吴澄、虞集、宋濂、王守仁、唐顺之、归有光。【补】上高李氏，家刻本。

《三家文钞》三十二卷　宋荦编刻。侯方域八卷，汪琬十二卷，
　　魏禧十二卷。近人编辑《国朝二十四家古文》尤草草。【补】
　　宋编康熙三十三年写刻。上列近人所编书，即归安徐凤辉《国
　　朝二十四家文钞》。

《古文雅正》十四卷　蔡世远编。

《续古文雅正》十四卷　林有席编。」

　　　〔以上文之属〕

《四六法海》十二卷　明王志坚编。【补】乾隆间修补本，广州
　　重刻本。又蒋士铨删评本八卷，巾箱本。

《唐骈体文钞》十七卷　陈均编。【补】嘉庆间陈氏家刻，广州
　　局重刻。

《宋四六选》二十四卷　彭元瑞编。以上均通行本。【补】彭书
　　乾隆间刻。

《八家四六文钞》九卷　吴鼒编。较经堂刻本。袁枚、邵齐焘、
　　刘星炜、孔广森、吴锡麒、曾燠、孙星衍、洪亮吉。【补】重刻通
　　行本。长沙王先谦编《十家四六文钞》十卷，刘开、董基诚、董
　　祐诚、方履籛、梅曾亮、傅桐、周寿昌、王闿运、赵铭、李慈铭，光
　　绪十五年王氏刻本。」

　　　〔以上骈文之属〕

以上总集类文之属　元以前诸本多有诗，从其多者言之。

《乐府诗集》一百卷　宋郭茂倩编。乾隆刻本，武昌局本。明梅
　　鼎祚编《古乐苑》五十二卷，又补郭遗。【补】郭编《四部丛刊》影
　　印汲古阁本，《古乐苑》明刻。

《乐府古题要解》二卷　旧题唐吴兢。津逮本，学津本。

《玉台新咏》十卷　明赵氏寒山堂仿宋刻小字本，康熙甲午冯氏刻

大字评点本。【补】陈徐陵编。南陵徐乃昌重刻寒山堂本,《四部丛刊》影印明五云溪馆活字本。吴江吴兆宜《玉台新咏笺》十卷,乾隆三十九年刻本。

《玉台新咏考异》十卷　纪容舒。【补】光绪间定州王灏重刻本,在《畿辅丛书》内。

《诗纪》一百五十六卷　明冯惟讷编。原刻本。【补】吴琯重刻,有陕西、金陵二本。无锡丁福保编《全汉三国晋南北朝诗》五十四卷,民国间上海医学书局排印本。

《诗纪匡谬》一卷　冯舒。知不足斋本。」

〔以上汇选〕

《全唐诗》九百卷　康熙四十六年敕编。扬州诗局本,江宁重刻本,广州巾箱本。【补】抚州双峰书屋重刻小字本,石印本多种。

《全五代诗》一百卷　李调元编。《函海》本。【补】附《补遗》一卷。

《全金诗》七十四卷　康熙五十年敕编。扬州诗局本。」

〔以上断代〕

《御选唐宋诗醇》四十七卷　乾隆十五年内府本,广州重刻本。【补】苏州局本,杭州局本。

《四朝诗》三百一十二卷　康熙四十八年敕编。扬州诗局本。宋七十八卷,金二十五卷,元八十一卷,明一百二十八卷。」

〔以上虽汇选而实断代〕

《唐人选唐诗八种》　汲古阁本。《国秀集》二卷,《箧中集》一卷,《御览诗》一卷,《极玄集》一卷,《中兴间气集》二卷,《河岳英灵集》三卷,《搜玉小集》一卷,《才调集》十卷。

《唐人万首绝句》九十一卷　宋洪迈。明翻宋本七十五卷,明赵宧光编刻本四十卷。

《全唐诗录》一百卷　徐倬编。通行本。」

〔以上唐〕

《西昆酬唱集》二卷　宋杨亿编。《浦城遗书》本，粤雅堂本。
【补】杭州局《邵武徐氏丛书》本，《四部丛刊》影印旧钞本。

《南宋群贤小集》一百五十七卷，附《补遗》　旧题宋陈思编。
顾修补。读画斋本。【补】是书一名《江湖小集》。《南宋六十家
集》，民国间上海古书流通处影印毛钞本，并附鲍钞本八种。

《后村千家诗》二十二卷　宋刘克庄编。《楝亭十二种》本。

《宋诗钞》一百六卷　吴之振编。通行本。【补】康熙十年吴氏鉴
古堂原刊本，涵芬楼影印原刻本。此书凡录宋诗百家百一十卷，
刻成者止八十四家九十四卷。海宁管庭芬《宋诗补》不分卷，涵
芬楼排印本。

《宋百家诗存》二十八卷　曹廷栋编刻本。补吴钞之遗。陈焯编
《宋元诗会》一百卷，搜罗残佚尤备。【补】曹编乾隆六年刻。陈
编康熙间刻本。

《中州集》十卷，附《中州乐府》一卷　金元好问编。国初刻本。
【补】武进董康影元刻本，《四部丛刊》影印董康新刻本。」

〔以上宋金〕

《元诗选》一百一十一卷　顾嗣立编。家刊本。《一集》六十八
卷，《二集》二十六卷，《三集》十六卷。【补】家刊本，康熙四十二
年刻。

《元诗癸集》十卷　无卷数。席世臣补刻本。【补】《元诗选癸集》
亦顾嗣立编。《元人选元诗五种》，连平范氏双鱼堂刻本，目列
下：房祺编《河汾诸家诗集》八卷，蒋易编《国朝风雅》七卷、《杂
编》三卷，赖良编《大雅集》八卷，魏仲举编《敦文集》一卷、《伟观
集》一卷。」

《明诗综》一百卷　朱彝尊编。原刻本。【补】康熙四十四年刻。《静志居诗话》即自此书解题下辑出。常熟钱谦益《列朝诗集》七十七卷,明崇祯十六年汲古阁刻本,上海神州国光社排印本。」

　　　　〔以上明〕

《感旧集》十六卷　王士禛编。雅雨堂刻本。解题下多有旧闻佚事。【补】《渔洋感旧集小传》四卷,附《补遗》,涵芬楼排印刻行。《列朝诗集》题下亦各系小传。上海神州国光社排印《感旧集》与陈其年《箧衍集》合印。

《湖海诗传》四十六卷　王昶编。原刻本。雍正至乾隆末闻人略备。【补】嘉庆间刻。同治四年重刻本。此书意在续沈德潜《国朝诗别裁集》。闽侯陈衍《近代诗钞》不分卷,涵芬楼排印本。

《南宋杂事诗》七卷　沈嘉辙、吴焯、陈芝光、符曾、赵昱、厉鹗、赵信。原刻本,淮南书局刻本。可资考史。【补】江宁局重刻本。」

　　　　〔以上国朝〕

《十家宫词》十二卷　宣和、宋文安、王建、花蕊、王珪、胡伟集句,和凝、张公庠、王仲修、周彦质。朱彝尊编刻本。《借月山房丛书》刻《宫词小纂》三卷。

《采菽堂古诗选》三十八卷,《补遗》四卷　陈祚明编。通行本。

《古诗选》三十二卷　王士禛编。闻人倓笺。通行本。【补】乾隆芷兰堂原刊本。江宁局本无笺,与姚鼐编《今体诗钞》十八卷合刻。长沙王闿运《八代诗选》二十卷,光绪间长沙刻本,成都存古书局本,苏州局本。

《唐贤三昧集笺注》三卷　王士禛编。吴煊、胡棠注。乾隆丁未刻本。【补】皆盛唐诗。山阳潘德舆有评本,未刊。

《十种唐诗选》十七卷　同上。通行本。

《唐人万首绝句选》七卷　同上。通行本。【补】康熙间洪氏刻本，今版在江宁局。

《镜烟堂十种》　纪昀。通行本。《沈氏四声考》、《唐人试律说》、《删正二冯才调集》、《删正瀛奎律髓》、《李义山诗》、《陈后山诗》、《张为主客图》、《审定风雅遗音》、《庚辰集》、《馆课存稿》。

《宋四家诗钞》　无卷数。周之麟编。通行本。苏、黄、范、陆。【补】光绪二十一年张氏刻本。

《国朝六家诗钞》八卷　通行本。施、宋、王、赵、朱、查。【补】此书锡山刘执玉编，乾隆丁亥诒燕楼刻，光绪丁亥成都汗青簃重刊。

以上总集类诗之属　近人诗文选本太多，举其不俗谬者。沈选别裁，通行，不详列。【补】《五朝诗别裁集》，唐三十二卷、明十二卷、国朝三十六卷，长洲沈德潜编，宋八卷、元八卷，华亭姚培谦编。沈选可便初学，姚选未善。沈又编《古诗源》十四卷，亦通行。山阳潘德舆有评本，未刊。

《花间集》十卷　蜀赵崇祚编。汲古阁本。【补】乾隆间武进赵怀玉校刻本，杭州局《邵武徐氏丛书》本，光绪间临桂王鹏运四印斋校刻本，《四部丛刊》影印明万历间玄览斋刻本，分十二卷，附西吴温博《补编》二卷。

《草堂诗余》四卷　宋人编。汲古阁本。【补】四印斋校刻本二卷。《元草堂诗余》三卷，《粤雅堂丛书》本。

《花庵词选》十卷，《中兴以来词选》十卷　宋黄昇编。汲古阁本。【补】《四部丛刊》影印明万历间舒氏刻本。

《绝妙好词笺》七卷，附《续钞》一卷　宋周密编。厉鹗、查为仁笺。徐楙重刻本，会稽章氏重刻本。又附张惠言《词选》二卷、董毅《续词选》二卷、郑善长《九家词选》一卷。【补】周济《宋四家词选》□卷，原刻本。周又编《词辨》二卷，选择精严，原刻本，苏州局本，又仁和谭献评刻本。」

　　〔以上汇选〕

《历代诗余》二百二十卷，附《词话》十卷　康熙四十六年敕编。内府本。【补】民国十七年上海蟫隐庐影印内府刻本。

《词综》三十六卷　朱彝尊编。原刻本。唐、五代、宋。　《补》二卷　王昶编。合上刻本。

《词综补遗》二十卷　陶梁编。原刻本。

《明词综》十二卷　王昶编。原刻本。

《国朝词综》四十八卷，《二集》八卷　王昶编。原刻本。【补】海盐黄燮清《国朝词综续编》二十四卷，湖北刻本。」

　　〔以上编朝代〕

《宋六十名家词》九十卷　毛晋编。汲古阁本。【补】广州重刻本，钱塘汪氏重刻本，上海博古斋影印汲古阁本。金坛冯煦编《宋六十一家词选》十二卷，光绪间江宁刻本。临桂王鹏运四印斋所刻词二十四种、宋元三十一家三十一种，并光绪间校刻。近年吴兴朱祖谋校刻唐、五代、宋、金、元词总集四种，唐词别集一种，宋词别集一百一十二种，金词别集五种，元词别集五十种，凡一百七十二种，总号《彊村丛书》。海宁王国维《唐五代二十一家词辑》二十卷，民国十七年北平排印《观堂遗书》第四集本。

《十六家词》三十九卷　孙默编。原刻本。吴伟业、龚鼎孳、梁清标、宋琬、曹尔堪、王士禄、尤侗、陈世祥、黄永、陆求可、邹祗谟、彭孙遹、王士禛、董以宁、陈维崧、董俞。【补】原刻本，康熙间刻。

《浙西六家词》十二卷，附宋张炎《山中白云词》一卷　龚翔麟
编。原刻本。朱彝尊、李良年、沈皞日、李符、沈岸登、龚翔麟。」
〔以上判各家〕

以上总集类词之属宋词最著者，姜夔、周密、张炎。姜夔《白
石词》在《六十名家词》内，周密《苹洲渔笛谱》、《草窗词》在
《知不足斋丛书》内，张炎《山中白云词》附《浙西六家词》
后，余若晏、欧、柳、苏、黄、秦、周邦彦、李清照、张孝祥、辛弃
疾、吴文英、刘过、史达祖皆在《六十家》内，张先、张镃在《知
不足斋丛书》内，有集者亦附集。【补】上举诸家，《彊村丛
书》内俱有。词号诗余，曲又词之变，元人最擅此体，兹为补
录于下。《元曲选》一百种，一百卷，明臧懋循编刻本，涵芬
楼影印本。《元人杂剧三十种》，日本东京影元刻本，又民国
十三年上海朴社影印元刻本，附海宁王国维《叙录》。今存
元人杂剧尽在此二书内。《元明杂剧二十七种》，南京龙蟠
里国学图书馆影印本。《乐府新编阳春白雪前集》五卷、《后
集》五卷，元杨朝英编，光绪间南陵徐乃昌《随庵丛书》影元
刻本。《朝野新声太平乐府》九卷，《四部丛刊》影印元刻
本。此二书皆元曲散套选本。明清传奇太多，不胪列，欲知
此类书者，具江都黄文旸《曲海》、海宁王国维《曲录》、诸暨
蒋瑞藻《小说考证》中。《曲海》六十卷，民国十五年上海大
东书局排印本，坊行《传奇汇考》八卷，即此残卷。《曲录》
六卷，宣统元年番禺沈宗畸北京刻《晨风丛书》足本，民国十
七年北平石印《观堂遗书》第四集本，排印单行本，又上海古
书流通处石印《曲苑十四种》本，止二卷。《小说考证》十
卷、《拾遗》一卷、《续编》五卷，涵芬楼排印本。

右总集类

诗文评第四　诗话但举总汇者,其专家诗话太繁,不录。

《文心雕龙辑注》十卷　梁刘勰。黄叔琳注。卢氏广州刻本,原
　　刻本。【补】光绪间长沙思贤书局重刻本。潮州郑氏龙溪精舍重
　　刻本,附兴化李详《补注》若干条。又《四部丛刊》影印明嘉靖间
　　刻本十卷,无注。蕲春黄侃《文心雕龙札记》,不分卷,北京文化
　　学社排印本。盐城陈锺凡《中国文学批评史》不分卷,上海中华
　　书局排印本。

《浩然斋雅谈》三卷　宋周密。聚珍本,杭本,福本。【补】南昌局
　　重刻聚珍本,光绪间山阴宋泽元刻《忏花盦丛书》本。」

　　　　〔以上总括〕

《全唐文纪事》一百二十二卷　陈鸿墀。广州方氏刻本。

《唐诗纪事》八十卷　宋计有功。通行本。【补】《四部丛刊》影印
　　明嘉靖间刻本。

《宋诗纪事》一百卷　厉鹗。原刻本。钱大昕《元诗纪事》三卷,
　　未见传本。【补】厉书原刻本,乾隆十一年刻。归安陆心源《宋诗
　　纪事补遗》一百卷,《宋诗小传补正》四卷,光绪癸巳家刻本。钱
　　书未刊。闽侯陈衍《元诗纪事》二十四卷,民国间涵芬楼排印本。
　　贵阳陈田《明诗纪事》一百八十七卷,听雨斋自刻本。番禺沈宗
　　畸《明诗纪事钞》,宣统间上海神州国光社排印《晨风阁丛
　　书》本。

《乌台诗案》一卷　宋周紫芝。《函海》本。【补】《学海类编》本。

《江西诗社宗派图录》一卷　张泰来。知不足斋本。

《广陵诗事》十卷　阮元。文选楼本。

《词林纪事》二十二卷,《附录》三卷　张宗橚。嘉庆三年

刻本。」

〔以上诗文内见事迹〕

《史汉方驾》三十五卷　明许相卿。家刻本。此书意在评文,故
列此。

《修词鉴衡》二卷　元王构。《指海》本,三续百川本。

《古文绪论》一卷　吕璜。《指海》本。【补】别下斋、花雨楼、《常
州先哲遗书》并刻。」

〔以上论文〕

《四六话》二卷　宋王铚。学津本。

《四六谈麈》一卷　宋谢伋。学津本。

《四六丛话》三十二卷　孙梅。嘉庆三年刻本。

《宋四六话》十二卷　彭元瑞。海山仙馆本。【补】仁和孙德谦
《六朝丽指》一卷,民国间自刻本。」

〔以上论四六〕

《赋话》十二卷　李调元。通行本,亦在《函海》内。

《读赋卮言》一卷　王芑孙。【补】在王芑孙《粤雅堂全集》内。」

〔以上论赋〕

《声调谱》一卷　赵执信。单行本,珠尘本。

《声调谱拾遗》一卷　翟翚。珠尘本。【补】董文焕《声调四谱图
说》十四卷,原刻本,上海医学书局排印本。

《谈艺录》一卷　明徐祯卿。附集本,《格致丛书》本。

《艺苑卮言》一卷　明王世贞。在《四部稿》内。

《艺圃撷余》一卷　明王世懋。以上三种,皆收沈德潜《说诗晬语》
中。《晬语》并刻宋严羽《沧浪诗话》。又广百川本,秘笈本。【补】
以上五种,皆收《谈艺珠丛》内。《谈艺珠丛》凡二十七种,王启
原编,光绪间长沙刻本。」

〔以上论诗〕

《锺嵘诗品》三卷　津逮本，学津本。【补】锺嵘，南朝梁人。吴兴
　　张钧衡择是居影宋本。亦收何刻《历代诗话》内。

《主客图》三卷　唐张为。镜烟堂本，《函海》本。【补】《豫章丛
　　书》本。亦在《历代诗话续编》内。以上二种《谈艺珠丛》内
　　亦收。

《唐音癸签》三十六卷　明胡震亨。明崇祯刻本。

《五代诗话》十卷　郑方坤。粤雅堂本。补王士祯原书。

《苕溪渔隐丛话前集》六十卷，《后集》四十卷　宋胡仔。绩溪
　　胡氏校刻本，海山仙馆。此书采北宋诗话略备。【补】康熙间
　　赵氏耘经堂仿宋本。

《诗人玉屑》二十卷　宋魏庆之。通行本。此书采南宋诗话略备。

《历代诗话》八十卷　吴景旭。何文焕所刻《历代诗话》，乃汇刻
　　前人书共二十八种，附自著一种。【补】吴书吴兴刘承幹刻《吴兴
　　丛书》本。何书上海医学书局影印清乾隆间原刻本。《历代诗话
　　续编》二十八种，《清诗话》四十二种，并无锡丁福保编，医学书局
　　排印本。

《国朝诗人征略初编》六十卷，《二编》六十四卷　张维屏。自
　　刻本。【补】广州刻《张南山全集》本，互见前别集诗家集。崇明
　　施淑仪《清代闺阁诗人征略》□卷，民国间排印本。钱谦益《历朝
　　诗集小传》，王士祯《感旧集小传》，王昶《湖海诗传》，互见前总
　　集类诗之属。郑方坤《国朝名家诗钞小传》，互见前别集类诗
　　家集。」

　　　　〔以上诗话〕

《词律》二十卷　万树。原刻本。近人有《词律拾遗》六卷、《补
　　注》三卷，刊行。【补】《词律》，光绪二年秀水杜文澜校刻本，附

德清徐本立《词律拾遗》六卷及文澜自撰《补遗》一卷。此本善，且有检目。光绪间仁和许增重刻本。《词律拾遗》、《补注》并德清徐本立撰，《补注》止二卷，已括杜刻《词律》内。杜文澜《词律校勘记》二卷，自刻《曼陀罗华阁丛书》本，亦散附杜刻《词律》各阕之后。

《箓斐轩词林韵释》二卷 单行本，粤雅堂本。【补】此书撰人佚名。秦恩复刻《词学丛书》本，光绪间南陵徐乃昌《随庵丛书》影宋刻本。戈载《词林正韵》三卷，原刻本，临桂王鹏运四印斋重刻本。元周德清《中原音韵》二卷，北京大学石印本，常熟瞿氏铁琴铜剑楼珂罗版影印元刻本，此乃《曲韵》）。

《词源》二卷 宋张炎。戈载校秦恩复刻本，粤雅堂本，守山阁本。【补】北京大学排印本。

《词苑丛谈》十二卷 徐釚。通行本。

《词学全书》十四卷 查继超。通行本。

《词话》二卷 毛奇龄。《西河集》本。【补】《曲苑》十四种，类皆品曲之书，上海古书流通处石印本。海宁王国维《宋元戏曲史》十六章，不分卷，涵芬楼排印本。

以上论填词

《四书文话》 无卷数。周以清、侯康、胡调德同纂。分二十四门：一原始，二功令，三格式，四法律，五体裁，六命题，七程文，八稿本，九选本，十墨卷，十一社稿，十二元镫，十三名誉，十四考核，十五师承，十六风气，十七兴废，十八流弊，十九起衰，二十假借，二十一咎毁，二十二谈薮，二十三轶事，二十四五经文。据学海堂集阮元《四书文话序》，已成书，未刊版，稿本见存广州学海堂中。此为一代取士程式，故附著其名于此，异日当有刊行之者。

梁章钜有《制义丛话》二十四卷,通行本,未精核。又《试律丛话》十卷,未刊。

《带经堂诗话》三十卷 王士祯。张宗柟辑。乾隆刻本,同治癸酉广州重刻本。王诗虽专一派,此编论诗详允无弊,便于学者。

右诗文评类

书目答问补正卷五　丛书

古今人著述合刻丛书目　丛书最便学者,为其一部之中可该群籍,搜残存佚,为功尤巨。欲多读古书,非买丛书不可。其中经史子集皆有,势难隶于四部,故别为类。【补】丛书子目详《汇刻书目》、《丛书举要》二书中。二书见前史部谱录类。

《汉魏丛书》　明程荣刻,三十八种;何允中刻,七十六种;国朝王谟刻,八十六种,又广为九十四种,编校不善。【补】程刻最善,王刻通行。涵芬楼影印程氏原刻本。

《津逮秘书》　明毛晋。【补】凡十五集,一百四十五种。汲古阁本,民国十一年上海博古斋影印。

《世德堂六子》　明胡氏本。《百三家集》,见前。【补】《六子全书》有翻世德堂本,上海右文社影印世德堂本。《百三家集》不如《全上古三代秦汉三国六朝文》。二书并见前集部总集类文之属。

《古香斋袖珍十种》　内府刻。【补】南海孔氏重刻本。

《武英殿聚珍版书》　通行者一百三十八种,续出者尚多。福州重刻,杭州重刻三十九种。【补】福州重刻一百四十八种,广州重刻一百四十八种,南昌重刻五十四种,苏州刻八种。

《通志堂九经解》 纳兰性德。广州书局重刻。【补】原刻本康熙间刻。汇刻宋元人经解一百三十八种,内亦有唐、明、清人书,止一二种。

《皇清经解》 阮元。前书目中以便文称《学海堂经解》,或阮刻《经解》。【补】今版在广州局,凡一百八十种,皆清代考证家解经之书。《皇清经解续编》二百零九种,长沙王先谦编,光绪十五年江阴南菁书院刻本,前补目内,此书简称《续经解》。阮、王正续《经解》,光绪中上海坊间有石印本多种,石印本附检目。阮《经解》有船山书院分类重刻小字本,种数未尽。《五经汇解》,光绪间石印本,割裂正续《经解》所收诸书,引就经文,以便省览,与《说文诂林》编法相似,虽出坊贾之手,要亦有功学者。

书目答问补正

《经苑》 钱仪吉。已刻宋元明经说二十五种,唐人二种,皆通志堂未收者。有目未刻者十八种。【补】咸丰元年刻本。

《汉魏遗书钞》 王谟。分经史子集四部,刻成通行者,止《经翼》一种。【补】《经翼》凡一百零八种。嘉庆三年刻本。

《二酉堂丛书》 张澍。辑汉魏佚书三十六种。【补】道光元年刻本,止刻成二十一种。

《玉函山房丛书》 马国翰。辑周秦至隋唐佚书六百余种,分经史子集四编。【补】六百三十二种,附一种,分经史子三编。济南原刻本,济南重刻本,长沙思贤书局重刻小字本,长沙重刻大字本,皆光绪间重刻。重刻本以长沙小字本为善。

《玉玲珑阁丛刻》 龚翔麟。【补】五种,康熙间刻本。

《泽存堂五种》 张士俊。字书、韵书。【补】康熙间刻本,光绪十四年上海蜚英馆影印原刻本。

《楝亭五种》　曹寅。字书、韵书。【补】康熙间刻本。

《问经堂丛书》　孙冯翼。《汇刻书目》未尽。【补】印本有二：一、十八种；一、二十七种。

《微波榭遗书》　孔继涵。【补】八种，家刻本。

《戴校算经十书》　孔继涵。【补】十种，附二种，微波榭刻本。

《雅雨堂丛书》　卢见曾。【补】十三种，乾隆二十一年刻本。

《经训堂丛书》　毕沅。【补】二十三种。乾隆四十八年灵岩山馆刻本，光绪十三年上海大同书局石印小字本。

《抱经堂丛书》　卢文弨。【补】十六种。原刻本，民国十二年北京直隶书局影印原刻本。

《平津馆丛书》　孙星衍。【补】四十六种，嘉庆间原刻本，又光绪十一年吴县朱记荣重刻本。

《岱南阁丛书》　孙星衍。【补】十六种，又巾箱本五种。嘉庆间刻本，上海博古斋影印原刻本。

《贷园丛书》　周永年、李文藻。【补】十二种，乾隆五十四年刻本。

《汗筠斋丛书》　秦鉴。【补】四种，嘉庆间刻本。

《知不足斋丛书》　鲍廷博。【补】三十集，二百二十种。乾隆丙申刻本，民国十年上海古书流通处影印原刻本。渤海高承勋《续知不足斋丛书》二集，十七种，道光间刻本。常熟鲍廷爵《后知不足斋丛书》四集，二十五种，光绪甲申刻本。

《小玲珑山馆丛书》　马曰璐。【补】六种。原刻本，道光二十九年长洲顾湘小石山房重刻本。

《读画斋丛书》　顾修。【补】八集，四十六种。嘉庆四年刻本。

《士礼居丛书》　黄丕烈。【补】十九种。嘉庆二十三年刻本，上海坊间影印原刻本。

《文选楼丛书》 阮元。【补】三十二种,道光间刻本。

《汉学堂丛书》 黄奭。【补】经八十五种,纬书五十六种,子、史七十四种,附《高密遗书》十四种,皆逸书新辑者。光绪十九年甘泉黄氏补版本,石印小字本。

《惜阴轩丛书》 李锡龄。【补】三十八种。道光二十年宏道书院刻本,光绪二十二年长沙重刻本。

《艺海珠尘》 吴省兰。刻未精。【补】八集,一百六十四种。乾隆末听彝堂刻本。

《学津讨原》 张海鹏。校未精。【补】二十集,一百七十三种。嘉庆十年张氏旷照楼原刻本,民国十一年上海涵芬楼影印原刻本。

《省吾堂汇刻书》 蒋光弼。【补】五种,二十七卷。乾隆间刻本。

《借月山房丛书》 张海鹏。一名《泽古丛钞》。【补】一百三十五种,原刻本,民国九年上海博古斋影印原刻本。

《湖海楼丛书》 陈春。【补】十三种。嘉庆二十四年刻本。

《琳琅秘室丛书》 胡珽。活字本。【补】五集,三十六种。咸丰三年原印活字本,光绪十四年重印活字本。

《得月簃丛书》 荣誉。【补】二集,二十种。刻本。

《台州丛书》 宋世荦。【补】十种,一名《名山堂丛书》。道光元年刻本。王棻《台州丛书续编》十三种,光绪戊戌翁长森刻本。杨晨《台州丛书后集》十六种。民国四年石印本。

《墨海金壶》 张海鹏。【补】一百一十五种。原刻本,民国十年上海博古斋影印原刻本。

《守山阁丛书》 钱熙祚。【补】一百一十种。道光间刻本,光绪己丑上海鸿文书局影印原刻本,民国□年上海博古斋影印原刻本。

《珠丛别录》 钱熙祚。【补】二十八种。道光间刻本。

《指海》 同上。止刻十二集。【补】十二集,九十种。道光间刻。
　　光绪间钱培让、培杰续刻八集四十八种,合前成二十集。

《连筠簃丛书》 杨墨林。【补】十三种,道光二十三年刻本。

《半亩园丛书》 止刻其半。【补】刻成□种,皆小学类书,一名
　　《小学类编》,咸丰壬子江都李祖望编刻。

《宜稼堂丛书》 郁松年。【补】十三种,道光二十一年刻本。

《别下斋丛书》 蒋光煦。【补】二十七种。道光间原刻本,光绪
　　间武林竹简斋石印本,民国十四年涵芬楼影印原刻本。

《涉闻梓旧》 蒋光煦。【补】二十六种。咸丰六年编刻本,武林竹
　　简斋石印本,涵芬楼影印原刻本。

《拜经楼丛书》 吴骞。【补】三十种。原刻本,民国十一年上海
　　博古斋影印原刻本。光绪间会稽章寿康重刻本,未全。

《岭南遗书》 伍元薇。【补】六集,五十九种。道光十一年刻本。

《粤雅堂丛书》 伍崇曜。【补】二十集,一百二十一种。咸丰三
　　年刻本。光绪间续刻十集六十四种,合前成三十集。

《观我生室汇稿》 罗士琳著。有古书。【补】十一种,阮氏刻本。

《海山仙馆丛书》 潘仕诚。【补】五十六种,道光六年刻本。

《古经解汇函》 广州刻。【补】十六种。巴陵锺谦钧编。重刻小
　　字本。

《小学汇函》 广州刻。【补】十四种。附刻《古经解汇函》后,巴
　　陵锺谦钧编。重刻小字本。

《佚存丛书》 日本刻。【补】十九种。日本原刻本,道光间扬州阮
　　元重刻本,光绪八年长洲黄氏重印活字本,民国十四年涵芬楼影
　　印原刻本。

《茆氏辑十种古书》 茆鲁山。【补】道光二十二年梅瑞轩刻本。

右皆多存古书,有关实学,校刊精审者。 一人著述合刻者,亦名丛书,别列于后。 余若郎刻《五雅》、《中都四子》、《周秦十一子》、吴刻《二十子》、《崇德堂二十子》、宋左如圭《百川学海》、三续《百川学海》、《广百川学海》、《古今逸史》、《锤评秘书十八种》、《说郛》、《稗海》、《格致丛书》、《秘册汇函》、《宝颜堂秘笈》、《稽古堂日钞》、《古今说海》、《唐宋丛书》、 以上明刻,多古书。【补】上举丛书十八部,今并有重印通行本,或石印,或排印,或就旧刻影印,不复一一标列。宋俞鼎孙编《儒学警悟》七种,宋咸淳四年编成,乃丛书之祖,有民国十三年武进陶湘刻本。 《十子全书》、《武经七书》、《青照堂》、《长恩书室》、《三长物斋丛书》、《龙威秘书》、《心斋十种》、《楝亭十二种》、《函海》、《唐人说荟》,以上国朝刻,间有古书。【补】曹溶编《学海类编》,亦丛书巨帙,凡四百三十一种,有道光十一年六安晁氏活字本,民国九年涵芬楼影印本。 以上各种,或校刊不精,或删改,或琐杂,若寒士求书不易,得之亦可备考,但不可尽据耳。此外尚多,举其著者。 归安姚氏《咫进斋丛书》、永康胡氏《金华丛书》、吴县潘氏《滂喜斋丛书》,刊印已多,尚无总数。【补】《咫进斋丛书》,姚觐元编刻,凡三集,三十五种。《金华丛书》,胡凤丹编刻,凡四集,六十七种。《滂喜斋丛书》,潘祖荫编刻,凡四集,四十三种。《功顺堂丛书》,潘祖荫编刻,凡十八种。此四丛书,并同治光绪间刻。后此所出合刻丛书无虑数十种,其著者有:张之洞《广雅丛书》,王灏《畿辅丛书》,孙衣言《永嘉丛书》,陆心源《湖州丛书》、《十万卷楼丛书》,章寿康《式训堂丛书》,黎庶昌《古逸丛书》,丁丙《武林往哲遗著》、《武林掌故丛编》,邓实《风雨楼丛书》、《古学汇刊》，胡思敬《豫章丛书》，徐乃昌《积学斋丛书》、《鄦斋丛书》、《随庵丛书》，张钧衡《适园丛书》，刘世珩《聚学轩丛书》，刘承幹《求恕斋丛书》、《嘉业堂丛书》、《吴兴丛书》、《希古楼丛书》，罗振玉《鸣沙石室佚书》、《云窗丛刻》、《吉石盦丛书》、《宸翰楼丛书》、《雪堂丛刻》、《玉简斋丛书》，胡宗楙《续金华丛书》，卢靖《湖北先正遗书》，上海商务印书馆《涵芬楼秘笈》、《四部丛刊》、《续古逸丛书》，上海中华书局《四部备要》。

国朝一人自著丛书目　求书于市，但举子目，非书
贾所知，故为举其大题如左。

《亭林遗书》　顾炎武。未尽。【补】二十二种。康熙间潘耒编刻本，光绪十一年重刻本，青浦席威、吴县朱记荣同刻。

《音学五书》　顾炎武。【补】张弨写刻本，苏州翻刻本。

《船山遗书》　王夫之。【补】五十五种。同治四年湘乡曾国藩江宁节署重刻本，又道光庚子衡阳王世佺刻本，咸丰间湘潭刻本。

《西河合集》　毛奇龄。【补】九十四种。康熙庚子蒋枢编，书留草堂刻本。

《万氏经学五书》　万斯大。未尽。【补】乾隆辛巳万氏刻，有重刻本。

《高文恪公四部稿》　高士奇。【补】四十三种。刻本。

《拜经堂丛刻》　臧琳、臧庸。未尽。【补】十一种。嘉庆间刻本。

《望溪全集》　方苞。【补】十七种，一名《抗希堂全集》。乾隆间刻本，光绪戊戌嫏嬛阁重刊本。

《范氏遗书六种》 范家相。【补】家刻本。

《文道十书》 陈景云。未全刻。【补】乾隆甲戌刻本,止刻四种。

《果堂全集》 沈彤。【补】六种,刻本。

《杭氏七种》 杭世骏。止小品,此外甚多。【补】乾隆间刻本,小娜嬛仙馆重刻本。

《丛睦汪氏遗书》 汪师韩。【补】十五种,原刻亦名《上湖遗书》,光绪十二年汪氏长沙重刻本。

《戴氏遗书》 戴震。未尽。【补】十八种,乾隆丁卯微波榭刻本。

《潜研堂全书》 钱大昕。未尽。【补】二十二种,原刻本。光绪十年长沙龙氏重刻本。

《苏斋丛书》 翁方纲。【补】十九种,原刻本。民国十三年上海博古斋影印原刻本。

《燕禧堂五种》 任大椿。未尽。【补】刻本。

《味经斋遗书》 庄存与。【补】十二种,附一种。光绪八年重刻本。

《瓯北全集》 赵翼。【补】七种,乾隆、嘉庆间湛贻堂刻本。

《顨轩所著书》 孔广森。【补】七种,嘉庆丁丑孔氏仪郑堂刻本。

《孔丛伯遗书八种》 孔广林。【补】光绪庚寅济南局刻本。

《东壁遗书》 崔述。【补】二十种。道光壬午石屏陈履和刻本,近年坊间石印本,《畿辅丛书》本未足。

《洪稚存全集》 洪亮吉。此外甚多。【补】原刻十三种。光绪己卯洪用懃重刻本,二十三种,名《洪北江全集》,此版归武昌局。

《钱氏四种》 钱坫。此外甚多。【补】嘉庆壬戌拥万楼刻本。

《授堂集》　武亿。未尽。【补】十三种,家刻本,道光癸卯授堂重
　　刻本。

《高邮王氏五种》　王念孙、王引之。【补】自刻本,坊间石印本。
　　《高邮王氏遗书七种》,念孙、引之同撰,此七种在旧刻五种外,民
　　国十四年上虞罗振玉排印本。

《刘氏遗书》　刘台拱。【补】八种,仪征阮常生刻本,光绪十五年
　　广州局重刻本。

《经韵楼丛书》　段玉裁。【补】九种,自刻本。

《墨庄遗书》　胡承珙。【补】七种,自刻本。

《清白士集》　梁玉绳。【补】四种,嘉庆庚申刻本。

《四录堂类集》　严可均。共四十二种,止刻七种。

《郝氏遗书》　郝懿行。未尽。【补】同治四年郝联薇重刻本三十
　　种。懿行父培元、妻王照圆所著书,亦附刻其中。

《传经堂丛书》　洪颐煊、洪震煊。未尽。【补】十三种,刻本。

《焦氏丛书》　焦循。【补】二十一种。嘉庆丁丑焦氏雕菰楼刻本,
　　光绪丙子邵阳魏源补版本。

《陈氏丛书》　陈逢衡。【补】四种,并逢衡父本礼撰《鲍室四种》,
　　合称《陈氏八种》,家刻本。

《珍艺宧遗书》　庄述祖。【补】十二种,家刻本。

《茗柯全书》　张惠言。【补】十四种,嘉庆元年扬州阮氏、道光元
　　年合河康氏合刻本。

《浮溪精舍丛书》　宋翔凤。【补】十三种,道光间自刻本。

《李申耆五种》　李兆洛。【补】原刻本,合肥李氏重刻本,扫叶山
　　房重刻本。

《竹柏山房十种》　林春溥。【补】咸丰乙卯福州刻本,十五种。

《陈氏八种》　陈寿祺、陈乔枞。未尽。【补】寿祺撰《左海全集》，道光癸未家刻本，十一种。乔枞撰《左海续集》，光绪壬午刻本，十种；《续集》一名《小琅嬛馆丛书》。

《戚氏遗书》　戚学标。【补】五种，续刻二种。

《求己堂八种》　施彦士。【补】刻本。

《修本堂遗书》　林伯桐。【补】十种，道光甲辰刻本。

《王氏说文三种》　王筠。【补】原刻本，四川重刻本。

《鄂宰四种》　王筠。【补】《王菉友九种》，道光间刻本。

《苗氏说文四种》　苗夔。未尽。【补】咸丰辛亥汉砖亭刻本。

《六艺堂诗礼七篇》　丁晏。未尽。【补】丁晏撰《颐志斋丛书》廿一种，括《诗礼七篇》在内。同治元年刻本。

《俞氏丛书》　今人。【补】此即德清俞樾《春在堂全书》，光绪己丑重定刻本，一百八十八种。

算学家一人率撰数种，皆丛书体例，已见前天算本条下

右举合刻者，若黄、宗羲。朱、彝尊。江、永。厉、鹗。程、廷祚。王、鸣盛。孙、星衍。阮、元。三惠、周惕、士奇、栋。九钱、大昕、大昭、塘、坫、东垣、绎、侗、师徵、师慎。大昕合刻未尽，余多未刻。【补】钱师璟《钱氏艺文志略》一卷，附《先德述闻》一卷，可考见嘉定钱氏一家著述之盛，有番禺梁鼎芬刻《端溪丛书》本。三胡、匡衷、秉虔、培翚。二刘、文淇、毓崧。未刻者多。【补】合寿曾、师培为仪征四刘。师培《左庵遗著》，弟子分藏其稿，亦多未刊。之属其余甚繁，此举较多者。　著书甚多，而非合刻。　【补】章学诚《章氏遗书》，近年吴兴刘承幹嘉业堂始为汇刻印行。　此就考订经史者言之，其著述虽富，不关考订者不与，成书未刊者不与，附集刊行一两种者

不与。　【补】丁晏之后，自《俞氏丛书》外，其著者有黄以周、吴汝纶、孙诒让、王先谦、杨守敬所著书，王闿运《湘绮楼全书》，廖平《六译馆丛书》，章炳麟《章氏丛书》，王国维《观堂遗书》。

附一　别录【补】此录所收书，今已不尽切用，
买置当分别。

群书读本　此类各书，简洁豁目，初学讽诵，可以开
发性灵，其评点处颇于学为词章者有益。菁华、削
繁，虽嫌删节，但此乃为学文之用，非史学也。若
闵本《考工记》、《檀弓》、《公》、《穀》，苏批《孟子》
之类，割截侮经，仍不录。

朱墨本《左传》　明闵氏刻本。

朱墨本《庄子》、《列子》、《楚辞》　同上。

《史汉评林》　见前。

《史汉汇评》　明锺人杰。

《葛本评点史记》　国朝葛氏刻。

《归方合评史记》　王拯纂。广州刻本，盱眙吴氏刻本。【补】又
光绪间武昌张裕钊校刻本，善。王本但记评语及圈点起讫，无原
书正文，张本有。

朱墨本《史记菁华录》　广州刻，贵阳刻墨本。

巾箱本《通鉴辑览》　南昌刻本。

朱墨本《纪评史通削繁》　卢氏广州刻本，广州重刻本。

279

朱墨本《纪评文心雕龙》 同上。同上。

朱墨本《秦汉文钞》 闵刻。

朱墨本《评注文选》 叶树藩海录轩刻本,成都局刻墨本,广州重刻本。坊本多讹。

朱墨本《六朝文絜》 许梿写刻本。

朱墨本《韩文》 闵刻。

五色本《唐宋诗醇》、《文醇》 见前。

五色本《古文渊鉴》 内府原本,广州重刻。

五色评本《杜诗》 卢氏广州刻本,广州重刻本。

朱墨本《陶、韦、王、孟诗》 闵刻,各家单行。

朱墨本《昌黎诗注》 见前。

三色评本《义山诗注》 广州刻本。

朱墨本《纪评苏诗》 卢氏广州刻本,广州重刻本。

朱墨本《纪评瀛奎律髓》 卢氏广州刻本,镜烟堂十种墨本,李氏嘉定刻墨本。

朱墨本《四六法海》 蒋士铨删评。广州刻本。

朱墨本《花间集》 闵刻。其各家诗文选本已见前。【补】桐城吴汝纶点勘群书若干种,点勘记若干种,雅正有法,初学可览。民国间北京、保定两地排印。

考订初学各书 此类各书,约而不陋。

《四库简明目录》 见前。京师近刻四库书目略,无注。

《说文检字》 见前。

《说文提要》 见前。

《御纂七经序录》 何天衢录。道光五年刻本。

《皇清经解节本》 广州刻。

《易堂问目》 吴鼎。

《十三经策案》 二十二卷。王谟。

《廿二史策案》 十二卷。王鉴。此两书甚不陋。

《文献通考详节》 严虞惇。

《三通序》 以上均坊刻。

《通鉴目录》

《历代帝王年表》

《地理韵编》

《纪元编》

《廿一史四谱》

《廿二史札记》

《翁注困学纪闻》

《日知录集释》

《十驾斋养新录》 均见前。

《骈雅训纂》 见前。亦资词章。

词章初学各书 虽为典故词藻,然所列书,必体例大雅,引书有裁择者,有本原者。引俗伪书者为无择,引类书而不注出典者为无本。

《经玩》 广州刻本。

《说文锦字》 近人。

《两汉书蒙拾》 杭世骏。《杭氏七种》。

《南北史捃华》 周嘉猷。

《子史精华》 康熙六十年敕撰。采择最精。

《诸子品汇》 明高棅。

《任氏述记》 任兆麟。二书较胜于《经余必读》、《百子金丹》。梁
庾仲容即有《子钞》,其来已古。

《文选课虚》 《杭氏七种》。

《唐诗金粉》 沈炳震。

《三体摭韵》 朱昆田。

《格致镜原》 陈元龙。

《小知录》 陆凤藻。

《月令粹编》 秦嘉谟。

《读书记数略》 宫梦仁。较《小学绀珠》为详。明人。《锦字藻
林》之属,不注出典,最谬。

庾集、杜诗、韩诗、义山诗文、苏诗、黄诗注。

《吴诗集览》

《渔洋山人精华录训纂》

《曝书亭诗词注》 均见前。

《袁文笺正》 袁枚四六文,石韫玉笺。

《有正味斋骈文注》 吴锡麒。王广业、叶联芬两注本。袁、吴两
家文,及尤侗《西堂杂俎》,最便初学。

　　以上诸集笺注,典故详博,引据无误,既学文笔,又猎词藻。看
此数种,胜于俗谬类书多矣。

童蒙幼学各书 上海新刻《三才略》最佳,不惟童
蒙,凡学人皆不可不一览。

《六艺纲目》 元舒天民。嘉荫簃本,《指海》本。

《李氏蒙求》 后唐李瀚。宋徐子光注。《佚存丛书》,《学津讨

原》本，乡塾难得。川省坊行杨迦怿《补注》亦可。

《王氏十七史蒙求》 宋王令。康熙五十二年程刻本。

《仪礼韵言》 檀萃。通行本。《仪礼》难读，因之乡塾遂不知有此
　　经。檀氏此编，约取经义节次，编为四言韵语，注解明白。童蒙
　　于未读经典之先，令熟此编，他日读《仪礼》亦较易，即不读亦知
　　梗概矣。岂不胜于读村书《杂字》、《百家姓》万万耶！

《三才略》 《恒星图》、《步天歌》、《地球图》、《舆地略》、《括地
　　略》、《历代统图》、《读史论略》 上海局本。

劝刻书说

　　凡有力好事之人，若自揣德业学问不足过人，而欲求不
朽者，莫如刊布古书一法。但刻书必须不惜重费，延聘通人，
甄择秘籍，详校精雕，刻书不择佳恶，书佳而不雠校，犹糜费也。其书
终古不废，则刻书之人终古不泯，如歙之鲍，吴之黄，南海之
伍，金山之钱，可决其五百年中必不泯灭，岂不胜于自著书、
自刻集者乎。假如就此录中，随举一类，刻成丛书，即亦不恶。且刻书
者，传先哲之精蕴，启后学之困蒙，亦利济之先务，积善之雅
谈也。

附二　国朝著述诸家姓名略

读书欲知门径，必须有师。师不易得，莫如即以国朝著述诸名家为师。大抵征实之学，今胜于古。经史小学、天算地舆、金石校勘之属皆然。理学、经济、词章，虽不能过古人，然考辨最明确，说最详，法最备，仍须读今人书，方可执以为学古之权衡耳。即前代经史子集，苟其书流传自古，确有实用者，国朝必为表章疏释，精校重刻。凡诸先正未言及者，百年来无校刊精本者，皆其书有可议者也。知国朝人学术之流别，便知历代学术之流别，胸有绳尺，自不为野言谬说所误，其为良师，不已多乎？

所录诸家，其自著者及所称引者，皆可依据，词章诸家，皆雅正可学。书有诸家序跋，其书必善，牵连钩考，其益无方。

诸家著书，或一两种，或数十种，间有无传书者，皆有论说，见他人书中。

行县时，屡有诸生求为整饬乡塾，选择良师。反覆思之，无从措手。今忽思得其法，录为此编，虽不能尽，大略在焉。凡卷中诸家，即为诸生择得无数之良师也。果能循途探讨，笃信深思，虽僻处深居，不患冥行矣。

多举别号，欲人易知，有谥者称谥，生存人不录。

此编所录诸家外，其余学术不专一门，而博洽有文，其集中间及考论经史、陈说政事者，不可枚举。然此录诸家著述中，必见其名，自可因缘而知之。【补】光绪以来著述家，半犹生存，既补录其书入各卷，著其名矣，此不复一一举列。

姓名略 不能悉数，举其著者。空言臆说不录，一门数人者类叙。

由小学入经学者，其经学可信；由经学入史学者，其史学可信；由经学史学入理学者，其理学可信；以经学、史学兼词章者，其词章有用；以经学、史学兼经济者，其经济成就远大。

经学家

顾炎武	亭林，昆山	张尔岐	稷若，济阳
陈启源	长发，吴江	马 骕	宛斯，邹平
王尔肫	止庵，掖县	毛奇龄	大可，萧山
朱彝尊	竹垞，秀水	胡 渭	朏明，德清
阎若璩	百诗，太原	徐 善	敬可，秀水
臧 琳	玉林，武进	臧镛堂	在东，琳玄孙
臧礼堂	和贵，镛堂弟	惠士奇	天牧，吴县
惠 栋	定宇，士奇子	诸 锦	襄七，秀水
汪师韩	韩门，钱塘	杭世骏	大宗，仁和
齐召南	次风，天台	秦蕙田	谥文恭，金匮
庄存与	方耕，阳湖	庄述祖	葆琛，存与弟子
庄绶甲	卿珊，存与孙	褚寅亮	搢升，长洲
卢文弨	抱经，余姚	江 声	艮庭，吴县

余萧客	古农,吴县	翁方纲	覃溪,大兴
王鸣盛	西庄,嘉定	朱筠	竹君,大兴
纪昀	谥文达,献县	王昶	兰泉,青浦
范家相	蘅洲,会稽	翟灏	晴江,仁和
钱大昕	竹汀,嘉定	钱大昭	可庐,大昕弟
钱塘	学渊,大昕兄子	钱坫	献之,塘弟
周春	松霭,海宁	盛百二	柚堂,秀水
毕沅	秋帆,镇洋	孙志祖	颐谷,仁和
任大椿	幼植,兴化	孔继涵	荭谷,曲阜
孔广森	㢲轩,曲阜	孔广林	丛伯,广森兄
邵晋涵	二云,余姚	金榜	辅之,歙县
戴震	东原,休宁	段玉裁	懋堂,金坛
程瑶田	易畴,歙县	胡匡衷	朴斋,绩溪
胡培翚	竹村,匡衷孙	胡秉虔	春乔,绩溪
胡承珙	墨庄,泾县	周炳中	烛斋,溧阳
刘台拱	端临,宝应	王念孙	石臞,高邮
王引之	谥文简,念孙子	洪榜	初堂,歙县
洪梧	桐生,榜弟	金曰追	璞园,嘉定
汪中	容甫,江都	汪喜孙	孟慈,中子
宋绵初	守端,高邮	李惇	孝臣,高邮
武亿	虚谷,偃师	丁杰	小雅,归安
顾九苞	文子,兴化	周广业	耕崖,海宁
汪龙	蛰泉,歙县	汪莱	孝婴,歙县
程际盛	焕若,长洲	许鸿磐	渐逵,济宁
许珩	楚生,仪征	孙星衍	渊如,阳湖

梁玉绳	曜北,钱塘	梁履绳	处素,玉绳弟
阮 元	谥文达,仪征	桂 馥	未谷,曲阜
洪亮吉	稚存,阳湖	凌廷堪	次仲,歙县
李赓芸	鄦斋,高邮	锺 褒	菽崖,甘泉
赵曦明	敬夫,江阴	严可均	铁桥,乌程
马瑞辰	桐城	王聘珍	实斋,南城
毕以珣	九水,文登	姚文田	谥文僖,归安
郝懿行	兰皋,栖霞	张惠言	皋文,武进
陈寿祺	恭甫,侯官	陈乔枞	朴园,寿祺子
张 澍	介侯,武威	朱 珔	兰坡,歙县
周用锡	晋园,平湖	焦 循	里堂,甘泉
李锺泗	滨石	马宗梿	鲁陈,桐城
朱 彬	武曹,宝应	江 藩	郑堂,甘泉
李贻德	次白,嘉兴	崔应榴	秋谷,海盐
刘玉麑	又徐,宝应	刘宝楠	楚桢,宝应
刘文淇	孟瞻,仪征	刘毓崧	伯山,文淇子
刘逢禄	申受,阳湖	宋翔凤	于庭,长洲
沈钦韩	文起,吴县	柳兴宗	宾叔,丹徒
许桂林	月南,海州	赵 坦	宽夫,仁和
洪颐煊	筠轩,临海	洪震煊	楅堂,颐煊弟
凌 曙	晓楼,江都	凌 堃	厚堂,乌程
胡世琦	玉樵,泾县	俞正燮	理初,黟县
臧寿恭	梅溪,长兴	刘履恂	宝应
金 鹗	秋史,临海	周中孚	信之,乌程
宋世荦	牐山,临海	李 锐	尚之,元和

徐养原	饴庵,德清	沈梦兰	谷春,归安
方观旭	桐城	李黼平	子黼,嘉应
李富孙	香子,嘉兴	冯登府	柳东,嘉兴
龚自珍	定庵,仁和	陈奂	硕甫,长洲
薛传均	子韵,甘泉	张宗泰	登封,甘泉
姚配中	仲虞,旌德	包世荣	季怀,泾县
徐卓	荦生,休宁	张穆	石舟,平定
汪家禧	选楼,仁和	侯康	君谟,番禺
林伯桐	月亭,番禺	丁传经	归安
陈瑑	小莲,嘉定	马国翰	竹吾,历城
周学濂	元绪,乌程	魏源	默深,邵阳
郑珍	子尹,遵义	朱右曾	亮甫,嘉定
陈立	卓人,句容	邹汉勋	叔勣,新化

右汉学专门经学家诸家皆笃守汉人家法,实事求是,义据深通者。

黄宗羲	梨洲,余姚	黄宗炎	晦木,宗羲弟
王夫之	船山,衡阳	钱澄之	饮光,桐城
朱鹤龄	长孺,吴江	万斯大	充宗,鄞县
万斯同	季野,斯大弟	万经	九沙,斯大子
徐乾学	健庵,昆山	陆元辅	翼王,嘉定
徐嘉炎	胜力,秀水	惠周惕	元龙,吴县
黄叔琳	昆圃,大兴	陈景云	少章,吴江
张尚瑗	损持,吴江	方苞	望溪,桐城
陈厚耀	泗源,泰州	吴廷华	中林,钱塘
盛世佐	庸三,秀水	胡煦	谥文良,光山

王懋竑	白田,宝应	陆奎勋	陆堂,平湖
顾栋高	震沧,无锡	陈祖范	亦韩,常熟
蔡德晋	仁锡,无锡	任启运	钓台,宜兴
江 永	慎修,婺源	汪 绂	双池,婺源
王 坦	吉途,通州	沈 彤	果堂,吴江
全祖望	谢山,鄞县	徐文靖	位山,当涂
程廷祚	绵庄,上元	金文淳	质甫,钱塘
车 文	彬若,太康	程 恂	慄也,休宁
吴 鼐	岱岩,金匮	吴 鼎	尊彝,鼐弟
赵 佑	鹿泉,仁和	顾 镇	古湫,常熟
姚培谦	平山,华亭	张聪咸	阮林,桐城
姚 鼐	姬传,范弟子	崔 述	东壁,大名
徐 璈	六襄,桐城	丁履恒	道久,武进
许宗彦	周生,德清	雷学淇	介庵,通州
钱仪吉	衎石,嘉兴	黄式三	薇香,定海

右汉宋兼采经学家诸家皆博综众说,确有心得者。

史学家 诸家皆考辨纂述者,其文章议论者不及。

黄宗羲		严 衍	永思,嘉定
李 清	映碧,兴化	顾炎武	
顾祖禹	景范,无锡	黄 仪	子鸿,常熟
万斯同		万 经	
谷应泰	赓虞,丰润	马 骕	
毛奇龄		朱彝尊	
吴任臣	志伊,仁和	邵远平	吕璜,仁和

杨 椿	农先,武进	陈景云	
陈黄中	和叔,景云子	王 峻	艮斋,常熟
姚之骃	鲁斯,钱塘	杭世骏	
齐召南		厉 鹗	樊榭,钱塘
惠 栋		沈炳震	东甫,归安
王延年	介眉,钱塘	牛运震	空山,滋阳
全祖望		王文清	九溪,宁乡
汪 沆	西颢,钱塘	张 庚	瓜田,秀水
王元启	惺斋,钱塘	王鸣盛	
钱大昕		钱大昭	
钱 塘		钱 坫	
钱东垣	既勤,大昕弟子	钱 侗	同人,同上
赵一清	东潜,仁和	周嘉猷	两塍,钱塘
彭元瑞	谥文勤,南昌	毕 沅	
谢启昆	蕴山,南康	陆锡熊	耳山,上海
赵 翼	瓯北,阳湖	严长明	道甫,江宁
严 观	子进,长明子	孙志祖	
邵晋涵		吴兰庭	胥石,归安
张敦仁	古愚,阳城	汪 中	
祁韵士	鹤皋,寿阳	周广业	
梁玉绳		朱 彭	青湖,钱塘
洪亮吉		洪饴孙	祐甫,亮吉子
洪龁孙	子龄,同上	凌廷堪	
章宗源	逢之,会稽	章学诚	实斋,会稽
刘凤诰	金门,萍乡	张 澍	

徐 松	星伯,大兴	李贻德	
陈 鹤	稽亭,长洲	赵绍祖	琴士,泾县
李兆洛	申耆,阳湖	程恩泽	春海,歙县
钱 林	东生,钱塘	沈钦韩	
包世臣	慎伯,泾县	杨 津	
张宗泰		朱 鸿	筠麓,秀水
周 济	保绪,荆溪	俞正燮	
吴卓信	项儒,昭文	雷学淇	
龚自珍		狄子奇	叔颖,溧阳
六 严	德只,江阴	六承如	赓九,江阴
梁廷枏	章甫,顺德	叶维庚	两垞,秀水
张 穆		侯 康	
钱仪吉		魏 源	
何秋涛	愿船,光泽		

地理为史学要领,国朝史家皆精于此,顾祖禹、胡渭、齐召南、戴震、洪亮吉、徐松、李兆洛、张穆,尤为专门名家。

理学家
举其有实际而论定者。所举诸家,其书皆平实可行,不涉迂陋微眇。诸家虽非经史专门,亦皆博通今古,无浅陋者。

292

孙奇逢	夏峰,容城	魏象枢	谥敏果,蔚州
汤 斌	谥文正,睢州		

右陆王兼程朱之学

陆世仪	桴亭,太仓	张履祥	杨园,桐乡
应撝谦	潜斋,仁和	魏裔介	谥文毅,柏乡

陆陇其	谥清献,平湖	**李光地**	谥文贞,安溪
张伯行	谥清恪,仪封	**杨名时**	谥文定,江阴
朱　轼	谥文端,高安	**蔡世远**	谥文勤,漳浦
陈宏谋	谥文恭,临桂		

　　右程朱之学

李中孚	二曲,盩厔	**李　绂**	穆堂,临川

　　右陆王之学

颜　元	习斋,博野	**李　塨**	刚主,蠡县
王　源	昆绳,大兴		

　　三人别为宗派。

罗有高	台山,瑞金	**汪　缙**	大绅,吴县
彭绍升	尺木,长洲		

　　三人皆理学而兼通释典。此为国朝理学别派。

经学、史学兼理学家

黄宗羲		**顾炎武**
方　苞	方于史学不尚考据,而极究心经济。	**全祖望**
姚　鼐		

小学家

国朝经学家,皆通小学,举其尤深者。《说文》严、段、钮为最,音韵顾、江永为最,训诂郝、王引之为最。

顾炎武		**张　弨**	力臣,山阳
吴玉搢	山夫,山阳	**潘　耒**	次耕,吴江
臧　琳		**臧镛堂**	

293

黄　生	扶孟，歙县	江　永	
刘　淇	武仲，济宁	谢　墉	金圃、嘉善
江　声		江　沅	子兰，声孙
朱　筠		翟　灏	
钱大昕		钱　坫	
钱　绎	小庐，大昕弟子	钱　侗	
毕　沅		谢启昆	
任大椿		任兆麟	心斋，兴化
邵晋涵		戴　震	
宋　鉴	半塘，安邑	吴颖芳	西林，仁和
段玉裁		朱文藻	朗斋，仁和
胡秉虔		庄　炘	虚庵，阳湖
王念孙		王引之	
洪　榜		洪　梧	
李　威	畏吾，龙溪	程际盛	
叶　敬	去病，诸暨	孙星衍	
阮　元		桂　馥	
洪亮吉		严可均	
钮树玉	匪石，吴县	魏茂林	笛生，龙岩
顾凤毛	超宗，兴化	程　敦	彝斋，歙县
姚文田		郝懿行	
胡世琦		薛传均	
戚学标	鹤泉，德清	王　煦	汾泉，上虞
胡　重	菊圃，秀水	胡祥麟	仁圃，秀水
严元照	九能，归安	朱骏声	丰芑，元和

钱　馥	广伯,海宁	陈　璨	
沈道宽	栗仲,鄞县	王　筠	菉友,安邱
苗　夔	仙麓,肃宁	郑　珍	
许　瀚	印林,日照		

文选学家
国朝汉学、小学、骈文家皆深选学,此举其有论著校勘者。

钱陆灿	圆沙,常熟	潘　耒	
何　焯	义门,长洲	陈景云	
余萧客		汪师韩	
严长明		孙志祖	
叶树藩	涵峰,长洲	彭兆荪	甘亭,镇洋
张云璈	仲雅,钱塘	张惠言	
陈寿祺		朱　琦	
薛传均			

算学家
《畴人传》、《续畴人传》未及者,补录于后。五十年来,为此学者甚多,此举其著述最显著者。梅文鼎、罗、李善兰为最。

杨光先	长公,歙县	潘圣樟	力田,吴江
潘　耒	圣樟弟	胡　亶	励斋,仁和
李长茂		徐　发	圃臣,嘉兴
阎若璩		张雍敬	简斋,秀水
沈超远	钱塘	惠士奇	
陈　讦	言扬,海宁	陈世仁	元之,海宁

顾长发	君源,江苏	屠文漪	莼洲,松江
许伯政	惠棠,巴陵	王元启	
李惇		吴烺	榴亭,全椒
褚寅亮		龚沧	长蘅,长洲

以上前传。

孔广森		范景福	介兹,钱塘
钱侗		李潢	云门,锺祥
程瑶田		谈泰	阶平,上元
吴兰修	石华,嘉应	张敦仁	
姚文田		施彦士	朴斋,崇明
戴敦元	谥简恪,开化	陈潮	东之,泰兴

以上续传。

万光泰	柘坡,秀水	沈钦裴	吴县
顾广圻	千里,元和	戴煦	谔士,钱塘
纪大奎	慎斋,临川	陈璟	
张豸冠	神羊,海宁	杨宝臣	骧云,福建

右中法

薛凤祚	仪甫,淄川	游艺	子六,建宁
揭暄	子宣,广昌	杜知耕	伯瞿,柘城
李子金	隐山,柘城	李光地	
李鼎徵	安卿,光地弟	李光坡	耜卿,光地弟
李锺伦	世德,光地子	孔兴泰	林宗,睢州
袁士龙	惠子,仁和	年希尧	允恭,广宁
陈万策	对初,晋江	江永	

盛百二

以上前传。

厉之锷　　宝卿,钱塘

凌廷堪

汪　莱

徐朝俊　恕堂,华亭

张作楠　丹邨,金华

以上续传。

董化星　　　常州

齐彦槐　梅麓,婺源

江临泰　　　全椒

　右西法

王锡阐　寅旭,吴江

方中通　位伯,桐城

黄宗羲

黄百家　主一,宗羲子

梅文鼎　定九,宣城

梅文鼐　和仲,文鼎弟

梅文鼏　尔素,文鼎弟

梅以燕　正谋,文鼐子

梅瑴成　谥文穆,文鼎孙

梅　鈖　敬名,文鼎曾孙

梅　钫　导和,鈖弟

秦文渊

毛乾乾　心易,南康

谢廷逸　野臣,上元

刘湘煃　允恭,江夏

杨作枚　学山,无锡

陈厚耀

庄亨阳　复斋,南靖

邵昂霄　丽寰,余姚

余　熙　晋斋,桐城

顾　琮　用方,满洲

何国宗　翰如,大兴

丁维烈　　长洲

张永祚　景韶,钱塘

戴　震

屈曾发　省园,常熟

以上前传。

明安图　静庵,蒙古

明　新　安图子

陈际新　舜五,宛平

张　肱　良亭,宝应

博　启　绘亭,满洲

许如兰　芳谷,全椒

陈懋龄	勉甫,上元	钱大昕	
李　锐		黎应南	见山,顺德
梅　冲	抱村,毅成孙	焦　循	
焦廷琥	虎玉,循子	杨大壮	竹庐,江都
许桂林		周治平	临海
董祐诚		张成孙	彦惟,阳湖
谢家禾	谷堂,钱塘		

以上续传。

沈大成	学子,金山	阮　元	
许宗彦		安清翘	
项名达	梅侣,钱塘	刘　衡	廉舫,南丰
罗士琳	茗香,甘泉	俞正燮	
徐有壬	谥庄愍,乌程	夏鸾翔	紫笙,钱塘
冯桂芬	敬亭,吴县	邹伯奇	特夫,南海
周　澄	志甫,绩溪	李锡蕃	晋初,长沙
李善兰	壬叔,海宁		

右兼用中西法此编生存人不录。李善兰乃生存者,以天算为绝学,故录一人。

校勘之学家 诸家校刻书,并是善本,是正文字,皆可依据,戴、卢、丁、顾为最。

何　焯		惠　栋	
卢见曾	雅雨,德州	全祖望	
沈炳震		沈廷芳	椒园,仁和
谢　墉		姚　范	姜坞,桐城

卢文弨		钱大昕	
钱东垣		彭元瑞	
李文藻	南涧,益都	周永年	书仓,历城
戴 震		王念孙	
张敦仁		丁 杰	
赵怀玉	味辛,阳湖	鲍廷博	以文,歙县
黄丕烈	尧圃,吴县	孙星衍	
秦恩复	敦夫,江都	阮 元	
顾广圻		袁廷梼	寿阶,吴县
吴骞	兔床,海宁	陈鳣	仲鱼,海宁
钱泰吉	警石,嘉兴	曾钊	冕士,南海
汪远孙	小米,仁和		

金石学家

黄宗羲		顾炎武	
吴玉搢		朱彝尊	
顾蔼吉	南原,长洲	全祖望	
金 农	冬心,钱塘	翁方纲	
王 昶		钱大昕	
钱大昭		钱 侗	
江德量	秋史,仪征	毕 沅	
严 观		朱文藻	
武 亿		黄 易	小松,钱塘
赵 魏	晋斋,仁和	吴东发	侃叔,海盐
王 复		孙星衍	

阮　元		邢　澍	雨民,阶州
王芑孙	惕甫,太仓	严可均	
郭　麐	频伽,吴江	朱　枫	近漪,钱塘
赵　曾	北岚,莱阳	程　敦	
瞿中溶	木夫,嘉定	朱为弼	茮堂,平湖
何元锡	梦华,钱塘	张　澍	
刘宝楠		赵绍祖	
洪颐煊		张廷济	叔未,嘉兴
李富孙		吴荣光	荷屋,南海
黄本骥	虎痴,宁乡	沈　涛	西雝,嘉兴
刘喜海	燕庭,诸城	冯登府	
张燕昌	芑堂,海盐	莫友芝	子偲,独山

古文家

侯方域	朝宗,商邱	魏　禧	叔子,宁都
贺贻孙	子翼,永新	计　东	甫草,吴江
施闰章	愚山,宣城	汪　琬	钝翁,长洲
朱彝尊		潘　耒	
冯　景	山公,钱塘	陶元淳	紫笥,常熟
姜宸英	西溟,慈溪	蓝鼎元	鹿洲,漳浦
李　绂		袁　枚	简斋,钱塘
彭绍升		朱仕琇	梅崖,建宁
汪　缙		罗有高	
鲁九皋	絜非,新城	蒋湘南	子潇,固始
包世臣		龚自珍	

鲁一同　同甫,山阳　　　曾国藩　谥文正,湘乡

魏　源

右不立宗派古文家

方　苞　　　　　　　　　刘大櫆　海峰,桐城

姚　鼐　　　　　　　　　陈用光　石士,新城

刘　开　孟涂,桐城　　　姚　莹　石甫,桐城

方东树　植之,桐城　　　吴德旋　仲伦,宜兴

吕　璜　月沧,永福　　　梅曾亮　伯言,上元

管　同　异之,上元　　　吴嘉宾　子序,南丰

朱　琦　伯韩,临桂　　　戴钧衡　存庄,桐城

右桐城派古文家

恽　敬　子居,阳湖　　　张惠言

陆继辂　祁孙,阳湖　　　董士锡　晋卿,阳湖

李兆洛

右阳湖派古文家

骈体文家　国朝工此体者甚多,兹约举体格高而尤著者,胡天游、邵、汪、洪为最。

毛奇龄　　　　　　　　　胡天游　稚威,山阴

胡　浚　竹岩,仁和　　　邵齐焘　荀慈,昭文

王太岳　芥子,定兴　　　刘星炜　圃三,武进

朱　珪　谥文正,大兴　　孔广森

杨芳灿　蓉裳,金匮　　　汪　中

曾　燠　宾谷,南城　　　孙星衍

阮　元			洪亮吉	
凌廷堪			彭兆荪	
吴　鼒	山尊，全椒		刘嗣绾	芙初，阳湖
董祐诚			谭　莹	玉笙，南海

诸家流别不一，有汉魏体，有晋宋体，有齐梁至初唐体，然亦间有出入，不复分列。至中晚唐体、北宋体，各有独至之处，特诸家无宗尚之者。彭元瑞《恩余堂经进稿》用宋法，今人《示朴斋骈文》用唐法。【补】《示朴斋骈文》，归安钱振伦撰。

诗家

国朝以诗名者，不啻千家，兹约举康熙以前名家数人，皆各具一格，有独到无习气者。其余触目览涉，以知风会可矣。载不胜载，止可从约。

吴伟业	梅村，太仓		冯　班	定远，常熟
王士祯	阮亭，新城		施闰章	
毛奇龄			朱彝尊	
赵执信	秋谷，益都		查慎行	初白，海宁

词家

与诗家同例，惟下及道咸间人。

曹贞吉	升六，安邱		陈维崧	其年，宜兴
朱彝尊			顾贞观	梁汾，无锡
纳兰性德	容若，满洲		厉　鹗	
郭　麐			张惠言	
周之琦	稚珪，祥符		姚　燮	梅伯，镇海
承　龄	子久，满洲		边浴礼	袖石，任邱

经济家 经济之道，不必尽由学问，然士人致力，舍书无由。兹举其博通切实者。士人博极群书而无用于世，读书何为？故以此一家终焉。

黄宗羲		顾炎武	
顾祖禹		魏 禧	
唐 甄	铸万，达县	陈 潢	天一，秀水
郑元庆	芷畦，归安	秦蕙田	
蓝鼎元		方 苞	
储大文	六雅，宜兴	印光任	黻昌，宝山
陈伦炯	资斋，同安	陆 燿	朗夫，吴江
檀 萃	默斋，望江	龚景瀚	海峰，闽县
恽 敬		严如煜	乐园，溆浦
徐 松		姚 莹	
包世臣		俞正燮	
龚自珍		施彦士	
魏 源			

右经济家，皆举著述者。此外名臣，若熊文端赐履、汤文正斌、魏文毅裔介、魏敏果象枢、李文贞光地、于清端成龙、陆清献陇其、靳文襄辅、张清恪伯行、陈恪勤鹏年、赵恭毅申乔、孙文定嘉淦、李侍郎绂、陈文恭宏谋、朱文端轼、鄂文端尔泰、舒文襄赫德、方恪敏观承、刘文正统勋、阿文成桂、松文清筠、傅提刑鼐、陶文毅澍、林文忠则徐、胡文忠林翼、曾文正国藩诸家，皆经济显著者。严、龚皆有政绩，其奏议公牍即是著述，或在本集，或在《切问斋文钞》及《经世文编》中，或自有专书，寻览考求，尤为切实。不惟读其书，并当师其人耳。

跋

张氏《书目答问》，出缪筱珊先生手，见《艺风堂自订年谱》。湘潭叶氏称其书"损益刘、班，自成著作"。书成以来，翻印重雕不下数十余次，承学之士，视为津筏，几于家置一编。顾其书成于光绪二年，原刻本签题云光绪二年写定。后此五十年间新著新雕未及收入，亦时有小小讹失。

某案头初置此书一部，辄就知见，随手以朱笔补注眉上，积久上下眉无隙地，更置一部注之，如是者两三部，窃自比于《桥西杂记》所载邵位西标注《简明目》故事。乙卯闲居，遂取数部审择迻录，合为一帙，成《补正》五卷。原文一以原刻为据，间以原刻后印剜补本参校注明之，其重刻增易处，不出原著人意，异同悉不著。此区区者，亦积年爬罗而仅成之，凡所采获，大抵邵、莫诸家目所未及详也。

近五十年来，海内著述成书者亦夥已，雅俗高下大别，不可尽入于此，约而存之，其间进退取舍，皆断自私臆，惧有未允，获戾当世。念一人识虑难周，辄弗敢自信，写成庪箧，衍数岁矣。比呈视钫堂师，谓有功学者，宜亟刊行。私用差壮，爰属赞虞兄为选一卷先布之，是其全稿容印为单行本云。

十八年己巳暮秋，耒研氏识于盋山陶风楼。此系国学图书馆

附　录

辀轩语·语学第二

张之洞

为学之道，岂胜条举，根柢工夫，更非寥寥数行所能宣磬。此为初学有志者约言之，乃阶梯之阶梯、门径之门径也。

一　通经

读经宜读全本。

《周礼》、《礼记》、《左传》断不可删，即鲁钝者亦须买全本，就其上钩乙选读，日后尚可寻检寓目。不然，终身不知此经有几卷矣。

解经宜先识字。字书、韵书之学，经学家谓之小学。

此非余一人之私言，国朝诸老师之言也。字有形，形不一：一古文，二籀文，三小篆，四八分，五隶书，六真书，相因递变。字有声，声不一：有三代之音，有汉、魏之音，有六朝至唐之音。字有义，义不一：有本义，有引申义，有通借义。形、声不审，训诂不明，岂知经典为何语耶？如何而后能审定音、义？必须识小篆，通《说文》，熟《尔雅》。"五雅"、《玉篇》、《广韵》，并宜参究。俗师知其一，不知其二，知其末，不知其源，骋其臆说，止如囈语。此事甚不易，非翻检字书便能通晓者也。《说文》字部难于寻检，近人毛谟《说文检字》、黎永椿《说文通检》，颇便初学，黎书较胜。《方言》、《释名》、《小尔雅》、《广雅》、《埤雅》，为"五雅"；或以方以智《通雅》易《埤雅》。

《说文》初看无味，稍解一二，便觉趣妙无穷。国朝讲《说文》之书甚多，段玉裁《说文解字注》最善。段注繁博，可先看徐铉本《说文解字》。

读经宜正音读。

古时九州语言不同，而诵诗读书同归正读，故太史公曰："言不雅驯，荐绅难言"，班孟坚曰："读应《尔雅》，古语可知。"雅者，正也。近世，一淆于方音，一误于俗师。至于句读离合，文义所系，尤宜讲明。音读雅正可据者，有唐陆德明《经典释文》一书，其中皆采集魏、晋、南北朝诸家音释，不同者并存之，各本经文不同者标出之，此可听学者自视家法择善而从，总不出此书之外，即可为有本之学。《释文》旧有两本，今武昌局刻乃用卢校本翻雕，清朗可看，成都亦新刻。

经传中语同此一字，而区分平仄，音读多门，以致韵书数部并收，异同之辨，相去秒忽，此皆六朝时学究不达本原、不详通变者所为。本原者形声，通变者转注、假借。揆之六书之义，实多难通，故《颜氏家训》已发其端，《经典释文·叙录》直攻其失，近代通儒，纠摘尤备。特初学讽诵，不示区分，将各骋方言，无从画一。且义随音别，解识记也。为易。律体诗赋一出，更难通融。此乃因时制宜之道。又同此一字，或小有形变而解诂遂殊，点画无差而训释各别，训因师异，事随训改，各尊所受，歧说滋多。然正赖此经本异文、异读、异义，参差抵牾，得以钩考古义。学者博通以后，于音、义两端窥见本原，自晓通借，先知其分而后知其合，不可躐等。此二条虽是约说，颇有深谈，小学家字书、韵书大旨略具，通材详焉。

经典释文皆用反切。反切者何？反，翻也，犹言翻译也。反切之反，平声，读如平反之反，与翻同字。《通鉴》注音即书作翻。宋人有《翻译名义集》。切，急也。唐人忌反字，改称切。反者，一字翻成两声。切者，两字合成一声。其实一也，缓读则是反切之两字，急读便成所求之一音，如经传所载，不可为叵，之乎为诸，奈何为那，勃鞮为披，邾娄为邹，终葵为椎，鞠穷为芎，不律为笔，须薞为菘。三代语如此者，不可毛举。魏孙炎因创为反语之法，以两字定一音，为直音一字易差，字下注音某者名直音，一形容有写讹，一声亦恐小变。反切两音难捃也。有两字，互相参检，不至两字形声，一时俱误也。反切之义，不过如此，法甚简，理甚浅，妇孺可晓。初制反切之时，不过取其合声，就此两字推测之，则上一字必同母，下一字必同韵。此乃自然之理，不劳求索而自合。乃宋以后人不信古经，而好佛书，遂以为反切字纽出于西域，牵合华严字母，等摄烦碎，令人迷罔。宋人始以唐僧琪《反纽图》附《玉篇》后。等韵亦宋人作。其实与三代秦汉六朝以来之声韵丝豪无关。夫经字须用反切者，所以教不识字之童子也。如后世纽弄等韵之说，文士老儒，且多督惑，古人何苦造此难事以困童蒙哉？辨字母之非古，详戴震《东原集》。因近世学人，每每以反切为微眇难穷之事，故为浅说之。或将反切两音合读之而不能得声者，不晓古音故耳。如亨字，许庚反，古读许如浒也。长幼之长，丁丈反；射中之中，丁仲反。古读许、丁如争也。德行之行，下孟反，古读下为浒，读孟为芒去声，读行为杭去声也。霸王之王，于况反，古读王如汪也。殷监之监，工暂反，古读监如淦也。亵，私列反,古读私如犀也。

读经宜明训诂。

诂者,古言也,谓以今语解古语,此逐字解释者也。训者,顺也,谓顺其语气解之,或全句,或两三字。此逐句解释者也。时俗讲义,何尝不逐字逐句解释?但字义多杜撰,语意多影响耳。

训诂有四忌。一望文生义,古书多有一字数义之字(随用而异),有假借字(字如此写,却不作此字解),有讹脱字(不能强解),若不加详考,姑就本文串之,此名望文生义。一向壁虚造,无论实字虚字,解说皆须有本(出于六朝以前书者为本)。若以想当然之法行之,则依稀髣髴,似是而非,此名向壁虚造。一卤莽灭裂,古事自有首尾(散见本书他书,不能臆造),古礼自有当时制度,古书自有当时文体,亦有本书义例(凡一书必有本书之大例、句例、字例),若任意武断,合于此而背于彼,此名卤莽灭裂。一自欺欺人。凡解经者,地名须实指何地,人名须实指何人,器物草木须实指何器物草木。若函胡敷衍,但以"地名""器物名""草木名"了之,事既不详,理即不确,此名自欺欺人。

总之,解经要诀,若能以一字解一字,不添一虚字,而文从字顺者,必合;若须添数虚字,补缀斡旋,方能成语者,定非。

宜讲汉学。

汉学者何?汉人注经、讲经之说是也。经是汉人所传,注是汉人创作,义有师承,语有根据,去古最近,多见古书,能识古字、通古语,故必须以汉学为本而推阐之,乃能有合。以后诸儒传注,其义理精粹足以补正汉人者不少。要之,宋人皆熟读注疏之人,故能推阐发明。朱子论贡举治经,谓"宜讨论诸家之说,各立家法而皆以注疏为主"云云。即如南宋理学家如魏鹤山、词章家如叶石林,皆烂熟注疏,其他可知。倘不知本源,即读宋儒书,亦不解也。方今学官所颁《十三经注疏》，虽不皆为汉人所作，然注疏所言即汉学也。国朝江藩有《汉学师承记》，当看。阮元《经籍籑诂》，为训诂最要之书。

汉学所要者二：一音读训诂，一考据事实。音训明，方知此字为何语；考据确，方知此物为何物，此事为何事，此人为何人，然后知圣贤此言是何意义。不然，空谈臆说，望文生义，即或有理，亦所谓"郢书燕说"耳，于经旨无与也。譬如晋人与楚人语，不通其方言，岂能知其意中事？不问其姓氏里居，岂能断其人之行谊何如耶？汉人说岂无讹漏？汉学者，用汉人之法、得汉人之意之谓也。

《十三经注疏》及相台岳氏本《五经》，江苏、贵州曾依殿本再翻，成都新刻。皆古注。《易》，王弼、韩康伯注。《书》，孔安国传。《诗》，郑康成注。《春秋左传》，杜预集解。《礼记》，郑康成注。沿明制通行之《五经》，皆宋、元注。《易》，朱子本义，程传。《书》，蔡沈传。《诗》，朱子集传。《春秋》，旧用胡传，今废，仍用《左传》杜注。《礼记》，陈灏集说。此为正经正注。《御纂七经》乃荟萃历代传说裁定。

宜读国朝人经学书。

经语惟汉人能解，汉儒语惟国朝通儒能遍解。何也？国朝诸大儒读书多，记书真，校书细，好看古书，不敢轻改古本，不肯轻驳古说，善思善悟，善参校，善比例，善分别真伪，故经学为千古之冠。书多矣，以《皇清经解》为大宗，虽未全录，已得大概。此书一千余卷，当从何种看起？先看郝疏《尔雅》、段注《说文》、《经义述闻》三种。此书书精价廉，一举而得数十百种书，计无便于此矣。乍看注疏，人所不耐，故必以国朝人经说先之。学海堂辑刻《皇清经解》成书后，续出者尚多，先出而未见、未收者，亦不少，以此例之即得。通志堂刻《经解》卷轴虽富，菁华无多。其中上驷多有别刻本，李衡《周易义海撮要》、敖继公《仪礼集说》、卫湜《礼记集说》，无别刻本。当徐东海初刻时，即为何义门所讥，甚有微词，其与学海堂刻《经解》相去远甚。若治经从此下手，穷年莫殚，所得有限，不惟徒劳，且茫无师法，转致迷罔矣。若于此道源流派别既已秩然，再取读之，未为晚也。

《十三经》岂能尽通，专精其一，即已不易。历代经师大儒，大约以一经名家者多，兼通群经，古今止有数人。今且先治其一，再及其他。但仍须参考诸经，博综群籍，方能通此一经。不然，此一经亦不能通也。

治经宜有次第。

先师旌德吕文节教不佞曰："欲用注疏工夫，先看《毛诗》，次及《三礼》，再及他经。"其说至精，请申其义。盖《诗》、《礼》两端最切人事，义理较他经为显，训诂较他经为详。其中言名物，学者能达与否，较然易见。且"四经"皆是郑君元注，完全无阙，《诗》则毛传粹然，为西汉经师遗文，更不易得，欲通古训，尤在于兹。古人训诂，乍读似觉不情，非于此冰释理顺，解经终是隔膜。《礼》之条目颇多，卷帙亦巨，初学畏难。《诗》义该、比兴兼得，开发性灵，郑笺多及礼制，此经既通，其于礼学寻途探求自不能已。《诗》、《礼》兼明，他经方可着手。《书》道政事，《春秋》道名分，典礼既行，然后政事、名分可得而言也。《尚书》家伏生，《左传》家贾生，《公羊》家董胶西、何劭公，皆精于礼学，案其书可知。《易》道深微，语简文古，训诂、礼制在他经为精，在《易》为粗。所谓至精，乃在阴阳变化消息，然非得其粗者，无由遇其精者。此姚姬传论学古文法，援之以为治《易》法。精者可遇而不可凿，凿则妄矣。"三礼"之中，先《仪礼》、《礼记》，次《周礼》。《仪礼》句碎字实，难读能解、难记易晓，注家最少，异说无多。好在《礼记》一书即是外传。《礼记》难于《仪礼》，《仪礼》止十七件事，《礼记》之事多矣，特其文条达耳。《周礼》门类较多，事理更为博大，汉人说者亦少，晚出之故。故较难，然郑注及国朝人零星解说亦已明白。《尚书》辞义既古，隶古传写，通借、讹误，自汉初即有今、古文两家异文歧读，此谓真古文，非蔡传所云"今文无，古文有"之古文也。至西晋梅氏古文晚出，唐初伪孔传专行，六朝江左即盛行，未定一尊耳。而汉代今、古文两家之经传一时俱绝，故尤难通。《春秋》乃圣人治世大权，微文隐义，本非同家人言语。《史记》明言之。"三传"并立，旨趣各异：《公羊》家师说虽多末流，颇涉傅会，何注又复奥朴；《左传》立学最晚，汉人师说寥寥，惟杜注行世，世人以其事博辞富，求传而不求经；故《公羊》家理密而事疏，《左传》家事详而理略；非谓左氏，谓治左氏者耳。《穀梁》师说久微，见《隋书·经籍志》。国朝人治者亦少。学者于《春秋》，若谓事事能得圣心，谈何容易？至于《周易》，统贯天人，成于四圣，理须后圣方能洞晓，京、孟、虞、郑诸大师以及后代诸家，皆止各道所得，见仁见知，从无一人能为的解定论，势使然也。且阴阳无形，即使谬偶妄说，无人能质其非。所以通者虽少而注者最多，演图比象，任意纷纭，所谓画狗马难于画鬼神之比也。总之，《诗》、《礼》可解，《尚书》之文、《春秋》之义不能尽解，《周易》则通儒毕生探索，终是解者少而不解者多。故治经次第，自近及远，由显通微，如此为便，较有实获。蜀士好谈《易》，动辄著书，大不可也，切宜戒之。尹吉甫之诗曰："古训是式，威仪是力。"古训，《诗》学也；威仪，《礼》

学也。此古人为学之方也。试考春秋时，几无人不诵《诗》学《礼》，称道《尚书》者已较少，至于《周易》，除卜筮外，谈者无多，意亦可知。三代时《易》不以教学僮，惟太史掌之，今赖有《系辞》，或可窥见一斑耳。

非谓此经精通，方读彼经；谓浅显者未明，则深奥者不必妄加穿凿，横生臆见。津梁既得，则各视性之所近，深造致精可也。治《诗》、《礼》可不兼"三经"，治"三经"必涉《诗》、《礼》。

治经贵通大义。

每一经中皆有大义数十百条，宜研究详明，会通贯串，方为有益。若仅随文训解，一无心得，仍不得为通也。

考据自是要义，但关系义理者必应博考详辨，弗明弗措。若细碎事体猝不能定，姑仍旧说，不必徒耗日力。

一　读史

宜读正史。

《史记》、《汉书》、《后汉书》、《三国志》、《晋书》、《宋书》、《齐书》、《梁书》、《陈书》、《魏书》、《北齐书》、《周书》、《隋书》、《南史》、《北史》、《旧唐书》、《新唐书》、《旧五代史》、《新五代史》、《宋史》、《辽史》、《金史》、《元史》、《明史》，此廿四部为正史。凡引据古人事实，先以正史为凭，再及别史、杂史。仅看坊本删削《纲鉴》，不得言史学。

唐刘知几《史通》，最为史学枢要，必当先读。国朝万斯同《历代史表》、沈炳震《廿一史四谱》、李兆洛《纪元编》、《历代地理今释》、王鸣盛《十七史商榷》、赵翼《廿二史札记》、钱大昕《廿二史考异》，皆读史者不可少之书。

正史中宜先读《四史》。

全史浩繁，从何说起？《四史》为最要。《史记》、《汉书》、《后汉》、《三国志》。四者之中，《史记》、《前汉》为尤要。其要如何？语其高，则证经义，多古典、古言、古字。通史法；诸史义例，皆本马、班。语其卑，则古来词章，无论骈、散，凡雅词丽藻，大半皆出其中，文章之美，无待于言。

诸史中体例文笔，虽有高下，而其有益实用处，并无轻重之别。盖一朝自有一朝之事迹、一朝之典制，无可轩轾。且时代愈近者愈切于用，非谓《四史》之外可束高阁。《四史》外，《新五代史》最好，义例正大，文辞和雅。其疏处前人已言之，《新唐书》志亦欧作。《钦定明史》，体例最精。

宜读《通鉴》。

史学须渐次为之，亦须穷年累月。若欲通知历朝大势，莫如《资治通鉴》及《续通鉴》。乃国朝毕沅撰，非指宋、元、明人所续者。《通鉴》犹恐未能贯串，宜兼读《通鉴纪事本末》、宋元明纪事本末。温公自作《通鉴目录》，简便易寻，金陵局刻。

宜读《通考》。

"三通"并称，然《通志》除二十略外，皆可不读。二十略中，亦多不可据。《通典》甚精，多存古书、古礼。于经学甚有益。若意在经济，莫如《文献通考》，详博综贯，尤便于用。中资者倘苦其卷帙繁重，则坊刻有《文献通考详节》一书，亦可先一浏览，略得头绪，然后从此问津。

史学亦宜专精一种。

览虽宜博，欲求精熟，则亦贵专攻，但能精熟一二种足矣。隋刘臻精于《两汉书》，人称"汉圣"；宋范祖禹熟唐事，著

《唐鉴》,人称"唐鉴公";国初马骕熟三代事,撰《绎史》,人称"马三代"。此古人为史学之法也。苏文忠读史有"八面受敌法",谓事迹、典制、文章诸门,每读一次,专寻一端,亦可则效。

读史宜读表、志。《钦定辽金元三史国语解》,读此三史者最要。

作史以作志为最难,读史以读志为最要,一代典章制度皆在其中,若止看列传数篇,于史学无当。除三史外,《隋书·经籍志》、《新唐·地理志》、《明史·历志》皆要。表亦史家要领,可订岁月之误,兼补纪、传之阙。简质无情,人所厌观,先览大概,用时检之。

读史忌妄议论古人贤否、古事得失。

事实详碻,善恶自分;首尾贯通,得失乃见。若不详年月,不考地理,不明制度,不揣时势,妄论苛求,横生褒贬,则舛误颠倒,徒供后人讪笑耳。读史者贵能详考事迹、古人作用言论、推求盛衰之倚伏、政治之沿革、时势之轻重、风气之变迁,为其可以益人神智,遇事见诸设施耳。古人往矣,岂劳后人为之谳狱注考哉?胡致堂论史,不可为法。

读史忌批评文章。

明人恶习,不惟《史》、《汉》但论其文,即《周礼》、"三传"、《孟子》,亦以评点时文之法批之,鄙陋侮经,莫甚于此,切宜痛戒。《史》、《汉》之文法、文笔,原当讨究效法,然以后生俗士管见俚语,公然标之简端,大不可也。卷端止可著校勘、考证语,若有讨论文法处,止可别纸记之。读诸子同。

一　读诸子

读子为通经。以子证经,汉王仲任已发此义。

子有益于经者三：一证佐事实；一证补诸经讹文、佚文；一兼通古训、古音韵。然此为周、秦诸子言也，汉、魏亦颇有之。至其义理虽不免偏驳，亦多有合于经义可相发明者，宜辨其真伪、别其瑜瑕，斯可矣。唐以后子部书最杂，不可同年而语。

读子宜求训诂，看古注。

诸子道术不同，体制各别，然读之亦有法。首在先求训诂，务使确实可解，切不可空论其文，臆度其理。如俗本《庄子因》、《楚辞灯》、《管子评注》之类，最害事。即如《庄子》寓言，谓其事多乌有耳，至其文字、名物，仍是凿凿可解，文从字顺，岂有著书传后、故令其语在可晓不可晓之间者乎？以经学家实事求是之法读子，其益无限。大抵天地间人情、物理，下至猥琐纤末之事，经、史所不能尽者，子部无不有之。其趣妙处，较之经、史，尤易引人入胜。故不读子，不知瓦砾、糠秕无非至道；不读子，不知文章之面目变化百出，莫可端倪也。今人学古文以为古文，唐宋巨公学诸子以为古文，此古文家秘奥。此其益人，又有在于表里经、史之外者矣。

读子宜买丛书。

诸子切要者，国朝人多有校刻善本。多在丛书中。其未及者，明人亦多有仿宋重刻单行本。但枝节求之，即五都之市，亦须积年累月始能完备，将何日读之耶？为学者计，只有多买丛书一法，购得一书即具数种，或数十种。其单行精本，徐图可也。明刻丛书极为荒率，脱误固然，其专辄删改最为大害。然不闻陶渊明语云"慰情聊胜无"耶？

明刻若《汉魏丛书》，凡四刻，后出愈多，刻不精，然易得。为子部大辏。《津逮秘书》,古传记甚多,力能购者不可不蓄。其余有《四子》、《六子》、《十一子》、《二十子》之属,皆坊间所有,此外甚繁杂,《汇刻书目》备载之。今皆微矣。《品汇》、《秘笈》,删本,不好。近时刻本有《十子全书》,此书名甚陋,而习见价廉,中有善本,且皆旧注,惟批语不雅。荀、谢校《淮南》、庄校《庄子》,附《释文》,皆好。通行易得。至国朝人丛书,率皆精好,二孙、星衍、冯翼。孔、继涵。二卢、见曾、文弨。毕、沅、黄丕烈。诸家尤胜。聚珍版书亦丛书类,间有古子。惟其书体例不一,不专子部,或止一两种,《戴氏遗书》、《郝氏遗书》、《孔撰轩所著书》,竟是一人所著,而中有注解、古传记。然其中有精校本、精注本、足本、孤本。学者过市遇丛书,可检其目,多古籍者,万不可忽。坊行《秘书廿八种》,粗恶误人,不可看。

一　读古人文集

读古集宜知体要。

凡集中有奏议、考辨、记传文字中有实事者,须详览之。往来书牍中有实事者、刻书序详载缘起者同。其余凿空立论、流连风景之作,不必措意。

词章家宜读专集。

古人名别集,俗称专集,须取全集观之,方能得其面目。一集数十百卷,不能一一精美,然必见其疵病处,方知其独到处也。中材下学,古集岂可胜读? 止择最有名诸大家浏览之,取性所嗜者三两家熟玩之,可矣。汉魏人专集有数,明张溥汇集汉魏百三名家,如力能购之,亦省寻求。

诗之名家最烜赫者,六朝之陆、陶、谢、鲍、庾,唐之李、杜、韩、白,宋之苏、黄、陆,金之元,好问。明之高、启。李,梦阳。

国初之吴。_{伟业。}又如唐之"四杰"、王、孟、韦、柳、高、岑、钱、刘、孟、郊。张、_{籍。}李、_{商隐。}杜,_{牧。}宋之欧、梅、王、_{安石。}范,元之虞、杨、吴,明之何、_{景明。}王、_{世贞。}李、_{攀龙。}徐、_{祯卿。}杨,_{慎。}国初之施、_{闰章。}王、_{士祯。}朱、_{彝尊。}查,_{慎行。}亦甚表表。_{诗家太多,此约言之。}

古文除世称八家外,唐之元、_{结。}陆、_{贽。}虽多排偶,不得限以四六之名。刘、_{禹锡。}孙、_{樵。}李,_{翱。}宋之宋、_{祁。}张、_{耒。}叶,_{适。}元之姚,_{燧。}明之王、_{守仁。}归,_{有光。}国朝之方、_{苞。}姚、_{鼐。}恽敬。诸家,皆宜一览。

诗文一道,各有面目,各有意境。大家者,气体较大,所造较深,所能较多耳。若谓大家兼有古今之长,此目未见众集之谬说也。虽杜与韩,岂能尽诗文之能事哉?

《文选》宜看全本。

烂熟固佳,即择尤而读,案头亦宜常置一编。若坊刻《文选集腋》之属,讹脱璞碎,首尾不具,就之掇拾入文,无益有害。_{胡刻精,叶刻亦好。}

读《文选》宜看注。_{李善注最精博,所引多古书,不独多记典故,于考订经、史、小学,皆可取资。五臣注不善。}

学《文选》当学其体裁、笔调、句法,不可徒写难字。

选本宜择善者。

选本以御选《唐宋诗醇》、《文醇》为最精粹,且其书简约易购,能得殿本五色评点者尤豁目。此外,文以国朝姚鼐《古文辞类纂》最为善本,为其体例分明,评点精妙,校雠详审。于此道求深者,《古文苑》、《唐文粹》宜读,宋、元、明至国朝,似此名目选本,各有一部,余力博涉可也。诗选自唐及今,或各标一派,或各选一体,或求多取备，名目实繁，未为定衡通义。惟郭茂倩《乐府诗集》，源流俱在。《全唐诗录》、《宋诗钞》，尚不繁重，亦无偏畸。再思其次，则采菽堂《古诗选》、沈选"五诗别裁"，虽有科臼，然平正不入恶道，且寒士易购，可为学诗津梁。若欲以诗文名家，总宜博览，徒恃选本无益也。

姚选版本见存京师，江南翻刻。若不易得，亦宜就各选本中视其篇幅稍多而又多有博大文字者读之。如《古文雅正》、《续古文雅正》、《唐宋十大家》、《元明十大家》、《储选七种》、《古文眉诠》之类。林西仲选本不好。若《观止》、《释义》，太陋，不足用。

一 通论读书

读书宜求善本。

善本非纸白、板新之谓，谓其为前辈通人用古刻数本精校细勘付刊、不讹不阙之本也。此有一简易之法，初学购书，但看其序，是本朝重校刻，而密行细字、写刻精工者即佳。

善本之义有三：一足本。二精本。一精校，一精注。三旧本。一旧刻，一旧钞。

读书宜博。

先博后约，《语》、《孟》通义。无论何种学问，先须多见多闻，再言心得。若株守坊本讲章一部、兔园册子数帙，而云致知穷理、好学能文，世无其理。

天下书，老死读不可遍。《四库》有未收者，有《四库》书成后访出者，有近人作者。博之为道将如何？曰：在有要而已。太史公曰："儒家者流，博而寡要。"古书不可不解，真者不多，真古书无无用者。有用之书不可不见，不限古今。专门之书不可不详考贯通。立志为何等学问,此类书即是专门。如是,则有涯涘可穷矣。若治经者,杂览苦思而所据多伪书、俗本;读史者,记其词语而不晓史法,多搜异闻而本事始末未尝通考;为词章者,颇有僻典难字而流别不明,华藻富艳而字义不合雅训,引用但凭类书而不求本源;讲经济者,不通当代掌故,虽口如悬河,下笔万言,犹之陋也;能祛数弊,斯为博矣。虽目有未见之书,文无希见之语,不害为博。

读书宜有门径。

泛滥无归,终身无得;虽多无用。得门而入,事半功倍。或经,或史,或词章,或经济,或天算地舆。经治何经,史治何史,经济是何条,因类以求,各有专注。至于经注,孰为师授之古学,孰为无本之俗学。史传,孰为有法,孰为失礼,孰为详密,孰为疏舛。词章,孰为正宗,孰为旁门,尤宜抉择分析,方不致误用聪明。此事宜有师承,然师岂易得?书即师也。今为诸生指一良师,将《四库全书总目提要》是一书名,省文可称《四库提要》。读一过,即略知学问门径矣。析而言之,《四库提要》为读群书之门径。《提要》较多,未必人人能置一编。别有《四库简明目录》,乃将《提要》约撮而成,书止一帙。大抵初学须先将经、史、子、集四种分清,何书应入何类,于此了然,则购书、读书皆有头绪。然《简明目录》太略,书之得失亦未详说,且《四库》未收者,《提要》尚列存目于后,《简明目录》无之,不得误认为世间所无也。略一翻阅,然后可读《提要》。

《汉学师承记》为经学之门径,国朝人著《小学考》为小学之门径,《说文通检》亦可谓初学翻检《说文》之门径。顾炎武《音学五书》为韵学之门径,《史通》为史学之门径,国朝齐召南《历代帝王年表》为读史之门径,《古今伪书考》为读诸子之门径,《文心雕龙》、锺嵘《诗品》为诗文之门径,国朝赵执信《声调谱》、沈德潜《说诗晬语》、纪昀《瀛奎律髓刊误》、孙梅《四六丛话》、近人《历代赋话》，为初学诗赋四六之门径，孙过庭《书谱》、姜尧章《续书谱》、国朝包世臣所著《安吴四种》内《艺舟双楫》一卷，为学书之门径。

读书宜多读古书。

除史传外，唐以前书宜多读，为其少空言耳。大约秦以上书，一字千金。由汉至隋，往往见宝，与其过也，无亦存之。唐至北宋，去半留半。南宋迄明，择善而从。兹将先秦以上传记子、史及解经之书，古人通名传记。真出古人手者，及汉、魏著述中理切用者，约举其名于后。

《国语》、《战国策》、《大戴礼》、《七经纬》、国朝人搜集，较《古微书》为备。纬与谶异，乃三代儒者说经逸文，瑕不掩瑜，勿耳食而议之。《山海经》、《世本》、近人秦嘉谟辑补。《逸周书》、《竹书纪年》、《穆天子传》，三书虽有假托，皆秦以前人所为。《周髀》、《素问》、《司马法》，《班志》列入礼家，其书皆言军礼。以上诸书皆有考证经义之用。

以上三代古传记。其余皆是汉后伪书，断不可信。《国语》、《国策》、《大戴》最要。

《老子》、《管子》、《孙子》、《晏子春秋》、《列子》、《庄子》、《文子》、《吴子》、《墨子》、《荀子》、《韩非子》、《鹖冠子》、《孔丛子》、《吕氏春秋》、《楚辞》。此集类，然可证经，故附此。此外，尚有《尸子》、《商子》、《尹文子》、《关尹子》、《燕丹子》，国朝人均有采集校刻本。

以上周、秦间诸子。其余尚多，或伪作，或佚存无几。《荀》、《管》、《吕》最要，《庄》、《墨》之属理虽悠谬，可证经文者极多。

《乾凿度》郑注、《尚书大传》、《韩诗外传》、《春秋繁露》、

《白虎通》、《春秋释例》、陆玑《诗疏》、皇侃《论语疏》、《周易集解》、《经典释文》。二书虽唐初人集，乃汉、魏、六朝人旧说。此外尚有《五经异义》、《驳五经异义》、《虞氏易注》、《郑氏易注》、《荀九家易注》、《尚书》马郑注、《左传》贾服注、蔡邕《明堂月令章句》、《箴膏肓》、《起废疾》、《发墨守》、《毛郑异同评》、刘炫《规杜》、《汉魏遗书》、《古经解钩沉》等书，皆元书亡佚，国朝人从他书采集者。

以上汉至隋说经之书。唐至国朝，经学书太多，俟他日择要标目。

《说文》、《方言》、《释名》、《急就篇》、《字林》，书久佚，国朝任大椿搜集成书，名《字林考逸》。《玉篇》、《广韵》。《广韵》即陆法言《切韵》，略有增修，故列隋。此后，唐人《一切经音义》最胜，尚有《汗简》、《集韵》、《韵补》、《韵会》、薛尚功《钟鼎款识》之属，亦资考证，但可少缓耳。《仓颉》、《凡将》诸书，久已亡佚，任大椿搜集之，名《小学钩沉》，最好。

以上汉至隋小学之书。《说文》、《玉篇》、《广韵》尤要。

《新序》、《说苑》、《列女传》、《吴越春秋》、《越绝书》、《家语》，王肃所集，故列此。《汉官六种》、《三辅黄图》、《水经注》、《华阳国志》、《淮南子》、《法言》、《盐铁论》、《新论》、《潜夫论》、《论衡》、《独断》、《风俗通》、《申鉴》、《齐民要术》、《文中子中说》、虽门人所作，体制未善，词理颇精，不可废。《颜氏家训》、《九章算术》。此外，隋前算经尚有六种。算乃专门之学，极有实用。自唐至明，算书不少，后出愈精，至国朝而极精。此取其古，为通经之用。

以上汉后隋前传记诸子。此外，如《太玄经》、《易林》、《物理论》、《中论》、《人物志》、《高士传》、《博物志》、《古今注》、《南方草木状》、《洛阳伽蓝记》、《荆楚岁时记》、《世说》、《抱朴子》、《金楼子》之属，虽颇翔实雅训，仅资词章、谈助，非其所急；《难经》、《参同》，无关儒术；《理惑》、《拾遗》，违正害理；其余多是伪作，宜辨。《新序》、《说苑》、《列女传》、《水经注》最要。

诸古书宜分真伪。

此事本朝诸老论之最详，辨之最精，即《四库提要》中，已具大略，试取观之，自然昭若发蒙。国朝姚际恒《古今伪书考》，简便易看。有单行本，又收《知不足斋丛书》中。

读书宜读有用书。

有用者何？可用以考古，可用以经世，可用以治身心三等。唐人崇尚词章，多撰璅碎、虚诞、无理之书。宋人笔墨繁冗，公私文字多以空论衍成长篇，著书亦然。明人好作应酬文字，喜谈赏鉴清供，又好蓝本陈编，改换敷衍，便成著作，以故累车连屋，眩人耳目，耗人精神，不能专意要籍。唐以后书，除史部各有所用外，凡记典章、风俗、轶事、地理之属，皆史类。明人地志最劣。其余陈陈相因之经注、无关要道之谱录、庸猥应酬之诗文集，明人书尤无谓者，鄙陋不根之方志、书帕馈赠之小品、变名射利之评本、程试凑集之类书。皆宜屏绝廓清，庶几得有日力以读有用之书耳。近代文集，鄙者无论，即佳者少看数部亦无妨。多读经、子、史，乃能工文；但读集，不能工文也。诗亦同。若论其深，总须人有余于诗文者，佳；诗文余于人者，必不佳。

宋学书宜读《近思录》。

宋儒以后理学家书，推明性理，洵发前代未发。然理无尽藏，师无定法，涯涘难穷，其高深微眇，下学未能猝解。朱子《近思录》一书，言约而达，理深而切，有益身心，高下咸宜，所宜人置一编。其余俟积久基成，自宜广览。国朝江永有校注本极精，近湖北局刻亦好。

王阳明学术宗旨，虽与程、朱不同，然王出于陆，亦宋学也。犹如继别之后，更分大宗、小宗，不必强立门户，互相訾謷。

讲宋学者，必先将《二程遗书》、《朱子语类》、《明儒学案》三书读过，字字寓目，方可几望入门耳。国朝王懋竑最深于朱子之学，所著《白田杂著》，必当看。

为学忌分门户。

近代学人大率两途，好读书者宗汉学，讲治心者宗宋学，逐末忘源，遂相诟病，大为恶习。夫圣人之道，读书、治心，谊无偏废，理取相资；诋谋求胜，未为通儒。甚者或言必许、郑，或自命程、朱，夷考其行，则号为汉学者不免为贪鄙邪刻之徒，号为宋学者徒便其庸劣巧诈之计。是则无论汉、宋，虽学奚为？要之，学以躬行实践为主，汉、宋两门，皆期于有品有用。使行谊不修，莅官无用，楚固失矣，齐亦未为得也。若夫欺世自欺之人，为汉儒之奴隶而实不能通其义，为宋儒之佞臣而并未尝读其书，尤为大谬，无足深责者矣。经典义理，舍文字训诂，何从知之？此事恐难析离。

宋儒表彰《学》、《庸》，然《礼记》乃二戴所传、七十子后学者所记。见《汉书·艺文志》。夫云七十子后学者，非秦、汉以来经师而何？是真汉学也。《汉志》有《中庸说》一篇；在《戴记》后。《隋志》有梁武帝《中庸讲疏》一卷；宋天圣八年，以《大学》赐新第王拱辰等，专尊《学》、《庸》，义有所昉。况《乐记》一篇，汉人所撰，据《别录》有《窦公》一篇知之。实括论性主静诸义。董子之书，备言性道中和。然则性理之学源出汉儒，强生分别，不知学者也。考证校勘之学，乃刘敞、宋祁、曾巩、沈括、洪迈、郑樵、王楙、王应麟开其端，实亦宋学也。

愚性恶闻人诋宋学，亦恶闻人诋汉学，意谓好学者即是佳士，无论真汉学未尝不穷理，真宋学亦未尝不读书。即使偏胜，要是诵法圣贤，各适其用，岂不胜于不学者？乃近人著书，入主出奴，互相丑诋，一若有大不得已者，而于不学者则绝不訾议，是诚何心，良可怪也。近年士人，既嫌汉学读书太苦，又嫌宋学律身太拘，《五经》几于废阁，名文亦厌披览。但患其不学耳，何暇虑及学之流弊哉？洛、蜀交讧，章、蔡快意，于是世之不学者袭两家之剩言，无论汉、宋，一律谤毁，必欲天下同归于不学而后快，此亦如耻独为君子者耳。好学者各尊所闻，各行所知，勿为所动。

读书宜先校书。

校者，以善本与俗本对勘，正其讹脱也。异同之间，常得妙悟。且校过一次，繁难处亦易记得。但校后宜读，若校而不读，便成笑柄。

魏邢子才云：误书思之，恒是一适；若思而不得，则亦不劳读此书矣。此一时兴到语，不可以训。必如子才之博学殊资，始有思而得之之理。若浅学读古书，不误尚不能尽解，况既误而能亿知耶？

读书贵博贵精尤贵通。

该贯六艺，斟酌百家，既不少见而多怪，亦不非今而泥古，从善弃瑕，是之谓通。若夫偏祖一家，得此失彼，所谓是丹非素，一孔之论者也。然必先求博，则不至以臆说俗见为通；先须求精，则不至以混乱无主为通。不博不精，难言通字，初学慎勿藉口。

国朝学人极博者，黄、宗羲。毛、奇龄。朱、彝尊。俞；樾。极精者，阎、若璩。戴；震。极博而又极精者，顾、炎武。钱；大昕。极博极精而又极通者，纪、昀。阮；元。经学训诂极通者，王氏父子。念孙、引之。宜专治一经。

作秀才后宜读书。

今人为童子时尚与经传相亲，身入胶庠，自命成学，弁髦敝之矣。此为天下通病。夫学僮读书，不过上口粗通，岂能钩深致远？入学以后，神智渐长，阅世稍深，此时读书方能寻其要领，探其精微。乃以恶滥时文夺其本务，抑何谬哉？盖惟入学后正宜读书，通籍后更好读书耳。袁伯业长大而能勤学，吾愿诸生效之。

读书不必畏难。

以上所言，当读之书如此其繁，读书之道如此其密，似乎莫殚莫究，何暇省身致用耶？是又不然。一经，一史，古集一家，词章一体，讲经、史者，词章亦不可竟废，可以涵养性灵，兼资笔札。经济一门，经济存乎其人，生性暗弱者，不讲亦可。专精探讨，果能精通一经，则群经大旨要义皆已憭然矣。《通鉴》、古子，观其大略，知其要领。又其次，涉猎而已。如此为之，不过十年，卓然自立，聪强而得师友者，所得尚不止此。自兹以往，左右逢源。兼精群籍原好，但人生精力岁月有限，以一为主，以余为辅，已可终身用之不尽。才力有余者，任自为之。夫航断港而求至海，驱北辙而求至越，则难矣。若津渡显然，定向有在，循途而行，计日而到，何难之有？盖读书一事，古难今易。无论何门学问，国朝先正皆有极精之书，前人是者证明之，误者辩析之，难考者考出之，参校、旁证。不可见之书采集之。一分真伪而古书去其半，一分瑕瑜而列朝书去其十之八九矣。且诸公最好著为后人省精力之书，一搜补，或从群书中搜出，或补完，或缀辑。一校订，讹、脱、同、异。一考证，据本书，据注，据他书。一谱录，提要及纪元、地理各种表谱。此皆积毕生之精力、踵曩代之成书而后成者。故同此一书，古人十年方通者，今人三年可矣。前人甚苦，在前人，却于己无大益，校书及注古集尤甚。后人甚乐:诸公作室,我辈居之;诸公制器,我辈用之。今日止须善买书,读书便省力,易见效。士生今日,若肯读书,真可不费无益之精神,若无诸公,自考之则甚劳;不考之则多误。而取益身心,坐收实用,据汉学之成书,玩宋学之义理,此时不再考证,亦已足用,但多览先正考证之书而笃信之可矣。此事亦无穷,力有余者听之。事半古人,功必倍之,慎无惊怖其言,以为河汉而无极也。

读书勿诿记性不好。

每见今人不好读书者,辄以此借口,此欺人也。日记一叶,月记一卷,十年之内,可记百余卷矣,非不能,实不为耳。朱竹垞有言:"世岂有一览不忘、一字不遗者,但须择出切要处记之耳。"竹垞为本朝第一博雅人,其说如此,以告学者。

读书勿诿无书、无暇。

能购购之,不能借之,随得随看,久久自富。若必待插架三万,然后议读,终身无此日矣。即使四部骈罗,岂能一日读尽?何如姑尽所有,再谋其他。更有一弊,劝人读书,多谓无暇,不思嬉游昼寝为暇多矣,一叶数行,偶然触目,他日遇事,或即恰收其用。自非幼学,真读书者,断无终日整襟危坐、限定读书时刻之事也。

买书勿吝。

田谷之利,不及什一;商贾之利,止于三倍;典籍之利,淑身兴宗,化愚为贤,子孙永保,酌之不竭。一卷之书,有益天下,此其为利不可胜言,节衣缩食,犹当为之。惟买书须得其门,若无通人可访,则常过书肆,流观架上,名近雅驯者,索取翻检,要籍精本必时遇之。即使买而不读,果于此道笃好,子孙亦必有能读之者。

蜀人尚义好施，书院社学，所至莘莘，义卷宾兴，色目非一。今有一义，更为进之：仰屋冥搜，专攻帖括，泽渴壁枯，终鲜宏益，以云振救孤寒则有之，如谓兴起人文则未也。倘有好礼者，广买典籍，置之书院，计最要各部，所费不过千余金而已。千金之书，百年以内不至坏烂，三十年内不即散亡。一县高材咸得沾丐，展转授受，流泽无穷。一乡之中，通人接踵，何忧不成为冠盖里乎？较之募集多金，为文昌、魁星修造楼阁，号称培植文风者，有实效多矣。文昌六星虽有司禄，何与学较？魁乃斗宿之一，俗以奎壁书府，传误作魁。与其侥福于星辰、责效于土木，不如求诸人事之为愈也。

读书期于明理，明理归于致用。

书，犹谷也。种获春揄，炊之成饭，佐以庶羞，食之而饱，肌肤充悦，筋骸强固，此谷之效也。若终岁勤动，仆仆田间，劳劳爨下，并不一尝其味，莳谷何为？近人往往以读书、明理判为两事，通经致用视为迂谈，浅者为科举，博洽者著述取名耳。于己无与也，于世无与也，亦犹之获而弗食、食而弗肥也。即如《说文》，小学，诚为读经扃钥，乃吹求无穷，胶柱不化，是守此管钥以终其身，仍不免为门外人，何由望见美富，此岂通六书之本意哉？其他考据家流弊，亦多此类。使世人訾汉学者，此辈为之也。随时读书，随时穷理，譬诸农家年耕年食，不闻必待遍尝百谷、富积千仓，然后谋一饱也。心地清明，人品自然正直。从此贯通古今，推求人事，果能平日讲求，无论才识长短，筮仕登朝，大小必有实用。《易·大畜》之象曰："君子以多识识，《释文》刘作志。前言往行，以畜其德。"多识、畜德，事本相因。若读书者，既不明理，又复无用，则亦不劳读书矣。使者谆谆劝诸生读书，意在使全蜀士林美质悉造成材,上者效用于国家,其次亦不失为端人雅士,非欲驱引人才尽作书蠹也。此条特为能读书者发之。

四川省城尊经书院记

张之洞

同治十三年四月,兴文薛侍郎偕通省荐绅先生十五人,投牒于总督、学政,请建书院,以通经学古课蜀士。光绪元年春,书院成。择诸生百人肄业其中,督部盱眙吴公与薛侍郎使之洞议其章程。事属草创,未能画一,有所商略,或未施行。比之洞将受代,始草具其稿,商榷定议。诸生屡以记为请,曰:砻石三年矣。乃进诸生而语之曰:奚以记为哉?诸荐绅之公牒、吴公之奏牍,缘起备具,是即记矣,不劳复出也。若夫建置书院之本义,与学术教条之大端,愿得与诸生说之。

诸生问曰:先生之与台司诸公及诸乡先生,创为此举,何意也?曰:若意谓何?或对曰:振恤寒士。曰:噫,何见之左也?使者,教士之官,非振贫之官也。全蜀学生三万人,院额百人,振百人,遗三万,何益?月费岁止数十金,即益以膏火,未见能起其贫也。如为振贫,则筹巨款,增广锦江书院膏火数百名足矣。然则何为?曰:为读书。读书何用?曰:成人材。蜀才之盛旧矣,汉之郭、即犍为文学张、马、扬,经之宗也;宋之二王当、偁,二李焘、心传,史范,史之良也;其余唐之陈、李,宋之五苏、范、虞,元之虞,明之杨,气节、经济、文章之渊薮也。方今圣上敦崇经学,祀汉太尉南阁祭酒许君于学宫,试卷经策空疏者,磨勘有罚。使者奉宣德意,诚欲诸生绍先哲、起蜀学。然岁科两试,能进退去取其所已然,不能补益其所未至,批抹不能详、发落不能尽，仅校之，非教之也。于是乎议立书院，分府拔尤，各郡皆与，视其学大小、人多少，以为等，延师购书、分业程课。学成而归。各以倡导其乡里后进，展转流衍，再传而后，全蜀皆通博之士、致用之材也。语云：一人学战，教成十人；万人学战，教成三军。操约而施博，此使者及诸公之本意也。说本义第一。

诸生问曰：先生之本意既得闻矣，学者之要如何？曰：在定志。适越而面太行，马愈良者去愈远，裴回于歧路者，日行不能十里。入院者，为学问也，非为膏火也。掩卷而自考，果能解乎？逾月而自省，学有进乎？出接同舍，归而发愤，我有以胜于人乎？学海堂之三集、诂经精舍文钞之三编，皆书院诸生所为也，何渠不若彼乎？勿以一课之高下为喜怒，勿蒙昧钞撮、假借侥幸以自欺。时不再至，师不常得，何所闻而来，何所见而去？是可愧也，抑可悔也。慎无徒以调院高材生之目，招人弹射也。说定志第二。

诸生问曰：志在读书矣，宜读何书？曰：在择术。宜择何术？曰：无定。经、史、小学、舆地、推步、算术、经济、诗、古文辞，皆学也。无所不通者，代不数人。高材或兼二三，专门精求其一。性有所近，志有所存，择而为之，期于必成。非博不通，非专不精。说择术第三。或谓宜分经学、小学属焉。史学、舆地属焉。经济、国朝掌故属焉。算学、天算属焉。词章为五门，各延一师，弟子各执一业，其法良善，顾经费太钜，不能办也，姑俟异日。算学难得师，省城有韩君紫汀精此，可以问业。

诸生问曰：术听人择，何为必通经乎？曰：有本。《大学》曰：物有本末。《论语》曰：本立而道生。圣贤通天下事理言之，谓之本，学人因谓之根柢。凡学之根柢必在经史，读群书之根柢在通经，读史之根柢亦在通经。或曰：史与经何与？不知史学要领在三史，不通经学、小学，未有能通三史者也。通经之根柢在通小学，此万古不废之理也。不通小学，其解经皆臆说也；不通经学，其读史不能读表志也；不通经史，其词章之训诂多不安、事实多不审，虽富于词，必俭于理。不通小学，亦未有能尽通《文选》者也。故凡为士，必知经学、小学，综此两端，其在笃嗜神悟，欲以此名家著述者，终身由之而不尽。若夫约而求之，治《说文》者，知六书义例之区分，篆隶递变之次第，经传文字通借之常例，古今音韵之异同，足以治经矣。治经学者，知训诂之本义，群经之要指，经师授受之源流，儒先传注异同长短之大端，足以折中群籍矣。即此数要，先正老师其说已备，其书具存。《輶轩语》、《书目答问》举之已详。稍求之深者，治《说文》三年，治经学七年，通计十年不为多也；求之浅者，治《说文》一年，治经三年，通计四年，益不难也。苟有其本，以为一切学术，沛然谁能御之？要其终也，归于有用。天下人材出于学，学不得不先求诸经，治经之方，不得不先求诸汉学，其势然，其序然也。人各有能有不能，性各有近有不近。如谓强人人为经生博士，而尽废此外之学术，何为更以史论、诗文课之哉？说务本第四。

　　诸生问曰：经学小学之书，繁而难记，异同蜂起，为之奈何？曰：有要。使者所撰《輶轩语》、《书目答问》言之矣。犹恐其繁，更约言之。经学必先求诸《学海堂经解》，小学必先求诸段注《说文》，史学必先求诸三史，总计一切学术，必先求诸《四库提要》。以此为主，以余为辅。不由此入，必无所得。

说知要第五。督部吴公初议,入院者人给五经一、《释文》一、《史记》一、《文选》一、《史记合评》一,如经费能办,可著为法。更有《国语》、《国策》、《两汉》、《三国》、《说文》(必须兼检字)、《历代帝王年表》、《简明目录》,皆成都有版,价值亦廉,诸生节衣缩食,亦须置之。

诸生问曰:既知要矣,如何而后有效? 曰:在定课。人立日记一册,记每日看书之数,某书第几卷起,第几卷止。记其所疑,记其所得,无疑无得不可强。书不贵多,贵真过目;不贵猛,贵有恒;不贵涉猎,贵深思;不贵议论,贵校勘考订;不贵强记,贵能解;能解方能记,不解自不记。不贵创新解,贵通旧说;不贵更端,贵终卷。大略书三种,《说文》一、《提要》一,其余或经或史一,各看若干叶。使者置有《提要》三部,犹恐不能周,各择一类,分看可也。监院督之,山长旬而阅之,叩诘而考验之,一课不中程者罚月费,二课戒饬,三课屏之院外。说定课第六。

诸生问曰:有依课计功而无所得者,何也? 曰:不用心之咎也。平日嬉娱,临课而搜索枯腹,日日课试无益也。翻书钞撮,姑以塞责,检之不能得,读之不能句,摘之不得其起止。钞考据之书,不能辨其孰为引证语,孰为自下语也;钞记事之书,不了然此事之原委也;如此则钞之而仍忘,引之而不解,虽日日钞书无益也。作为文章,以剽袭为逸,以储材为劳,读近人浅俗之文则喜,古集费神思则厌,甘仰屋以课虚,不肯学古而乞灵,虽日日为词章,无益也。用心之状,古书虽奥,必求其通;不能通者,考之群书,勿病其繁;问之同学,不以为耻。文章纵苦涩,勿因人纵蹈摹古之讥,勿染时俗之习,如此而不效,未之有也。说用心第七。

诸生问曰:用心而以为苦,何也? 曰:信之不坚,中作而辍。古书多简，古训多迂，古事多隐，陋则多怪，厌则生疑，畏难则思遁，已不信矣。凡民难与虑始，而可与乐成。为古学，为高文，忌者谤之，俗浅者讥之，专利禄、求捷获者笑之，挟私见者攻之，不为摇夺者鲜矣。夫使者亦何为焦心劳力而设为难行难效、有害无益之事，以困蜀人哉？野人食芹而甘，遂欲公之众人，同嗜者试之，异趣者听之，必能行古书，信师说，信使者之不欺。虽或犹豫，姑降心抑志，勉而行之，行之三年，果无可好，弃去未为晚也。使者诚谫陋，顾所撰《輶轩语》、《书目答问》两编，开发初学，论卑易行，如能笃信而择用之，虽暂无师，必有所得矣。如并此浅易者，百言而百不信，虽许、郑在左，程、朱在右，将益骇而苦之矣，亦何益哉？说笃信第八。

　　诸生问曰：此可以祛不学之病矣，近世学者，多生门户之弊，奈何？曰：学术有门径，学人无党援。汉学，学也；宋学，亦学也；经济词章以下，皆学也，不必嗜甘而忌辛也。《輶轩语》言之已详。大要读书宗汉学，制行宗宋学。汉学岂无所失，然宗之则空疏蔑古之弊除矣；宋学非无所病，然宗之则可以寡过矣。至其所短，前人攻之，我心知之。学人贵通，其论事理也贵心安，争之而于己无益，排之而究不能胜，不如其已也。诸生问曰：然则何以不课性理？曰：宋学贵躬行，不贵虚谈，在山长表率之、范围之，非所能课也。后所说慎习、尊师云云，即宋学也。使者于两家，有所慕而无所党，不惟汉宋两家不偏废，其余一切学术，亦不可废。若入院者，抱一而自足，是此而非彼，误矣。不入院者，执一以相攻，更大误矣。说息争第九。用汉学之师法，虽兼采诸儒之说，亦汉学也。守宋学之准绳，虽不谈性理，亦宋学也。汉学师法，止于实事求是，宋学准绳，止于严辨义利，无深谈也。

诸生问曰：争端息矣，犹有虑乎？曰：虑在不尊师。无师功半，有师功倍。既来主讲，必有所长，虚心请业，听言则记。勿窘其疏，勿抵其隙，勿妄生辨难，勿以教督下考而不悦。同舍诸生，复加切磋，学优勿吝，考下勿妒。勿嬉谈废日，勿狎侮。经史繁重者，一人翻之则畏难而自废，同力检之则易得。疑义难解者，独坐冥思则窒，诘难推求，谈谐趣妙则通。此友之益，亦师之亚。说尊师第十。

诸生问曰：学如是足矣？曰：不然。不求进功，先求寡过。今天下之书院，不溺于积习者罕矣。人多则喧，课无定程则逸，师不能用官法则玩。嬉游博簺，结党造言，干与讼事，讪谤主讲，品既败矣，学庸有成乎？有蹈此者，监院以闻，屏惩不宥，斋长与有责焉。昔者湖学弟子，行路皆识，令人敬爱，不亦美乎？说慎习第十一。

诸生问曰：为弟子之道敬闻命矣，然山长之教法不可知也，奈何？曰：有良师来，其道可拟议而豫知也。书院非试场，月课非考试，此教未成者，非考已成者，非善诱不可。初学穷经，未知所从，凭臆妄说无益，不辨纯驳，任意钞撮，亦无益。每课发题，经解题必出先儒已有确解定论者，使之疏证，以觇其悟，<small>疏证者，比类引书以征实。</small>或旧解两歧者，使之自决，以觇其断。先检元书，宣示诸生，使其领解，然后下笔。<small>总须其书为院内所有者。</small>主讲既评其卷，指其乖合通塞，必为书一确解，张于讲堂。史论发题，论史事，勿论一人，重考辨，不重空论。<small>发题取诸正史各志及《通鉴纪事本末》、《通典》、《通考》之属。</small>诗赋杂文，多令拟古，示以元作，使之考其义法、摹其气格。如是则课一解,即通一经义也;课一论,即知一史案也;课一诗文,即熟古人一诗文也。此非如科目有去取,不可令其射覆以窘之也。说善诱第十二。今年使者限诸生,将《说文》依六书分类,欲其将《说文》通阅一过也;令其将《归、方合评史记》以五色笔照临,欲其将《史记》通阅五过也;令其先阅《四库提要·经部》,为其中或考核著书人之本末,或校勘版本,或议论他事,不专诂经,可以开发性灵也。此亦诱之而已,其法未必尽于此,其意或可采而用之。

山长与诸生五日一会于讲堂,监院呈日记,山长摘其所习之书而问之,以验其有得与否。阅日记毕,与之讲说、问难不禁,所记不实者,罚之;前所讲授,不能覆答者,罚之;甚者夏楚之。假归,视远近为限,逾限不至者除其名,到日候阙再补。说程功第十三。每月官课后始到者,不得领月费。

既惩其惰,更惜其力,月止二课,官课一,斋课一。课止四题,经解一、史论一、杂文与赋为一、诗一。赋与杂文不并出,杂文或骈或散,惟宜。可减不可增,四日缴卷。必有余力,乃可读书。若思而不学,精力劳惫,无益而有害,非教士之本意也。说惜力第十四。

调院之外,投考者不禁,核其籍贯、学册、其人之有无及真伪。羼入外省人者,责监院。投考多空名,积习如此。收录须少严,宜由山长面试一次,以备参检其文理、字迹也。三课不入二百名内者,除其名。每课膏火百名,住院者常居十之七,投考者无过十之三。若投考过众,佳卷过多,亦无过十之五,不使夺其膏火,以给其用。说恤私第十五。凡给月费、膏火,监院册其名,加山长图记,乃以请于盐道,盐道亦书其名,举其数,揭示于院门外。

336

凡为山长,不可懦也,牖导必宽,约束必严。山长主之,监院佐之,斋长承之,各衙门督之。败习者、邪说谬论者,名虽著录而不奉课程者,有罚。轻者罚月费,重者夏楚,再重者屏逐,再重者既逐出,监院仍禀提学注劣,甚至褫黜。院门至戌则键闭,无名籍者不得容一人入居于院。院设斋长四人,以助钤束、稽程课,增其月费,以学优年长者充之,由学院选用,无过不更易。阙则请命而更补之,监院不得私派,不得以钱物琐俗事委斋长。有犯教条者,监院、斋长不以闻,轻则记过,甚则更易。说约束第十六。

书院所储之书,监院有籍,除官发外,使者捐置二百余部。二人掌之,增其月费。凡书,必责掌书者题其前额,违者罚,不如此不能检,不能读也。岁一更,不得留,不得用本城人,为其居于外也。不得借出院。掌书须择晓事者,不可滥,尤不可吝也。若遗失,勒限领书者借觅钞补,不能补者罚,掌书者无罪。其罚,卷多者,每函一月月费;卷少者,每部皆以一函论;尤精密者酌增。若罪掌书,则固闭不出,罚过重,则人不敢领。失书犹可,束书不得读,不可也。说书籍第十七。局刻书版,藏于院者,印售时视纸料定价三等,刊播宣示。若经费充足,凡切要同看之书,院中须各置十许部。若注疏、经解、正史、《通鉴》、《提要》、《说文》、《玉篇》、《广韵》及考据家最著之书,周秦诸子、大家文集之属,虽费数千金,其效甚巨,不足靳也,姑俟异日。正史即坊本亦可。

诸生问曰:不课时文,何也?曰:无庸也。世人应试而不好学,根柢日薄,而四书文日益不振。明诏使乡会场加意经策而下无以应,故为此以养其原,以补其不足。若四书文,大小场用之,各郡县书院课之,诸生无不习者,今复课之,赘也。且月增四书文一课,时日精力不能胜也。诸生曰:如此,得不与科名相妨乎?曰:不然,根柢深而不工词章者鲜矣,工一切诗古文辞,而不能为举业者,抑又希矣。其于时文,有相资也,无相害也。或自为之可也,或应他书院课为之可也,岂禁之哉?况乎策论诗赋,便考古也,课卷用白折,习书法也。由选拔以至廷试,未有不视古学楷法为进退者也。时文固所习,又益之以诸条,其为科名计,抑亦周矣。说释疑第十八。

凡十八条,使者所以为蜀士计者如此。后有山长,与夫大吏、学使主持此事者,视可用者采之,未备者补之。若遽不能得师,师或怠于教,诸生自为之,莫余禁也。法不善,虽立不行;法虽善,久而亦变。先王不能得之于后贤,况官师乎?其行之而坚与不坚、效与不效,非所敢知也。夫蜀之当务,不独学也,学之宜修,不独蜀也。在府言府,在库言库,使者之职也。揖诸生而退,遂书问答之语以为记。

光绪二年十一月提督四川学政

侍读衔翰林院编修张之洞撰

劝学篇·内篇·守约第八

张之洞

儒术危矣,以言乎迩,我不可不鉴于日本;以言乎远,我不可不鉴于战国。昔战国之际,儒术几为异学诸家所轧,吾读司马谈之《论六家要指》而得其故焉,其说曰:"儒家者流博而寡要,劳而少功。"何以寡要少功?由于有博无约。如此之儒,止可列为九流之一耳,焉得为圣?焉得为贤?老诟儒曰"绝学无忧",又以孔子说十二经为大谩;墨诟儒曰"累寿不能尽其学",墨子又教其门人公尚过不读书;法诟儒曰"藏书策,修文学,用之则国乱"。《韩非子》语。大率诸子所操之术,皆以便捷放纵,投世人之所好,而以繁难无用诬儒家,故学者乐闻而多归之。夫先博后约，孔、孟之教所同。而处今日之世变，则当以孟子守约施博之说通之。且孔门所谓博，非今日所谓博也。孔、孟之时，经籍无多，人执一业可以成名，官习一事可以致用，故其博易言也。今日四部之书汗牛充栋，老死不能遍观而尽识。即以经而论，古言古义，隐奥难明，讹舛莫定，后师群儒之说解，纷纭百出，大率有确解定论者不过什五而已。

沧海横流，外侮洊至，不讲新学则势不行，兼讲旧学则力不给，再历数年，苦其难而不知其益，则儒益为人所贱，圣教儒书寖微寖灭，虽无嬴秦坑焚之祸，亦必有梁元“文武道尽”之忧，此可为大惧者矣。尤可患者，今日无志之士本不悦学，离经叛道者尤不悦中学，因倡为中学繁难无用之说，设淫辞而助之攻，于是乐其便而和之者益众，殆欲立废中学而后快，是惟设一易简之策以救之，庶可以间执雠中学者之口，而解畏难不学者之惑。

今欲存中学，必自守约始，守约必自破除门面始。爰举中学各门求约之法条列于后，损之又损，义主救世，以致用当务为贵，不以殚见洽闻为贤。十五岁以前，诵《孝经》、《四书》、《五经》正文，随文解义，并读史略、天文、地理、歌括、图式诸书，及汉、唐、宋人明白晓畅文字有益于今日行文者。自十五岁始，以左方之法求之，统经、史、诸子、理学、政治、地理、小学各门，美质五年可通，中材十年可了。若有学堂专师，或依此纂成学堂专书，中材亦五年可了。而以其间兼习西文，过此以往，专力讲求时政，广究西法。其有好古研精、不骛功名之士、愿为专门之学者，此五年以后，博观深造，任自为之。然百人入学，必有三五人愿为专门者，是为以约存博，与子夏所谓"博学近思"、荀子所谓"以浅持博"亦有合焉。大抵有专门著述之学，有学堂教人之学。专门之书，求博求精，无有底止，能者为之，不必人人为之也。学堂之书，但贵举要切用，有限有程，人人能解，且限定人人必解者也。西人天文、格致一切学术，皆分专门学堂，与普通学堂为两事。将来入官用世之人，皆通晓中学大略之人，书种既存，终有萌蘖滋长之日。吾学吾书，庶几其不亡乎！

一　经学，通大义。切于治身心、治天下者谓之大义。凡大义必明白平易，若荒唐险怪者乃异端，非大义也。《易》之大义，阴阳消长；《书》之大义，知人安民；《诗》之大义，将顺其美，匡救其恶；《诗谱序》："论功颂德，所以将顺其美；刺过讥失，所以匡救其恶。"《春秋》大义，明王道，诛乱贼；《礼》之大义，亲亲、尊尊、贤贤；《周礼》大义，治国、治官、治民，三事相维。太宰建邦之六典：《治典》经邦国，治官府，纪万民；其余《教典》、《礼典》、《政典》、《刑典》、《事典》，皆国、官、民三义并举。盖官为国与民之枢纽，官不治则国、民交受其害。此为《周礼》一经专有之义，故汉名《周官经》，唐名《周官礼》。此总括全经之大义也。如《十翼》之说《易》，《论》、《孟》、《左传》之说《书》，大、小序之说《诗》，《孟子》之说《春秋》，《戴记》之说《仪礼》，皆所谓大义也。欲有要而无劳，约有七端：一明例，谓全书之义例。《毛诗》以训诂、音韵为一要事，熟于《诗》之音训，则诸经之音训皆可隅反。一要指，谓今日尤切用者，每一经少则数十事，多则百余事。一图表。诸经图表，皆以国朝人为善。谱与表同。一会通，谓本经与群经贯通之义。一解纷，谓先儒异义各有依据者，择其较长一说主之，不必再考，免耗日力。大率国朝人说而后出者较长。一阙疑,谓隐奥难明、碎义不急者置之不考。一流别,谓本经授受之源流、古今经师之家法。考其最著而今日有书者。以上七事,分类求之,批邻导窾,事半功倍。大率群经以国朝经师之说为主,《易》则程传与古说兼取。并不相妨。《论》、《孟》、《学》、《庸》以朱注为主,参以国朝经师之说。《易》止读程传及孙星衍《周易集解》。孙书兼采汉人说及王弼注。《书》止读孙星衍《尚书今古文注疏》。《诗》止读陈奂《毛诗传疏》。《春秋左传》止读顾栋高《春秋大事表》。《春秋公羊传》止读孔广森《公羊通义》。国朝人讲公羊者,惟此书立言矜慎,尚无流弊。《春秋穀梁传》止读锺文烝《穀梁补注》。《仪礼》止读胡培翚《仪礼正义》。《周礼》止读孙诒让《周礼正义》。已刊,未毕。《礼记》止读朱彬《礼记训纂》。《钦定七经传说义疏》,皆学者所当读,故不备举。《论》、《孟》除朱注外,《论语》有刘宝楠《论语正义》,《孟子》有焦循《孟子正义》,可资考证古说,惟义理仍以朱注为主。《孝经》即读通行注本,不必考辨。《尔雅》止读郝懿行《尔雅义疏》。《五经总义》止读陈澧《东塾读书记》、王文简引之《经义述闻》。《说文》止读王筠《说文句读》。兼采段、严、桂、钮诸家,明白详慎。段注《说文》太繁而奥,俟专门者治之。以上所举诸书,卷帙已不为少,全读全解亦须五年,宜就此数书中择其要义先讲明之,用韩昌黎提要钩元之法,就元本加以钩乙标识。但看其定论,其引征辨驳之说不必措意。若照前说七端,节录纂集,以成一书,皆采旧说,不参臆说一语,小经不过一卷,大经不过二卷,尤便学者。此为学堂说经义之书,不必章释句解,亦不必录本经全文。盖十五岁以前,诸经全文已读,文义大端已解矣。师以是讲,徒以是习,期以一年或一年半毕之。如此治经,浅而不谬,简而不陋,即或废于半涂,亦不至全无一得。有经义千余条,以开其性识,养其本根,则终身可无离经畔道之患。总之,必先尽破经生著述之门面,方肯为之,然已非村塾学究、科举时流之所能矣。

一　**史学,考治乱典制**。史学切用之大端有二:一事实,一典制。事实,择其治乱大端、有关今日鉴戒者考之,无关者置之。典制,择其考见世变、可资今日取法者考之,无所取者略之。事实,求之《通鉴》。《通鉴》之学,《资治通鉴》、《续通鉴》、《明通鉴》。约之以读《纪事本末》。典制,求之正史、二通。正史之学,约之以读志及列传中奏议。如汉《郊祀》,后汉《舆服》,宋《符瑞》、《礼乐》,历代天文五行,元以前之律历,唐以后之艺文,可缓也。地理止考有关大事者,水道止考今日有用者,官制止考有关治理者,如古举今废、名存实亡、暂置屡改、寄禄虚封、闲曹杂流,不考可也。二通之学,《通典》、《通考》约之以节本,不急者乙之;《通考》取十之三、《通典》取十之一足矣。国朝人有《文献通考详节》,但一事中最要之原委条目,有应详而不详者,内又有数门可不考者。《通志》二十略,知其义例可也。考史之书,约之以读赵翼《廿二史札记》。王氏《商榷》可节取。钱氏《考异》精于考古,略于致用,可缓。史评,约之以读《御批通鉴辑览》。若司马公《通鉴》论义最纯正,而专重守经;王夫之《通鉴论》、《宋论》识多独到而偏好翻案;惟《御批》最为得中而切于经世之用。此说非因尊王而然,好学而更事者读之自见。凡此皆为通今致用之史学,若考古之史学,不在此例。

一　**诸子,知取舍**。可以证发经义者及别出新理而不悖经义者取之,显悖孔、孟者弃之,说详《宗经篇》。

一　**理学,看学案**。五子以后,宋、明儒者递相沿袭,探索幽渺,辨析朱陆,掊击互起,出入佛老,界在微茫,文体多仿宗门语录,质而近俚,高明者厌倦而不观,谨愿者惝恍而无得,理学不绝如线焉耳。惟读学案可以兼考学行,甄综流派。黄梨洲《明儒学案》成于一手,宗旨明显,而稍有门户习气;全谢山《宋元学案》成于补辑,选录较宽而议论持平,学术得失,了然易见。两书甚繁,当以提要钩元之法读之,取其什之二即可。通此两书,其余理学家专书可缓矣。惟《朱子语类》,原书甚多,《学案》所甄录者未能尽见朱子之全体真面,宜更采录之。陈兰甫《东塾读书记·朱子》一卷最善。

一　词章,读有实事者。一为文人,便无足观,况在今日,不惟不屑,亦不暇矣。然词章有奏议、书牍、记事之用,不能废也,当于史传及专集、总集中择其叙事述理之文读之,其他姑置不读。若学者自作,勿为钩章棘句之文,勿为浮诞尨琐之诗,则不至劳精损志矣。朱子曰:"欧、苏好处,只是平易说道理,初不曾使差异底字换却寻常底字。"又曰:"作文字须是靠实说,不可架空细巧,大率七八分实,二三分文。欧文好者,只是靠实而有条理。"均《语类》一百三十九。

一　政治书,读近今者。政治以本朝为要。百年以内政事,五十年以内奏议,尤为切用。

一　地理,考今日有用者。地理专在知今,一形势,一今日水道,先考大川。一物产,一都会,一运道,水道不尽能行舟。一道路,一险要,一海陆边防,一通商口岸。若《汉志》之证古,《水经注》之博文,姑俟暇日考之可也。考地理必有图,以今图为主,古图备考。此为中学地理言。若地球全形、外洋诸国,亦须知其方域广狭、程途远近、都会海口、寒暖险易、贫富强弱，按图索之，十日可毕。暂可不必求详，重在俄、法、德、英、日本、美六国，其余可缓。

一 **算学，各随所习之事学之。** 西人精算而算不足以尽西艺，其于西政更无与矣。天文、地图、化力、光电，一切格致制造，莫不有算，各视所业何学，即习何学之算，取足应用而止，如是则得实用而有涯涘。今世学人治算学者如李尚之、项梅侣、李壬叔诸君，专讲算理，穷幽极微，欲卒其业，皓首难期，此专家之学，非经世之具也。算学西多中少，因恐求备求精有妨中学，故附于此。

一 **小学，但通大旨大例。** 中学之训诂，犹西学之翻译也。欲知其人之意，必先晓其人之语，去古久远，经文简奥，无论汉学、宋学，断无读书而不先通训诂之理。近人厌中学者动诋训诂，此大谬可骇者也。伊川程子曰："凡看文字，先须晓其文义，然后可求其意，未有文义不晓而见意者也。"《二程遗书》，《近思录》引。朱子曰："训诂则当依古注。"《语类》卷七。又曰："后生且教他依本子认得训诂、文义分明为急。今人多是躐等妄作，诳误后生，其实都晓不得也。"《答黄直卿书》。又曰："汉儒可谓善说经者，不过只说训诂，使人以此训诂玩索经文。"《答张敬夫书》。又曰："向议欲刊《说文》，不知韩丈有意否？因赞成之为佳。"《答吕伯恭书》。此外言训诂为要者尚多。朱子所注各经，训诂精审，考据《说文》者甚多。《潜夫论》圣为"天口"，贤为"圣译"，可谓善譬。若不通古音、古义而欲解古书，何异不能译西文而欲通西书乎？惟百年以来，讲《说文》者终身钻研，汨没不反，亦是一病。要之，止须通其大旨大例，即可应用。大旨大例者，解六书之区分，通古今韵之隔阂，识古籀、篆之源委,知以声类求义类之枢纽,晓部首五百四十字之义例。至名物无关大用,如水部自有专书,示部多列祭礼,舟车今制为详,草虫须凭目验,皆不必字字深求者也。说解间有难明,义例偶有抵牾,则阙之不论。许君书既有脱逸,复多奥义,但为求通六书,不为究极许学,则功力有限断矣。得明师说之,十日粗通,一月大通,引申触类,存乎其人,何至有废时破道之患哉?若废小学不讲,或讲之故为繁难,致人厌弃,则经典之古义茫昧,仅存迂浅俗说,后起趣时之才士,必皆薄圣道为不足观,吾恐终有经籍道熄之一日也。

如资性平弱并此亦畏难者,则先读《近思录》、《东塾读书记》、《御批通鉴辑览》、《文献通考详节》。果能熟此四书,于中学亦有主宰矣。